*Gewidmet all den Schluckspechten, Schnapsdrosseln,
Nachtschattengewächsen, Party People und sonstigen Hedonisten:
Ob nun Ex oder nicht – ihr seid mein Stamm!*

Catherine Gray

Stern hagel nüchtern

Vom unerwarteten Vergnügen, nüchtern zu bleiben

Bibliografische Information der Deutschen Nationalbibliothek
Die Deutsche Nationalbibliothek verzeichnet diese Publikation in der Deutschen Nationalbibliografie. Detaillierte bibliografische Daten sind im Internet über http://dnb.d-nb.de abrufbar.

Für Fragen und Anregungen
info@mvg-verlag.de

Wichtiger Hinweis
Ausschließlich zum Zweck der besseren Lesbarkeit wurde auf eine genderspezifische Schreibweise sowie eine Mehrfachbezeichnung verzichtet. Alle personenbezogenen Bezeichnungen sind somit geschlechtsneutral zu verstehen.

1. Auflage 2022
© 2022 by mvg Verlag, ein Imprint der Münchner Verlagsgruppe GmbH
Türkenstraße 89
80799 München
Tel.: 089 651285-0
Fax: 089 652096

Die englische Originalausgabe erschien 2021 bei Aster, einem Imprint der Octupus Publishing Group Ltd, unter dem Titel *Sunshine Warm Sober*. © 2021 by Catherine Gray. Published by arrangement with Rachel Mills Literary Ltd. All rights reserved.

Alle Rechte, insbesondere das Recht der Vervielfältigung und Verbreitung sowie der Übersetzung, vorbehalten. Kein Teil des Werkes darf in irgendeiner Form (durch Fotokopie, Mikrofilm oder ein anderes Verfahren) ohne schriftliche Genehmigung des Verlages reproduziert oder unter Verwendung elektronischer Systeme gespeichert, verarbeitet, vervielfältigt oder verbreitet werden.

Übersetzung: Elisabeth Liebl
Redaktion: Regina Carstensen
Umschlaggestaltung: Pamela Machleidt
Umschlagabbildung: shutterstock/amiak
Satz: Andreas Linnemann
Druck: GGP Media GmbH, Pößneck
Printed in Germany

ISBN Print 978-3-7474-0401-0
ISBN E-Book (PDF) 978-3-96121-783-0
ISBN E-Book (EPUB, Mobi) 978-3-96121-784-7

Weitere Informationen zum Verlag finden Sie unter

www.mvg-verlag.de

Beachten Sie auch unsere weiteren Verlage unter www.m-vg.de

Inhalt

Vorwort 9

Der Fisch am Haken 13

Einführung 15

TEIL I
Das fünfte Jahr 35

TEIL II
Das sechste Jahr 157

TEIL III
Das siebte Jahr 255

TEIL IV
Das achte Jahr 327

Der Fisch am Haken 328

Nachwort 334

Danksagung 341

Quellen 343

In den Ausläufern des Glenariff Forest Park. Grafschaft Antrim. Bei Tage

11. Juni 2009

Catherine Gray und ihr Vater Bryan spazieren über eine Waldlichtung wie aus einem Elfenmärchen. Tiefgrüne Bäume überschatten die Säume. Über die Steine an der Bachböschung kriecht smaragden das Moos. Wo ein Sonnenstrahl hinfällt, reckt ein Fingerhut seine Blütenkerzen empor. Wasserfälle ergießen sich in colabraune Becken.

Bryan: »Gerade wird mir bewusst, dass ich jetzt seit 15 Jahren nüchtern bin, Kleines!«
Catherine: »Wooah, das ist echt lange. Gut gemacht. Aber ist das Leben nicht stinklangweilig? So stocknüchtern?«
Bryan: »Nein, gar nicht. Das sind reine Behauptungen. Es fühlt sich kein bisschen langweilig an.«

Bryan macht ein paar Schritte auf die Böschung zu und dreht sich um sich selbst.

Bryan: »Es fühlt sich so an! Einfach wunderbar! Jeden Tag aufzuwachen und nicht das Gefühl zu haben, im Arsch eines Rhinozeros zu stecken.«

Catherine verdreht die Augen. Sie ist unruhig, zappelig, ihr ist fad. Mittlerweile reicht es ihr mit Naturgenuss.

Catherine: »Komm schon, du Julie-Andrews-Verschnitt. Gehen wir irgendwo was essen.«
Bryan: »Und vermutlich willst du dazu was trinken?«

Bryan dreht sich nicht mehr um sich selbst wie einst Julie Andrews in Meine Lieder – meine Träume. *Sein Gesicht verzieht sich leicht, als er von einem Uferfelsen herunterklettert. Nicht mein Problem.*

Catherine: »Es ist doch kein Verbrechen, wenn ich an meinem freien Tag ein Gläschen Wein trinken möchte?«
Bryan (resigniert): »Na, dann sehen wir mal zu, dass wir dich ins Pub bekommen.«

Die zwei marschieren den gewundenen Pfad hinunter. Im Unterholz raschelt etwas. Bryan guckt, was es sein könnte. Catherine zeigt null Interesse.

Bryan: »Wusstest du, dass dies einer der wenigen Orte in Nordirland ist, wo es noch rote Eichhörnchen gibt?«
Catherine: »In welches Pub gehen wir denn?«
Bryan: »Es gibt sogar eine Gesellschaft zum Schutz der Eichhörnchen.«

Catherine hört nicht mal zu.

Catherine: »Gehen wir ins Johnny Joe?«

Natürlich hatte er recht. Nüchtern zu sein, fühlt sich wirklich nach strahlenden Sternen an. Stinklangweilig ist anders.

Aber ich würde noch vier Jahre brauchen, um das selbst herauszufinden.

Stocknüchtern: ein negativ besetzter, häufig benutzter Begriff, um einen Mangel an Alkohol im System zu bezeichnen. Ein Begriff, den man als Heranwachsender immer wieder gehört hat, vor allem, wenn man zur Generation X (die von 1965 bis 1980 Geborenen) oder zu den Babyboomern gehört. Bei den Millennials und Angehörigen der Generation Z ist er meinen Recherchen zufolge weniger im Gebrauch. Und das ist an sich schon ein interessanter Befund, denn es ist ein Indiz dafür, dass da ganze Generationen aus einem Muster ausscheren.

Sternhagelnüchtern: Ein von mir geprägter Begriff, den ich der »Stocknüchternheit« entgegensetzen möchte. Denn das Funkeln der Sterne ist ein schönes Bild dafür, wie es sich wirklich anfühlt, nüchtern zu sein. Insbesondere dann, sobald man die harten ersten Tage überwunden hat: »Jetzt ist es offiziell. Ich bin der erste Mensch auf Erden, der an seiner Angst stirbt!«

Es fühlt sich wunderbar an, sanft, gemäßigt und klar. Wie eine wunderbare Sternennacht eben.

Vorwort

Viel zu lernen du noch hast.

Meister Yoda

Ich war seit vier Jahren nüchtern, als ich *Vom unerwarteten Vergnügen, nüchtern zu sein* schrieb. Damals hätte ich Ihnen vermutlich glückstrahlend gesagt, eines meiner täglichen Mottos sei: »Mein Glas ist nie voll!« (*Peace-Zeichen*) Übersetzt: »Es gibt immer noch mehr zu lernen!« Insgeheim aber dachte ich, ich hätte den Großteil dessen, was ich übers Nüchternsein zu lernen hatte, schon intus, weil ich ja keine abgefuckte Säuferin mehr war. Ha! Reichlich idiotisch! Wenn ich mir eine Superkraft wünsche, dann die, nicht immer erst hinterher klüger zu sein.

Yoda hat recht. Viel zu lernen ich noch habe. Ich lerne immer noch dazu, was den Alkohol angeht: die am massivsten glorifizierte, verteufelte, gefeierte, verachtete, manipulierte, vermarktete und süchtig begehrte Substanz auf Erden. Ich bin jedes Mal wieder erstaunt, wenn ich auf neue Informationen darüber stoße, welche Auswirkungen Alkohol auf unsere geistige, körperliche, soziale, elterliche, sexuelle, familiäre und finanzielle Gesundheit hat. Und ich habe allerhand Schmutz ausgegraben über die raffinierten, unerträglichen und so erfolgreichen Methoden der Drogenbosse der Alkoholindustrie – Big Alcohol.

Vor allem aber habe ich einiges dazugelernt – darüber, wie man als nüchterner Mensch ein verantwortungsvolles Leben führt, wie man als Antialkoholiker glücklich ist, wie man als Nichttrinker gesunde Beziehungen führt und wie man mit einer Null-Alkohol-Politik in einer alkzentrierten Gesellschaft wie der unseren überlebt, die uns buchstäblich entgegenzurufen scheint: »Trink, trink, Brüderlein (Schwesterchen), trink!«

Ich bin mittlerweile seit über sieben Jahren nüchtern. In diesem Buch ist alles versammelt, was ich in den letzten Jahren in mein nie volles Glas gekippt habe. Und nein, ich habe es nicht geschrieben, weil mir langweilig war und ich einfach kein neues Thema fand. Ich schrieb es, weil ich es nie *nicht* hätte schreiben können. Es gibt noch so viel, was ich Ihnen sagen möchte. Was ich Ihnen *unbedingt* sagen muss! Dieses Buch enthält all das, was ich mir zu wissen gewünscht hätte, bevor ich nüchtern wurde oder in den ersten 30 Tagen oder den ersten vier Jahren.

Ich stelle mir meine Leser als Menschen vor, die bereits Teil der nüchternen Community sind. Aber was sagt das über Vorurteile aus? Dass sie uns zu Idioten machen? Nein, wenn überhaupt, dann macht es nur mich zur Idiotin. Sie sind sicher sehr intelligent.

Dieses Buch ist das Folgebuch zu *Vom unerwarteten Vergnügen, nüchtern zu sein*. Idealerweise liest man es *nach* dem ersten Buch. Aber ganz ehrlich: Tun Sie, was Ihnen verdammt noch mal am liebsten ist. Sie sind schließlich erwachsen. Es ist nicht meine Aufgabe, Ihnen zu sagen, was Sie tun sollten.

Aber wenn Sie Tipps, Hinweise, Tricks und Ratschläge suchen, wie man die ersten nüchternen Tage übersteht, dann ist *Vom unerwarteten Vergnügen, nüchtern zu sein* das Richtige für Sie. Es ist die Blaupause für den Start in ein nüchternes Leben: praxiserprobte Methoden für die ersten 30 Tage. Tipps, was Sie den Leuten sagen können. Tricks, wie Sie nüchtern bleiben und trotzdem ein Sozialleben haben können. Ratschläge, wie man als Abstinenzler Freunde findet. Und dazu noch Literaturhinweise. All das finden Sie in diesem Buch.

Trotzdem: Lesen Sie die Bücher in der Reihenfolge, wie Sie es möchten. Wenn Sie gerne darin herumkritzeln, die Regeln brechen, lieber von hinten anfangen, den Status quo auf den Kopf stellen, dann sind Sie hier richtig. Dies ist das Eiland der Regelbrecher und Nonkonformisten. Früher haben wir rebelliert, indem wir uns zuschütteten. Jetzt rebellieren wir, indem wir unseren nüchternen Kopf oben behalten, selbst wenn ihn rundherum alle zu verlieren scheinen.

Viele, die mit einem Leben ohne Alkohol liebäugeln, lesen dieses Buch, während sie noch (ganz real) trinken. Seid willkommen, meine Schluckspecht-Freunde! Ihr dürft mir gerne weiterhin Fotos schicken, wir ihr bei einem Glas Wein mein Buch lest. Ich bin die Letzte, die Trinker verurteilt. Das wäre auch ganz schön unverschämt von mir, habe ich mich doch 21 Jahre lang regelmäßig unter den Tisch gesoffen. Ja, ich habe sogar mit den Zähnen Bierflaschen aufgemacht. Die Trinker sind mein Stamm.

Ich glaube, man kann mich neuerdings als ein ganz kleines bisschen antialkoholisch beschreiben. (Das Understatement des Jahrhunderts. Es ist wirklich schwierig, nicht zum Antialkoholiker zu werden, wenn man erst einmal die nüchternen Tatsachen und die unglaubliche Korruption der Alkoholindustrie durchschaut hat.) Aber eines bin ich mit Sicherheit nicht: Anti-Trinker.

Ich verstehe, warum Menschen trinken. Ich begreife dieses Luftschloss vom unbeschwerten Miteinander, das Sie auf dem Grund der Flasche suchen. Den Traum von der Nacht der Nächte, dem Sie hinterherhecheln, nur um schließlich um drei Uhr morgens auf dem Klo irgendeiner Kaschemme in Balham Koks von der Oberfläche einer kaputten CD-Hülle zu ziehen. (Habe nur ich das so gemacht?)

Aber ganz egal, auf welcher Höhe des Weges Sie sich im Moment befinden: Betrachten Sie mich einfach als die Vorreiterin in schimmernder Wehr, die auskundschaftet, welche – schönen und grausigen – Dinge Sie erwarten, wenn Sie den nächsten Schritt tun. Wenn Sie sich entscheiden, diese nüchtern-wilde Jagd aufzunehmen oder fortzusetzen.

Was auch immer Ihre Absicht war, als Sie dieses Buch zur Hand nahmen, ob Sie sich eher darüber mokieren oder sich entwickeln wollten, ich kann Ihnen eines versprechen: Ich werde das Ganze so unterhaltsam machen, wie es mir nur möglich ist.

Catherine

Der Fisch am Haken

Es war einmal ein Fisch, der in der Flut einen Angelhaken schluckte.

Der Fisch wusste nicht, was ein Angelhaken ist. Er sah nur ein paar Federn, ein Blinken, das im Wasser zu schweben schien.

Der Fisch hielt vor diesem merkwürdigen Ding inne, das eine Weile vor seiner Nase tanzte. Er war hingerissen, aufgeregt, bezaubert von diesem neuen Rätsel.

Dann versuchte er, nach dem Ding zu schnappen. Vielleicht schmeckte es ja gut. So etwas passiert in dem Ozean, in dem Fische andere Fische fressen.

Wäääh! Der Fisch spuckte das Ding sofort aus. Gar nicht gut. Dann spuckte er noch mal. Diesmal aber geschah etwas. Das Ding ließ sich nicht ausspucken. Plötzlich hing der Fisch an dem glitzernden Ding fest.

Es verging einige Zeit. Der Nachthimmel legte eine Decke über den Ozean. Längst erloschene Sterne schickten Streifen aus Licht durch die Atmosphäre.

Der Fisch beschloss, sich von seinem neuen Freund zu trennen. Es ging ihm auf die Nerven, derart aneinanderzuhängen. Da verspürte er einen ungekannten Schmerz. Je mehr er versuchte, fortzuschwimmen, desto heftiger bohrte sich der Schmerz in seinen Leib.

Der Fisch hing am Haken.

Bis eines Tages der Schmerz so stark war und der offene Ozean so verlockend, dass der Fisch beschloss, all seine Kraft und all seinen Witz aufzuwenden, um sich loszumachen. Er erkannte, wo sein Problem lag: an diesem Haken. Und überlegte sich eine Strategie, um von ihm loszukommen.

Der erste Plan zum Abhaken funktionierte eine Weile, bis – verdammt noch mal – der Fisch sich wieder am Haken verfing. Und er überlegte sich etwas anderes. Aber auch das klappte nicht.

Nach einer gefühlten Ewigkeit schließlich verinnerlichte der Fisch die Lektion, die sein mehrmaliges Scheitern ihn lehrte. Er schaffte es, sich loszuwinden – und ließ den Haken hinter sich.

Welche Freude!

Der Fisch schnellte empor, sprang und glitt durch das gewaltige, schwerkraftfreie Blau.

Aber wie weit er sich auch entfernen mochte, der Haken folgte dem Fisch. Er tänzelte und glitzerte immer verlockend am Rande des Gesichtsfelds. Irgendwann verschwindet er schon, dachte der Fisch. Du darfst ihn nur nicht beachten.

Die Jahre vergingen. Der freie Fisch wurde immer sicherer in dem Wissen, dass er sich von diesem Schmerz nicht mehr würde zerreißen lassen. Er wusste mittlerweile, dass der Haken ihm nicht mehr näher kommen konnte, wenn er nicht auf ihn zuschwamm. Er wusste, dass der Haken, obwohl er glitzerte und funkelte und in ein anderes, schöneres Reich einzuladen schien, nur aus der Illusion der Federn und Blinker bestand. Der Fisch wollte lieber in seinem Reich bleiben.

Und doch: Der Haken tänzelte stets verführerisch am Rande seines Gesichtsfelds. Und so fragte sich der Fisch: »Wann werde ich endlich frei sein von diesem gottverdammten Haken, der mir solche Angst machte? Wie soll ich je ein freies Leben führen, wenn da immer dieser Haken ist?«

Einführung

In den Jahren null bis vier meines Trockenseins lernte ich die Grundlagen. Wie ich ohne Alkohol atmen, Freunde treffen, daten, küssen, zu Hochzeiten gehen, Weihnachten feiern, ja überhaupt leben konnte. Hier geht es nun um all das, wovon ich Ihnen noch nicht berichtet habe: die Jahre fünf, sechs und sieben.

Sobald wir länger als drei Jahre trocken sind, heißt es, sind wir in der Phase der Nachsorge. Der Grund? Eine maßgebliche Studie, die über acht Jahre geführt wurde, zeigt, dass die Rückfallquote massiv sinkt, sobald wir drei Jahre trocken hinter uns haben.

Im ersten Jahr schaffen es 36 Prozent, nüchtern zu bleiben. Das ist eine Zeit, in der wir immer wieder ins Straucheln geraten, und das ist – möchte ich hier betonen – ganz normal. Ich brauchte fünf Monate, um aufzuhören, wieder anzufangen, aufzuhören, wieder anzufangen, aufzuhören, wieder anzufangen. Bis endlich Tag eins der Trockenheit anbrach. In den Jahren eins bis drei steigt die Erfolgsquote auf 66 Prozent. Herrliche Aussichten! Nach drei Nüchternheitsjahrestagen bleiben umwerfende 86 Prozent trocken.

Das ist doch phänomenal: Nach drei Jahren knicken nur 14 Prozent ein. Aber halt, macht sich die stets negativ summende Drohne in meinem Kopf bemerkbar, das sind aber nicht null Prozent, oder? Immerhin noch 14 Prozent. Und wenn ich es zusammenfasse sollte, würde ich sagen, dass diese Zahl mich in den letzten Jahren beschäftigt hat. Und die Suche nach Wegen, um mich so sicher wie irgend menschenmöglich zu fühlen. Nicht in Angst zu leben, sondern mich aktiv dafür einzusetzen, dass dieser Regenwald nicht auch noch abgeholzt wird.

Die Abstinenz vom Anfang bis etwa zur Mitte ist ein traumhaftes Gefühl, aber ebenso ein angsteinflößender Drahtseilakt. Ab dem vierten Jahr aber haben Sie sich daran gewöhnt, dass Sie sich am Samstagmorgen nicht wie einer der *Walking Dead* fühlen. Der Reiz verfliegt also. Dass Sie fähig sind, morgens um neun Uhr in Ihren Yogakurs zu gehen, fühlt sich nicht mehr wie eine Offenbarung an. Es wird eben normal: »Na und?«

Die Gratulationen für das Trockensein, die Sie so sehr genossen haben, werden langsam zur Routine. »Was, sechs Jahre sind das jetzt schon? Spitze!« *Freund studiert die Speisekarte.* »Sollen wir Vorspeisen bestellen oder nicht?« Die neue Normalität eben. Die für alle Menschen um Sie herum ebenfalls normal ist. Kein triumphaler Sieg mehr, sondern einfach Ihr Leben.

Nach dem ersten Tag des vierten Jahres ist das Trockenbleiben – darf ich das sagen? – ein Klacks. Aber an diesem Punkt fängt die weniger selbstverständliche, aber tiefer gehende Arbeit an. Ich trainierte Fähigkeiten, die auf den ersten Blick mit dem Trockensein gar nichts zu tun hatten – dabei standen sie absolut *in Zusammenhang*. Ich lernte Dinge wie: Neinsagen (regelmäßig); Grenzen setzen (ich *hasse* Grenzen); um Dinge bitten, die ich haben wollte; meine Energie für jene Partys aufsparen, die mir am Herzen lagen; lernen, mit sicherer Begleitung die Kammer der Scham zu öffnen (*was ich alles angestellt hatte!*). Offen gestanden war das alles nicht so lustig, veränderte mich aber grundlegend.

Als hätte ich in den Jahren null bis vier gelernt, bis auf 18 Meter Tiefe zu tauchen. In den darauffolgenden Jahren aber wurde ich eine meisterliche Taucherin, die sich auch 30 Meter hinunterwagen konnte. Dort unten war es häufig dunkler. Es war auch schwieriger, mit den Dingen umzugehen, die man brauchte, um da hinunterzugelangen. Aber die Erfahrung war mindestens genauso großartig.

Ich war schon glücklich trocken. Quietschvergnügt, kreuzfidel und frohgestimmt wie Augustus Glupsch in *Charlie und die Schokoladenfabrik*. Es gab eine kurze Zeit, in der ich mich langweilte. Doch dieses Gefühl wurde schnell torpediert von einem klugen Therapeuten, der kurz hüstelte und dann meinte: »Vielleicht langweilen Sie sich ja grundsätzlich?« Ich hakte nach: »Wie meinen Sie das?« Und er: »Möglicherweise empfinden Sie im Moment einfach Ihr Leben als fad? Und nicht das Trockensein?« Verdammt noch mal, der lag ja richtig. Also zog ich los und sorgte für mehr Aufregung im Leben. YouTube ist ein Freund, der Ihnen nie Geld abknöpft, egal, ob Sie nun lernen wollen, im Meer zu schwimmen oder ein Soufflé zu backen.

Und schon war ich nicht mehr gelangweilt und unglücklich. Meine Herausforderung beim langfristigen Trockenbleiben sah vielmehr so aus: *Wie kann ich mich endlich sicher fühlen?* Sicher vor mir selbst, sicher vor anderen, sicher vor meinen Erinnerungen und last, aber sicher not least: sicher vor Alkohol und dem extremen kulturellen Druck, der mit ihm einhergeht. Und genau damit werden wir uns hier beschäftigen. In meinem ersten Buch ging es darum, wie ich zum Zustand von »glücklich und zufrieden« fand. Hier werden wir uns mit dem »dann leben sie noch heute« beschäftigen.

Die Revolution der Nüchternheit versus Big Alcohol

Also, los geht's! Was hat sich in den letzten Jahren in der Trinkerlandschaft so zugetragen? Nun, zuerst einmal hat eine Studie des britischen National Health Service ergeben, dass das stereotype Bild vom Säufer schief ist. Trinken ist in den privilegierten

Schichten, die in schicken Vierteln wohnen, viel verbreiteter, als man angenommen hatte. La-di-trink-da. Die Leute mit Weinkühlschränken (oder gar Weinkellern), Brettern fürs Stand-up-Paddling, von Farrow & Ball gestalteten Inneneinrichtungen und Wodkasorten in ausgesuchten Geschmacksrichtungen sind die versoffensten Schluckspechte überhaupt.

Die nämliche Studie bestätigte noch einmal, dass die stärksten Trinker unter uns von den Babyboomern gestellt werden, die jetzt zwischen 55 und 64 Jahre alt sind. Innerhalb dieser Altersgruppe konsumieren zwei von zehn Frauen – und vier von zehn Männern – mehr als 14 Einheiten Alkohol pro Woche. Kein Wunder: Schließlich sind sie in den babylonischen, fetzigen, verrauchten und versoffenen Mad-Men-Sechzigern aufgewachsen.

Damals verschrieb man Schwangeren in Irland ein halbes Guinness täglich, was ihren Eisenspiegel im grünen Bereich halten sollte. (Wahre Geschichte: ist meiner Großmutter passiert.) Die gesundheitlichen Mythen, die den Alkohol umranken, haben die Babyboomer massiv beeinflusst. Was es umso schwieriger macht, eine Sucht zu erkennen. Und einen gordischen Knoten der Abhängigkeit schlang. Einen Knoten, der jeden Matrosen fuchsen würde.

Nichtsdestotrotz nimmt der regelmäßige und suchtgesteuerte Alkoholkonsum stetig ab. 50 Prozent der Frauen und 35 Prozent der Männer haben in der Vorwoche keinen Alkohol getrunken. Yabbadabbadoo! Die Anzahl der Männer, die bei einer Sitzung mehr als acht Einheiten Alkohol konsumieren, ist (von 24 Prozent vor zwölf Jahren) auf 19 Prozent gesunken. Der Prozentsatz der Frauen, die während einer Sause mehr als sechs Einheiten Alkohol konsumieren (was für mein Trinker-Ich nur der *Anfang* war), ist von 16 auf 12 Prozent zurückgegangen.

Die Millennials schwören dem Alkohol in Massen ab. Eine Studie aus dem Jahr 2019 zeigt, dass ein Drittel von ihnen ein alkoholfreies Weihnachten plante. Da die Generation X und die Babyboomer den 25. Dezember gewöhnlich als willkommene Gelegenheit betrachten, sich ab zehn Uhr vormittags (der Cocktail zum Geschenke-Öffnen) bis Mitternacht so manches Gläschen hinter die Binde zu kippen, ist das ein echter Fortschritt. Fast die Hälfte der Millennials gibt an, dass sie zum weihnachtlichen Abendessen lieber Tee oder Kaffee trinken als Wein. Angeber! Keine große Überraschung also, dass der Absatz von Bier mit null oder niedrigem Alkoholgehalt seit 2016 um 30 Prozent zugenommen hat.

Und dann: Bumm! die nationalen Lockdowns eins und zwei, die uns nicht nur seelisch aus der Bahn warfen. Sie katapultierten uns so weit ins Niemandsland, dass überhaupt keine Bahn mehr zu sehen war. Eine Studie der Organisation Alcohol Change UK fand heraus, dass ein Fünftel der Briten im Lockdown mehr trank als üblich (hicks!), ein Drittel trank weniger (Yippie!) und sechs Prozent gaben das Trinken ganz auf (allererste Sahne!).

List und Tücke beim Vermarkten von Alkohol

Die Leute (und nicht nur die unter 40), die nicht oder nur wenig trinken, werden also immer mehr. Das veranlasste die Alkoholindustrie, die sozialen Medien mit Trinker-Memen zu überfluten (denn glauben Sie mir, genau da kommen die her). Zum Beispiel: »Das Bacardi-Feeling: einzigartig!« Der verschmähte Liebhaber postet in Folge eine Menge schmeichelhafter Fotos von sich.

Wir müssen lernen, diese raffinierten Marketingstrategien zu durchschauen, mit denen man die sozialen Medien überzieht. Würden wir auf ähnliche Meme für andere Produkte stoßen (zum Beispiel: »Rauchen: Hilft in Sekunden, wirkt für Stunden!« Oder: »Keine Hektik, keine Kompromisse: Essen Sie Rindfleisch!«), fänden wir das wohl ziemlich eigenartig. (Und würden vermuten, dass da die Tabak- oder Fleischindustrie dahintersteckt.) Und nicht wie die Lemminge »Teilen« anklicken.

Dieser zum Trinken animierende Humbug der Alkoholindustrie blieb eine Ewigkeit unkontrolliert. Mittlerweile aber stemmen sich die Regulierungsbehörden gegen die Bilder vom rosaroten Aperitif in den Abendstunden, der häufig nur der Anfang vom Ende ist. So nahm man beispielsweise im Jahr 2018 ein Riesenglas vom Markt, in dem eine ganze Flasche Wein Platz hatte.

2020 wurde die Scottish Gin Society bemerkenswerterweise vom schottischen Werberat (Advertising Standards Authority oder ASA) gerügt, weil in einer Werbesendung behauptet wurde, Gin sei gesünder als eine Banane. Wie bitte? Auch andere Formen der Werbung wurden verboten: »Halt die Klappe, Leber! Dir geht es prima!« Oder ein Strichmännchen namens Bill, das den Januar zum Ginuar machte, weil er ein so langer Monat ist. Unmöglich!

Die Front gegen Big Alcohol formiert sich langsam, aber da der Tod durch Alkoholkonsum weltweit zunimmt, muss das jetzt endlich mal *schneller gehen*. Ich werde Ihnen später von den tentakelgleichen Verstrickungen zwischen Staat und Big Alcohol erzählen, die Sie mit Empörung erfüllen werden. (Grund genug für einen dieser schicken Aluhüte, die Verschwörungstheoretiker so gerne tragen. Ich selber zögere allerdings noch ein bisschen.)

Was ist an diesem Buch anders?

Ich möchte wetten, Sie fanden mein erstes Buch schon heftig. Nun, liebe Leute, es kommt noch schlimmer. Ich werde Ihnen Geschichten über sexuelle Indiskretion und Untreue erzählen. Dazu gehört auch die Story, warum ich mich immer noch von King Kong verfolgt fühle. Ich werde Ihnen von Drogen berichten, von dem Augenblick, in dem ich dachte, einen Hund getötet zu haben, von meinem Zusammenstoß mit der Polizei in Hackney und den Lügen, die ich regelmäßig meinen Partnern auftischte. Ich werde Ihnen Sachen anvertrauen, die ich noch nie jemandem erzählt habe. Und veröffentlicht schon gar nicht.

Und das Beste: Ich habe hier mehr als 50 Stimmen aufgenommen, die nicht von mir kommen. Wir werden die Geschichte vom Tod der Großmutter hören, die erfunden wurde, um nicht blau zur Arbeit erscheinen zu müssen. Sie wird Ihnen die Haare zu Berge stehen lassen. Wir werden von einem Mitglied der LGBTQIA-Gemeinschaft hören, das erzählt, wie schwierig es ist, in einer Gemeinschaft das Trinken aufzugeben, die buchstäblich in einer Bar geboren wurde. Oder von einer Mutter, der man vorwarf, den Geburtstag eines Vierjährigen ruiniert zu haben, weil sie nichts trinken wollte. Sie werden die Geschichte der Frau lesen, die ihre Weinflaschen im Kinderwagen versteckte, um nicht um 15 Uhr nachmittags nüchtern bleiben zu müssen. Sie werden Teenager kennenlernen, die zuerst nur neugierig auf ihr erstes Glas waren. Und Mütter, die ihre postnatale Depression im Alkohol ertränkten.

Auch Ärzte gesellen sich zu den Menschen im Beichtstuhl und erzählen uns, warum in ihrem Berufsstand Leberzirrhose so häufig ist. Und junge Null-Alkohol-Verfechter schildern uns, dass ihre etwa 20-jährigen WG-Freunde besser verstehen, warum sie auf Alkohol verzichten, als ihre Eltern. Männer lassen uns daran teilhaben, wie alkoholfreies Bier sie vor dem »Sei doch keine Memme«-Chauvinismus rettete.

Wir werden von den schrecklichen Zwillingen hören – das Tandem aus Alkohol- und Kokainsucht –, und zwar von Wissenschaftlern ebenso wie von Menschen, die sich davon losgemacht haben. Und ich werde Ihnen die auf den ersten Blick unwahrscheinlichen Trigger der Alkoholsucht vorstellen: Krankheiten, prämenstruelles Syndrom (PMS), Sommer, Aufschieberitis, Telefonate, Sex an Feiertagen und merkwürdigerweise auch Produktivität. Frauen werden uns erzählen, wie sie als Schwangere unter dem sozialen Druck des »Na, einer schadet doch nicht!« gelitten haben. Und wie sie der Höflichkeit halber einen Schluck nahmen, obwohl sie stillten.

Vieles, was ich vorher nur ein wenig gestreift habe, hat hier genug Raum bekommen. Zum Beispiel der zunehmende Trend in der Wellnessindustrie zum Alkoholkonsum. Was ich vorher mit sechs Worten abgehandelt habe, nimmt nun acht Seiten ein. Ich habe schon im ersten Buch einige Sätze über die erstaunlich häufige Koinzidenz von schwerer Kindheit und Sucht geschrieben. Hier werden wir uns intensiver damit beschäftigen.

Eines aber bleibt gleich. Viele Ex-Trinker bekommen diesen Guru-Komplex. Sie streichen sich sinnend über den Bart, schütteln die Mähne und lassen die Welt an ihrer absoluten Weisheit teilhaben. Natürlich sollten Sie sich anhören, was sie zu sagen haben, aber eines dürfen Sie dabei nicht vergessen: Wir haben alle unseren eigenen Weg. Wir picken uns die Rosinen heraus aus dem, was funktioniert. Alles andere sortieren wir aus.

Und ich? Ich werde Ihnen nie sagen, dass mein Weg der einzig richtige war. Ich kann Ihnen nur meine gelebte Erfahrung anbieten und meine unerschütterliche Neugier auf alles, was mit Sucht und Trockensein zu tun hat. Da ich keine Expertin bin, habe ich Experten hinzugezogen. Ich stütze mich auf akademische Quellen, um meine Nachforschungen voranzutreiben.

Die ewig brennenden Fragen

Wir werden uns aber auch mit einigen der größten, dornigsten, pikantesten und immer präsenten Fragen auseinandersetzen. Verbessert es Ihre Erfolgsaussichten, wenn Sie sich als »Suchtkranker« oder als »Alkoholikerin« bezeichnen? Gibt es so etwas wie eine Suchtpersönlichkeit? Oder: einmal süchtig, immer süchtig?

Das sind Pulverfässer, die in Chatgruppen von hier bis Timbuktu diskutiert werden. Wir besprechen sie mit ausgewählten Fachleuten. Aber wie Sie sehen werden, sind sich diese auch nicht einig. Was die einzig wirklich wahre »Tatsache« unterstreicht, deren wir sicher sein können: Auf die wenigsten Fragen gibt es eine klare Ja/Nein- oder Schwarz/Weiß-Antwort. Wir können hier nur Meinungen anführen, die auf Beobachtungen beruhen. Oder Theorien, die sich auf Forschungsarbeiten gründen. Oder Überzeugungen, welche auf Dingen fußen, die wir gelesen haben.

Tatsächlich war dies eine der wichtigsten Lektionen, die ich als frischgeborene Trockene gelernt habe. Dass es kein Schwarz-Weiß gibt. Ich fing endlich an, die grenzenlosen Schattierungen von Grau wahrzunehmen. Und zu begreifen, dass viele Dinge, die ich für »Fakten« hielt, nur meine Meinung waren. Dass andere ein Recht auf ihre Ansichten hatten. Dass ich nicht jede abweichende Meinung in Grund und Boden ringen und dominieren musste, bis ihr Vertreter endlich aufgab. Wir konnten beide einfach ... sein. Koexistieren. Uns höflich zunicken und uns gegenseitig in Ruhe lassen. Statt einander auf die Matte zu werfen.

Ich werde Sie mit der Meinung von Experten bekannt machen. Und auch mit meiner. Und ich werde Sie mit Ansichten bekannt machen, die meinen widersprechen. (So gern ich glauben würde, dass ich alles weiß, so hat es doch den Anschein, als sei dem nicht so.) Und dann ... können Sie selbst entscheiden.

Sie sind ein intelligentes Wesen, das seine eigenen Schlüsse ziehen kann. Ich lasse Sie die Arbeit machen: Sie entscheiden, was *Sie* glauben. Noch genauer ausgedrückt: Sie entscheiden, welche Version der Wirklichkeit Ihnen beim Trockensein (ob schon angefangen oder erst anvisiert) am besten hilft. Und wenn sie Ihnen hilft, halten Sie daran mit aller Kraft fest. Lassen Sie sich diese Realität nicht nehmen. Auch nicht von mir.

Alles klar? Dann los! Ich hoffe, Sie freuen sich schon, denn ich tue es ganz sicher.

Eine Postkarte an alle, die das Trockensein neugierig macht

Lieber Mensch, der du dich für das Nüchternsein interessierst!

Willkommen! Auch wenn sich das gruslig anhören mag: Ich kann dich sehen. Hier ein paar Signale, die dir zeigen, dass du am richtigen Ort bist:

1. Du findest es albern, nur einen Drink zu nehmen. (»Wozu das denn?«)

2. Du findest, dass der Alkohol zwar deine Ängste löst, dass diese aber am nächsten Morgen in noch viel schlimmerer Form zurückkehren, als wären sie durch Schadenzauber von den Toten wiederauferstanden.

3. Du hast Erinnerungen an sexuelle Erfahrungen im Zustand der Volltrunkenheit, für die du dich noch Jahre später schämst.

4. Es ist dir schon öfter passiert, dass du in eine Kneipe oder einen Klub zurückkehren musst, um eine monströse Rechnung zu bezahlen, die du am Vorabend vergessen hast. Oder um zu fragen, ob sie deine Handtasche/Brieftasche/deinen Mantel/ deinen Laptop/deinen Pass oder dein DJ-Deck gefunden haben. (Letzteres war die Erfahrung eines Freundes.)

5. Du googelst schon mal um ein Uhr nachts die Frage »Bin ich Alkoholiker?«.

6. Du hast alkoholbedingte Filmrisse. Sobald unser Blutalkoholspiegel einen bestimmten Wert übersteigt, hört der Hippocampus auf, Erinnerungen zu speichern. Daher wiederholen wir uns ständig und vergessen ganze Stunden oder was wir in einer Bar getan haben. Obwohl wir immer noch gehen, reden oder ein Brathuhn futtern können.

7. Du gehst häufig zweimal in den Supermarkt, um Alkohol zu kaufen, weil zwischen der Menge, die du tatsächlich trinkst, und der, die du trinken willst, ein himmelweiter Unterschied liegt. Oder du rufst nächtens einen dieser Flink-Services an, die dir Alkohol frei Haus liefern, weil du zwar längst voll bist, aber um zwei Uhr morgens immer noch denkst, dass es nicht genug ist. Und natürlich musst du morgen früh ins Büro.

8. Du weigerst dich, zu bestätigen oder zu leugnen, dass du dir auf Facebook Bilder von dir und deinem Ex angeguckt hast, während du gleichzeitig ins Weinglas geflennt hast.

9. Du drückst den Korken einer Rotweinflasche vorsichtshalber in die Flasche, bevor er beim Rausziehen vielleicht zerbröselt. Oder du öffnest eine Flasche Radler mit den Zähnen. Würdest du es riskieren, einen Zahn zu verlieren, nur um an Limonade zu kommen? Sag ich doch!

Als ich noch getrunken habe, hätte ich bei all diesen Punkten ein Ja ankreuzen müssen. Wenn mehrere dieser Punkte auch auf dich zutreffen, dann bist du hier richtig. Komm ruhig rein.

Catherine

Der Tempel des Glücks

Oktober 1995

Ich bin 15. Und bei einem Rave in Birmingham: Atomic Jam. Oder war es Spacehopper? Ich bin nicht sicher. Ich weiß nur, dass alle Raves sich anfühlten, als würden sie im Weltall passieren.

Ich bin mit meinem verträumten Boyfriend Matt hier, der ein kleiner Drogendealer ist. Und für mich ist er der Eine, Einzige. Nur damit Sie's wissen. Er und ich sitzen auf einer Bank und beobachten Leute, deren Hemmungen längst die Körpersphäre verlassen haben.

Ich habe eine halbe von Matts Pillen genommen, aber es ist nichts passiert. Er geht voll mit. Er steht auf und stößt die Faust gen Himmel wie ein Superheld. »Lass uns tanzen«, schreit er, aber ich kann nicht aus meiner Haut heraus. Ich bin gehemmt. Ich traue mich kaum aufzustehen, geschweige denn zu tanzen.

Wir haben keinen Tropfen Alkohol getrunken, denn hier geht es darum, high zu werden, nicht betrunken. »Ich bin nicht drauf«, jammere ich. Er springt auf und tanzt mit einem anderen Mädchen, die einen silbernen Bikini trägt. Ihr Haar leuchtet pink. Ich wünschte, ich wäre so kosmisch. Sie sieht aus wie ein sexy Alien.

Rich, ein Freund, kommt und setzt sich neben mich. Er dealt auch. Ich habe mir immer schon den besten gesellschaftlichen Umgang ausgesucht.

»Wo ist Matt?«, fragt er. »Er tanzt mit der da«, murmle ich unglücklich. »Meine Pille hat nichts gebracht.« – »Wo ist denn sein Stoff?«, meint Rich. »In meinem BH.« – »Dann nimm doch noch eine halbe, du Genie.« Ich marschiere zu den Toiletten, wo zwei Mädels mit Pupillen wie Untertassen einander übers Gesicht streicheln, als wären ihre Wangen aus Samt.

Ich werfe noch eine halbe Pille ein. Gerade als ich sie runterschlucke, fängt mein Unterkiefer unter der Einwirkung der ersten Hälfte an zu zittern. Verdammte Scheiße! Ich bin als Ecstasy-Konsument ein totaler Neuling. Ich habe es bisher nur einmal genommen. Ich weiß nicht, ob ich eine ganze Pille packe. Ach, verdammt. Ist doch auch schon egal. Ich ziehe mir mit glänzendem Lipgloss eine Linie übers Gesicht und lächle. Meine Augen sind tot wie die von Joker.

Ich hänge an meinem Äußeren wie an einem kostbaren Tempel. Er wird in einem fort bemalt, poliert und gepudert. Und mein Inneres? Diesen Tempel plündere ich aus für jeden Funken verbotenes Glück, Ekstase oder Vergnügen, den er mir nur geben kann. Ich habe kein Interesse an der Gesundheit meines innersten Selbst. Nur daran, wie die Außenseite wirkt. Das Innere ist ein Wrack, das ich ausplündere. Das Äußere ist die Touristenattraktion.

Mit Zigaretten zeichne ich dunkle Flecken in meine Lunge, mit Alkohol versenke ich mich in die verborgenen Schätze. Und ich bin immer mehr überzeugt, dass harte Drogen diese Grabungen weiter vorantreiben, sodass ich an unterirdische Schätze gelange, zu denen ich ohne keinen Zugang hatte. Sie eröffnen mir Wege in Schatzkammern voller Gold und Perlen. Bring. Mich. Hin.

Ich fange an zu tanzen und kann nicht mehr aufhören. Ruckartig und unermüdlich wie ein aufgezogenes Spielzeug. Ich gehöre ganz dem Bass, als wäre ich ein bassgesteuertes Häschen. Der Hard House hörte sich erst nur an wie Presslufthammergetöse. Nun kommt es mir so vor, als säße ein Engel an den Drums. Ich hasse diese Musik – jetzt bin ich verrückt danach.

Richs Augen leuchten auf, als er mich sieht. »Bumm!«, ruft er aus. Er nimmt mich mit in die verschiedenen Räume dieses abgehalfterten Nachtklub-Palasts, sozusagen als Werbung für sein Angebot. Er deutet auf mein roboterhaftes Getanze und verkauft, verkauft und verkauft. Ich bekomme davon kaum etwas mit.

Mein Freund kommt zu mir zurück und lässt die Alien-Frau mit dem silbernen Bikini stehen. Wir sind eins. Wir gießen Wasser nach, nehmen auf Sitzsäcken Platz und streicheln einander das seidige Haar. Nie hat Haar sich so gut angefühlt! Fühlt Haar sich immer so toll an?

Wir sagen: »Ich liebe dich.« Obwohl keiner von uns das morgen noch denken wird. Ich gehe aufs Damenklo und sehe, dass meine Wangen rot leuchten. Wie bei der sprichwörtlichen Schönheit vom Lande. Die Haare stehen mir vom Kopf ab und ich kann nicht aufhören zu lächeln, nicht einmal, wenn ich meine Lippen mit den Fingern zusammendrücke. Das zahnweiße Lächeln bricht immer wieder durch, springt auf wie eine Registrierkasse. Ping!

Durch meine Adern segeln Rubine. Smaragde explodieren in meinem Gehirn wie ein Feuerwerk. War ich vorher zu schüchtern, so bin ich jetzt so frei, dass ich meine, fliegen zu können.

Die tobende Menge hat, was sie suchte. Dieses vollkommene Gemeinschaftsgefühl, bei der die Musik zum Zwilling deiner Seele wird. Endlich weißt du, wo du hingehörst. Jeder Witz, den du machst, hat seine Lacher. Jeder Mensch scheint dich zu lieben. Wir tanzen mit den Händen, als wäre uns alles egal, in Wirklichkeit ist es ganz anders: Wir nehmen alles wichtig. Viel zu wichtig. Darum mussten wir ja auf künstlichem Wege an diesen Punkt kommen.

Nichts davon ist real. Es ist die reine Chemie. Verbotene Fülle. Diese Schatzkammern unter der Erde standen mir ja nicht wirklich offen. Ich sollte sie nicht gewaltsam aufbrechen. Keiner von uns sollte das. Denn das hat Folgen.

Es offenbart zu viele Reichtümer, *man* genießt sie in vollen Zügen und lässt nichts mehr übrig für das Morgen – den nächsten Tag, den übernächsten. Ich zerstöre die natürliche Ordnung dieses Vergnügungstempels. Und ich habe seine Wächter verärgert. Die Strafe folgt auf dem Fuß. Millimetergenau.

Ich verbringe die ganze nächste Woche im Tempel des Verderbens. Ich schleppe mich von zu Hause zur Schule und zurück, ein trauriger Sack Fleisch. Ich schwöre mir, nie wieder Ecstasy zu nehmen.

Und ich muss sagen: Ich schaffe es. Es erschreckte mich zutiefst, dass ich mich fühlen konnte wie ein zu stark aufgezogenes Spielzeug. Dass ich die Kontrolle verlor. Mein Körper fühlte sich an, als gehörte er mir nicht. Aber das hält mich nicht davon ab, in den nächsten Jahren andere harte Drogen auszuprobieren. Immer dann, wenn ich erneut in die verbotenen Schatzkammern der verbotenen Tempel vordringen möchte.

Ich kaufe mir keine Drogen. Ich besorge sie mir nicht. Aber wenn sie da sind, nehme ich sie. Acid. Kokain. MDMA ... Jedoch meist Kokain. Insgesamt etwa 20 Mal im Laufe meines Lebens.

Warum auch nicht? Es war mir scheißegal, wie die Innenseite meines Tempels aussah, solange mein Körper mir den Gefallen tat und solange ich mich an den Juwelen ergötzen konnte. Und solange das Äußere des Tempels immer noch Gefallen findet.

Meine Freunde und ich sahen diese kosmisch verlinkten Szenen in Filmen wie *Human Traffic* oder *Trainspotting*. Und obwohl die Drogenerfahrungen auch dort in die Sucht führten, suchen wir alle immer wieder dieses magische Einssein. Diesen Moment der Nacht, in dem alle Sterne immer heller zu leuchten scheinen und sich alles einfach richtig anfühlt.

Jedes Mal wieder schummeln wir uns dorthin, selbst wenn die Wächter uns für unseren Einbruchdiebstahl bestrafen.

Interessanterweise klingt ihr wütendes Grollen bei harten Drogen ärgerlicher als beim Alkohol. Was es heißt, einen Kater zu haben, lerne ich erst, als ich schon an der Uni bin.

Also konzentriere ich mich auf den Alkohol. Alkohol bringt einen zwar nicht so auf Touren, aber er zieht auch weniger Verderben nach sich. Für mich ist es fortan der Alk.

Brennende Frage: Was ist Sucht?

Ich werde im Laufe unseres Zusammenseins immer wieder »brennende Fragen« anschneiden und Ihnen erzählen, was unsere vier Experten darüber denken. Es sind dies Fragen, die immer wieder diskutiert werden. (Was sich vermutlich auch in den nächsten 100 Jahren nicht ändern wird.)

Was mich daran fasziniert: Sie können diese einfachen, häufig gestellten Fragen einem Heer von Kapazitäten vorlegen und trotzdem sicher sein, dass sich nicht zwei Antworten gleichen. Das zeigt einmal mehr, dass es – wenn es um Süchte geht – keine allein gültige Antwort gibt. Es sind vielmehr immer mehrere Antworten möglich.

Unser Expertengremium

- Dr. Judith Grisel, Professorin für Psychologie und Neurologie an der Bucknell University. Sie hat auch ein Buch verfasst: *Never Enough: The Neuroscience and Experience of Addiction*.
- Dr. Marc Lewis ist Neurowissenschaftler und emeritierter Professor für Entwicklungspsychologie. Er ist Autor von: *Memoirs of an Addicted Brain*. Und: *The Biology of Desire: Why Addiction Is Not a Disease*.
- Dr. Julia Lewis ist Psychiaterin und arbeitet seit 15 Jahren auf dem Gebiet der Suchtbekämpfung.

- Dr. David Nutt ist Professor für Neuro-Psychopharmakologie am Imperial College in London. Von ihm stammt das Buch: *Drink? The New Science of Alcohol and Your Health.*

Dr. Judith Grisel sagt: »Zur Sucht kommt es, wenn eine Schuld fällig wird. Die Schulden sammeln wir an, indem wir uns auf Kosten der Zukunft gute Gefühle verschaffen. Manche Experten gehen heute davon aus, dass es sich um eine Lernstörung handelt. Korrekter wäre es, wenn man es als übermäßige Lernfähigkeit bezeichnen würde. Es ist ein perfektes Beispiel dafür, wie gut unser Gehirn lernt, auch wenn es um eine selbstzerstörerische Gewohnheit geht. Wir lernen schneller, wenn das Gelernte uns zusagt und für uns Bedeutung hat. Und für das Gehirn haben Drogen wie Alkohol eine enorme Bedeutung.«

Dr. Marc Lewis sagt: »Sucht ist eine sehr eng gefasste Kategorie, eine Reihe von Aktivitäten beziehungsweise Substanzen, die Menschen mit Problemen irgendwie Erleichterung zu verschaffen scheinen oder Lust oder Hilfe. Menschen, die diese Erleichterung eben nicht in ihren sozialen oder kulturellen Aktivitäten finden.«

Dr. Julia Lewis sagt: »Eine Reihe von Verhaltensweisen, die von biologischen, psychischen und sozialen Faktoren gestützt werden. Wenn man nur die biologische Seite nimmt, könnte man es als abnormes Lernen betrachten. Es gibt einige höchst urtümliche Schaltkreise im Gehirn, die uns dazu bringen, Verhaltensweisen zu wiederholen, die unserem Überleben dienen: essen, schlafen, sich paaren und so weiter. Die Sucht kapert dieses System nun und reiht Trinken, Spielen oder Drogennehmen ein unter die ›überlebensnotwendigen Verhaltensweisen‹. Das wiederum heißt: Wenn

Sie ihr nicht gehorchen, fühlt sich die innere Unruhe, dieser Aufruhr im Belohnungssystem wirklich schrecklich an.«

Dr. David Nutt sagt: »Sucht ist ein Verhaltenszustand, in dem Sie nicht aufhören können, etwas zu tun, auch wenn Sie es eigentlich nicht wollen.«

Ich: Hier will ich mich mal bei einer der brennenden Fragen einmischen, auch wenn ich keine Expertin bin. Warum? Ganz einfach: Man stellt mir nämlich diese Frage immer wieder.

Für mich ist Sucht: Man greift nach einer Sache oder Person in der Außenwelt, um seinen Gefühlszustand zu verändern. Sucht ist ein ganzes Spektrum von Möglichkeiten, die sich nicht schwarz auf weiß fassen lassen. Sucht ist ein Kontinuum, keine binäre Entscheidung zwischen Ja oder Nein, Schwarz oder Weiß.

Der Unterschied zwischen Suchtverhalten und Nicht-Suchtverhalten ist im Grunde einfach. Sobald Sie damit angefangen haben, finden Sie es schwierig, damit wieder aufzuhören. Ihre besten Absichten werden an eine Rakete gefesselt und in den Weltraum geschossen.

Jedenfalls verhält es sich bei alkoholbezogenem Suchtverhalten so. Es ist nicht entscheidend, ob Sie nur zweimal die Woche trinken oder nur alkoholarmes Bier. Es zählt nicht, ob Sie sich immer an alles erinnern können und nie die Hosen vor Publikum herunterlassen oder ... oder ... oder.

Ein untrügliches Zeichen: Sie ziehen los und wollen vielleicht nur ein bestimmtes Quantum Alkohol zu sich nehmen, aber meist trinken Sie eben mehr. Sie stürzen sich in die Nacht und denken: Ich werde genau x Drinks konsumieren. Stattdessen trinken Sie y. Und das ist der entscheidende Punkt. Wenn Sie ständig mehr trinken als gewollt, dann geht hier die rote Fahne nach oben.

Denken Sie darüber mal nach. Wo machen Sie das sonst im Leben? Ich gehe nicht los, um mir eine Cola zu kaufen, und trinke dann aber vier. Ich kaufe nicht einen ganzen Käsekuchen, wenn ich nur ein Stück möchte, und verdrücke ihn dann ratzeputz, obwohl ich ständig versuche, von Käsekuchen loszukommen. (Ich weiß, das hört sich hart an. Ihr habt mein Mitgefühl, Leute.) Daher bin ich nicht abhängig von Käsekuchen. So einfach ist das. Der Käsekuchen ist einfach nicht mein Ding.

Dagegen mache ich oft das Folgende: Ich schnappe mir mein Telefon und will nur schnell die Anrufliste durchgehen, und schwuppdiwupp ist eine ganze Stunde verflogen. Ich bin also in gewisser Weise (nicht schwer, aber immerhin doch) süchtig nach meinem Smartphone. Wie die meisten Menschen.

Alkohol war durch und durch mein Ding. Mein Smartphone ist mein Ding. Und wenn Alkohol auch Ihr Ding ist, dann sollten Sie eines gut verstehen: Mit Ihnen ist alles in Ordnung. Das Einzige, was Quatsch ist, ist die verbreitete Vorstellung, dass alle Menschen von etwas hochgradig Suchterregendem einfach die Finger lassen können. Okay? Okay.

Catherine steigt von ihrer rutschigen Seifenkiste runter und legt das Mikro weg.

I

Das fünfte Jahr

Das fünfte Jahr: Moralisch der neue Normalzustand

Im fünften Jahr fing ich an, mich langsam zu entspannen – aaaahhhhh –, im Wissen, dass meine selbstzerstörerischen unmoralischen Eskapaden mir kein Bein mehr stellen würden. Sie würden nicht mehr die Bühne beherrschen wie ein boshafter, höhnischer Clown mit Handfeuerwaffe, der mir seit dem ersten Akt nicht mehr begegnet war.

Als ich vorsichtig die Zehe in den Ozean des Trockenseins tauchte und so langsam damit rausrückte, welche beschämenden Dinge ich angestellt hatte, erwartete ich eigentlich, die Leute würden mir selbstgerechte Moralpredigten halten: »Wie konntest du so etwas tun? Du bist eine BÖSE Trinkerin!«

Mehr daneben hätte ich gar nicht liegen können. Wenn Sie Leuten, die trocken sind, Dinge beichten, die Sie Ihrer Ansicht nach mit Attila, dem Hunnen, gleichsetzen, können Sie darauf wetten, dass folgender Satz fällt: »Du glaubst, *das* ist scheiße? Hol dir einen Stuhl, dann erzähle ich dir mal, was wirklich beschissen ist, Mädel!« Wenn jemand so richtig angibt mit haarsträubenden Alkoholstorys, dann das trockene Volk.

Fremdgehen, klauen, den Polizeinotruf missbrauchen, damit sie einen nach Hause fahren, weil man selbst zu besoffen ist, sich krankmelden und sich mit deutlich mehr als 0,5 Promille ans Steuer setzen – lauter völlig normale Begleiterscheinungen des abhängigen Trinkens. Was wiederum heißt, dass man solche Aktionen im Land der Nüchternen versteht. Dieses ist ein sicherer Hafen, wo Sie die Ketten der Reue abwerfen können. Und die Kammer der Scham öffnen.

Magnet und Kompass

Alkohol ist für unsere moralischen Prinzipien, was der Magnet für den Kompass ist: Er lässt ihn komplett verrückt spielen. Er zeigt nicht mehr länger nach Norden. Warum ist das so? Gibt es wissenschaftliche Erkenntnisse, die das erklären können?

»Im Normalfall hält der präfrontale Kortex fragwürdiges Verhalten unter Kontrolle«, erklärt die Neurowissenschaftlerin Dr. Grisel. »Der präfrontale Kortex ist wie diese strengen Eltern: ›Tu dies, lass das! Wenn du das machst, guckst du nur dumm aus der Wäsche! Das ist falsch, hör sofort auf damit!‹ Hemmungen und moralische Prinzipien sind in der Großhirnrinde verankert«, fährt sie fort.

»Aber wenn Sie trinken«, so Dr. Grisel, »meldet sich der moralische Kompass ab.« Der präfrontale Kortex ist der erste Teil im Gehirn, der sich schlafen legt. Was sich anfangs toll anfühlt. Man fühlt sich befreit. Am Ende aber sitzt die Braut am Hochzeitstag heulend im Badezimmer oder der Bräutigam prügelt sich mit seinen Gästen. Denn die Hemmungen sind ja weg. Der »Elternteil« hat sich schlafen gelegt.

Ohne einen verantwortungsbewussten Erwachsenen im Raum bricht das Chaos aus. Ihr Gehirn benimmt sich jetzt wie ein Teenager, der sturmfreie Bude hat und da gleich mal eine Party schmeißt. (»Stellen wir doch unsere Adresse bei Facebook ein.«)

Wir regredieren buchstäblich. »Der Trinker wird vom subkortikalen Hirn gesteuert, wo Motivation und Emotion zu Hause sind«, meint Dr. Grisel. »Diese sind im limbischen System angesiedelt, wo Gefühle und Triebe verarbeitet werden. Wenn der Trinker noch weiter die Kellertreppe hinuntersteigt, dann kommt er im Hirnstamm an. Der befindet sich auf demselben Bewusstseinsniveau wie eine Schlange.«

Der Hammer! Gleichauf mit einem Reptil. Ich frage Dr. Grisel: »Wir entwickeln uns also zurück, wenn wir eine Nacht lang trinken?« Sie nickt. »Ja, im Grunde schon.«

Das erinnert mich ein wenig an die bildhafte Darstellung der menschlichen Entwicklung: fünf Stufen vom Affen bis zum Homo sapiens. Wissen Sie, was ich meine? Als hätten wir mal kurz auf schnellen Rücklauf gedrückt. Kein Wunder, dass unsere Prioritäten im Zustand der Trunkenheit vergleichsweise primitiv ausfallen. Wir wollen rumknutschen (statt treu zu bleiben), streiten (statt unsere Freundschaften zu pflegen), tanzen (statt früh zu Bett zu gehen, weil wir morgen in die Arbeit müssen) oder nicht identifizierbares Fleisch vom Bratspieß futtern (obwohl wir Veganer sind).

Es ist nicht der Alkohol, der diese Dinge anstellt

Diese wissenschaftlichen Befunde lösen häufig Protestgeschrei aus: »Aber es ist ja nicht der Alkohol, der so etwas verbricht. Es sind die Menschen.« Nach dem Motto »Waffen töten niemanden, Menschen schon«. Und ja, das stimmt sogar. Natürlich steht da immer noch ein Mensch dahinter. Und dieser Mensch ist verantwortlich für seine negativen Taten.

Doch zu diesen käme es ja gar nicht ohne ihren Förderer, Katalysator, Beschleuniger – die Waffe beziehungsweise den Alkohol. Daher ist dies kein Argument gegen ein Waffenkontrollgesetz – oder die Veränderung unseres Umgangs mit dem Alkohol. So einfach ist das nämlich nicht.

Warum ich glaube, dass unmoralisches Verhalten manchmal von Alkohol ausgelöst wird? Denn die Theorie, wonach unmoralisches Verhalten zur »Person« gehört und keine Folge des komplexen Zusammenspiels zwischen der Person und dem Alkohol ist, weist eine Schwachstelle auf. Wie wäre es sonst möglich, dass dieses negative Verhalten aufhört, wenn wir mit dem Trinken aufhören? Wusch! Puff! Fort! Für immer und ewig. Ohne dass wir etwas dazutun müssten. Legt das nicht den Schluss nahe, dass es ohne massiven Alkoholkonsum gar nicht erst zu unmoralischen Verhaltensweisen gekommen wäre? Ich denke schon.

Damit will ich nicht sagen, dass wir für unmoralisches Verhalten unter Alkoholeinfluss vor Gericht straffrei ausgehen sollten. Oder dass »Trunkenheit« uns – wie das Plädoyer auf »verminderte Zurechnungsfähigkeit« – grundsätzlich eine verminderte Schuldfähigkeit garantieren sollte. Nein, das gäbe das totale Chaos.

Der Geist in der Flasche

Aber es ist offiziell: Alkohol ist eine Droge, die uns verändert. Unser Gehirn funktioniert unter Alkoholeinfluss anders. Aber unsere Kultur schaut hier einfach weg. Und diesen blinden Fleck gibt es bei anderen Drogen nicht.

Denn bei anderen Drogen wissen wir sehr gut, dass sie uns verändern, falsche Emotionen in uns hervorrufen, sodass wir unser Verhalten nicht mehr steuern können. Wir wissen, dass wir hier Vorsicht walten lassen müssen. Mit Kokain habe ich mich seidenweich und unbesiegbar gefühlt. Unter MDMA (Ecstasy) habe ich fremde Menschen innig geliebt. Und auf LSD habe ich das Fallenlassen von Christbaumkugeln (in Zeitlupe) als kosmisches Ereignis erlebt. »Das ist das Schönste, was ich je gesehen habe.« War's natürlich nicht. Dieses Gefühl gab mir nur die Droge.

Unter Alkoholeinfluss glauben wir, endlich unser wahres Selbst zeigen zu können. Als würden wir einen Flaschengeist befreien. Aber das stimmt eben nicht. *Es ist nicht wahr.* Ihr wahres Selbst zeigt sich, wenn Sie nüchtern sind. Das dürfte wohl klar sein. Und wenn Sie mal darüber nachdenken, auch selbstverständlich. Darauf reite ich immer wieder herum, weil es so unglaublich wichtig ist.

Für alle, die trocken werden, ist es eine unfassbare Erleichterung, wenn sie feststellen, dass ihre moralischen Grundsätze immer noch auf festen Fundamenten ruhen, wenn sie selbst nicht mehr vom Alkohol pervertiert werden. Dass auf einmal ihr Verhalten nicht mehr pervers, sondern durch und durch normal ist, nur weil sie etwas anderes in ihr Glas schütten.

Hier ein paar Beispiele, wie sich mein Verhalten verändert hat, einfach, weil ich die Finger vom Alkohol ließ. Vielleicht kommt Ihnen das alles ja bekannt vor:

1. Ich hörte auf, untreu zu sein – hundertprozentig

Die Wahrscheinlichkeit, dass man unter Alkoholeinfluss seinen Partner betrügt, ist – verglichen mit Fremdgehen im nüchternen Zustand – astronomisch hoch. Eine Studie, die 2017 im *Journal of Sex Research* veröffentlicht wurde, deckte auf, dass 70 Prozent aller Fremdgeher als Hauptgrund für ihre Untreue nannten: »Ich war betrunken und konnte nicht klar denken.« Also werden sieben von zehn Fällen von Untreue vom Alkohol ausgelöst.

Eine andere Studie aus dem Jahr 2016 mit 800 Studenten ergab, dass das Trinken eine »signifikante« Vorhersage in puncto Fremdgehen erlaubte. »Menschen, die Probleme mit dem Alkohol haben, lassen sich eher auf Sex mit einem anderen Menschen als dem Partner ein«, heißt es dort.

Kein Scheiß, Sherlock. Und im Grunde wissen wir das ja auch alles schon, oder? Worüber nur selten gesprochen wird: Wie oft sich das »Trinken-Fremdgehen«-Muster durch eine einzige Maßnahme auflösen lässt: Schluss mit Alkohol. Und zack: Die Fremdgeherei hört auf.

Bevor ich trocken wurde, hielt ich mein ständiges Fremdgehen für den unwiderlegbaren Beweis, dass ich ein verachtenswertes, moralisch heruntergekommenes Individuum bin. Ich brachte Unmengen Zeit mit gerunzelter Stirn zu und fragte mich, wie ich mit der verdammten Fremdgeherei aufhören könnte. Tatsächlich war die Untreue bei mir die entscheidende Triebkraft hinter den vielen gescheiterten Versuchen, mit dem Trinken aufzuhören. Sie störte mich an der Trinkerei *am meisten*.

Wenn Sie ständig versuchen müssen, Ihre Untreue zu verbergen, verfangen Sie sich bald in einem Netz aus Lügen. Wir spinnen uns unser eigenes Gefängnis. Und wir müssen uns unsere Lügen korrekt einprägen, weil wir sonst unseren Partner verlieren. Damit wir nicht über Fallstricke stolpern, die beim anderen die Alarmglocken schrillen lassen. Ich kam mir oft vor wie ein Juwelendieb im Catsuit, der ins Allerheiligste eingedrungen war: Ich starrte verzweifelt auf all die roten Laserstrahlen, zwischen denen ich mich durchwinden musste, wenn ich nicht hopsgehen wollte. Ich musste irgendwie aus dieser Scheiße herauskommen.

Nehmen wir mal an, ich bin lange im Pub geblieben und habe dort mit jemandem herumgeknutscht, der nicht mein Freund war. Statt ihm einfach zu erzählen, ich sei im Pub gewesen, und den sündigen Kuss wegzulassen, erfand ich eine ganz andere Geschichte: Ich hätte mir mit meinem Freund Ed die neue *King-Kong*-Verfilmung angeschaut.

»Die wollte ich auch unbedingt sehen!«, meinte er. »Wie war es denn?« *Mist!* Ich schützte einen dringend notwendigen Toilettenbesuch vor und googelte den Film auf meinem Blackberry. (Liebe Millennials, ich weiß, dass euch das nichts sagt, aber Blackberrys waren damals der absolute Hit!) Danach konnte ich ihm eine ungefähre Zusammenfassung geben, bevor ich ganz schnell das Thema wechselte.

Ich hatte panische Angst, dass er wieder davon anfangen könnte, also wollte ich allein ins Kino, um *King Kong* zu sehen. Schließlich musste mein Alibi wasserdicht sein. Dummerweise war der Film mittlerweile überall abgesetzt worden. Ich musste warten, bis die DVD herauskam! Ich las Kritiken, aber um mich völlig sicher zu fühlen, musste ich den Film *sehen*.

King Kong wurde zum übergroßen Symbol meiner Schuld. Jede Erwähnung des Films und all dessen, was dazugehörte – Naomi Watts, Jack Black, Peter Jackson –, trieb mir Schweißperlen auf die Stirn. Ich entwickelte eine Phobie gegen Filmmonster – gegen *Godzilla*, *Bigfoot*, selbst das Monster von Loch Ness oder den großen freundlichen Riesen. Denn das hätte meinen Freund ja erneut zu der Frage verleiten können, was ich von dem Film hielt.

Und natürlich war auch Ed zur Ursache einer Dauerparanoia geworden. Denn wenn mein Freund und Ed sich zufällig über den Weg liefen und Ed ihn nach dem Film fragte, würde mein Alibi auffliegen und mein Freund mich sitzen lassen. Dann müsste ich aus der Wohnung ausziehen, würde vielleicht auch meinen Job verlieren, und am Ende wäre ich obdachlos und würde *bald sterben*.

Wie Sie sehen, war mein Denken in Katastrophen hoch entwickelt. Die mentalen Dehn- und Streckübungen rund um *King Kong* waren mehr als ermüdend. Als ich den verdammten Streifen endlich zu sehen bekam, saß ich als Häufchen Elend vor dem Schirm: ein untreuer Filmfreak.

Natürlich erwähnte mein Freund den Film nie wieder.

Lange dachte ich, die Lösung für all die Ängste, die mir meine Untreue verursachte, sei: das Wunderland des moderaten Trinkens zu finden, um Mitternacht nach Hause zu gehen und mir eine höhere Moral zuzulegen. Oder mich für mein Fremdgehen täglich, stündlich, ja minütlich herunterzuputzen.

Es stellte sich jedoch heraus, dass es für dieses Problem eine ganz elementare Lösung gab, mein lieber Watson: *nicht zu trinken.* Ich dachte, meine Neigung zur Untreue sei ein Charakterfehler. Aber das stimmte nicht. Wenn ich nüchtern blieb, fiel mir das Treusein so leicht wie das Atmen.

»Ich dachte, dein Problem wäre das Fremdgehen, nicht das Trinken«, sagte eine Freundin zu mir, als ich aufgehört hatte. Dachte ich selber auch. Aber damit lag ich falsch. Die Untreue verschwand im selben Moment, in dem ich den Alkohol aufgab. Und ich musste mich noch nicht mal anstrengen. Heute würde es mir *nicht im Traum einfallen*, meinen Partner zu betrügen. Und machen würde ich es schon gar nicht.

Ich sage Ihnen das nicht, um Tugendhaftigkeit zu signalisieren. »Schaut mich an mit meiner makellosen Treue!« *Schnippt den Staub von von der Schulter.* Ich erzähle Ihnen das, weil: Wenn ich in der Zeit zurückspringen und meinem angstgeplagten, selbstverliebten 26-jährigen Ich das sagen könnte, würde ich es tun. Und ehrlich gesagt glaube ich, dass sie dadurch früher mit dem Trinken aufgehört hätte. Hier bin ich also und sage es Ihnen auch.

Vielleicht gibt es Ihnen etwas Hoffnung, wenn Sie sich immer noch verloren fühlen. Wenn das Äquivalent von *King Kong* auch Sie verfolgt. Wenn auch Sie sich vor den Monstern unter Ihrem Bett fürchten.

2. Ich habe mit dem Klauen aufgehört

Ich habe schon erzählt, dass ich Alkohol geklaut habe. Nicht aus Läden, aber bei Freunden und Angehörigen … als ob das besser wäre. Zwei- oder dreimal habe ich eine Flasche aus einem gut bestückten Weinkühlschrank mitgenommen und mir gesagt, dass meine Freunde sie wohl kaum vermissen werden beziehungsweise ich sie dringender brauche. Unzählige Male habe ich mir Schnaps, vor allem Wodka oder Gin, abgezweigt von Leuten, mit denen ich zusammenlebte.

Ich werde nie vergessen, wie ich den Wodka eines Mitbewohners mit Wasser verdünnte, damit er nicht merkte, wie viel fehlt. Doch er bewahrte die Flasche im Gefrierfach auf. Und nun, wo der Wodka eben nicht mehr reiner Wodka war, fror die Flasche ein. Er holte vor meinen Augen die Flasche aus dem Gefrierfach und rief: »Was zum Teufel ist denn hier los?«

Ich habe noch nicht erzählt, dass ich auch im Laden geklaut habe. Also bringen wir's hinter uns.

Hauptsächlich ging ich klauen, als ich noch ein Teenager war. Damit befinde ich mich in Großbritannien in guter Gesellschaft, wie eine Studie des britischen Marktforschungsunternehmens YouGov aus dem Jahr 2020 besagt. Als Teenager testen wir Grenzen aus. Wir wollen wissen, wie weit wir gehen können. Beim Alkohol denken sich noch weniger Leute etwas. (Auf Seite 344 finden Sie wissenschaftliche Belege für diese Aussage.) Und viele von uns wachsen halt aus ihren Teenagerschuhen nicht heraus.

Zwischen 14 und 17 schoben meine beste Freundin und ich schon mal eine Packung Kekse unter den Schulblazer oder auch ein Sandwich. »Ich weiß, was ihr da treibt!«, schimpfte der nette Ladenbesitzer, erteilte uns aber trotzdem kein Hausverbot. (Wenn es den Laden noch gäbe, würde ich ihm gerne eine 50-Pfund-Note überreichen und mich aufrichtig bei ihm entschuldigen.)

Und als Erwachsene machte ich damit weiter. Ich habe wiederholt Ladendiebstahl begangen. Interessanterweise immer dann, wenn ich einen Kater hatte. Der verbotene Reiz, einen Nagellack in der Tasche verschwinden zu lassen oder einen Lippenstift und dann seelenruhig rauszuschlendern, holte mich aus den nebligen Regionen des Verkatertseins.

Jetzt, wo ich nüchtern bin, klaue ich nicht mehr. Genauer gesagt: Ich würde nicht im Traum daran denken. Ich habe nichts dagegen, die Regeln zu befolgen. Ich male nicht über die schwarzen Linien hinaus. Heute bin ich ein Riesenfan dieser Linien.

Wie aber kommt es, dass aus einer Gelegenheitsladendiebin nun eine gesetzestreue Bürgerin wurde? Nun, wir haben ja schon gehört, dass der präfrontale Kortex (PFK) sich vom Dienst abmeldet, wenn wir einen im Tee haben. Trinken wir regelmäßig und viel, verliert der PFK an Volumen.

»Die Frontallappen scheinen für Volumenverluste infolge langfristigen Alkoholmissbrauchs besonders anfällig zu sein«, heißt es in einer Studie aus dem Jahr 2014 mit dem Titel »The Neurobiology of Successful Abstinence«. Auf das Risiko hin, ein extrem komplexes neurologisches Geschehen allzu sehr zu vereinfachen: Der präfrontale Kortex verliert an synaptischer Dichte. Laienhaft ausgedrückt: Er schrumpft. Ihr moralischer Kompass (die Elterninstanz) *schrumpft* also.

Glücklicherweise kehrt sich der Prozess wieder um, wenn wir trocken sind. Die Studie besagt, dass das verlorene Volumen »nachwächst«. »Obwohl die wissenschaftliche Literatur dazu noch dünn gesät ist, lässt sie vermuten, dass Abstinenz zu einer strukturellen und funktionellen Verbesserung im präfrontalen Kortex führt.«

In der Sprache der Erdlinge: Unser elterlicher Anteil betritt wieder den Raum. Und klopft uns auf die Finger, wenn wir auch nur daran denken, einen Lippenstift mitgehen zu lassen oder eine Packung Kekse.

3. *Ich habe aufgehört, die Zeit der Polizei zu verschwenden*

Viele wissen ja bereits, dass ich mit 27 Jahren in Brixton, einem bacchantischen Viertel im Süden Londons, wegen Trunkenheit und Ruhestörung verhaftet wurde. Ich verbrachte die Nacht in einer Zelle der Polizeistation. Am Morgen gab man mir meine Sachen zurück. Genauer gesagt: das, was ich bei mir hatte. Keine Schlüssel, keine Handtasche, kein Handy. Nur eine kleine, pinkfarbene Kinderhaarbürste, die ich noch nie gesehen hatte und obendrein auch noch dreist *glitzerte*.

Aber die Geschichte, die ich Ihnen nun erzählen werde, dieser kurze Zusammenstoß mit der Polizei, beschämt mich noch mehr. Warum? Weil ich eben keinen totalen Blackout hatte, als ich mich aufführte wie ein unsägliches Gör.

Nüchtern war ich eine seriöse, verantwortungsbewusste und sogar sympathische Taxinutzerin. Ich fragte um Erlaubnis, im Wagen einen Kaffee trinken zu dürfen. Ich machte höflichst Small Talk. Ich bewunderte den Pinienduft des Raumsprays. Ich haute die Tür nicht zu und gab immer ein Pfund Trinkgeld, obwohl ich mich für pleite hielt. Da mein Stiefvater Taxifahrer war (und ist), habe ich gelernt, mich im Taxi nicht aufzuführen.

Betrunken aber war ich der Albtraum jedes Taxifahrers. Ich sprang ins Taxi, auch wenn ich nicht wusste, ob ich dafür genug Geld hatte. Meistens ging alles gut. Ich schaffte es gerade noch, dem Taxifahrer zu sagen, er solle am nächsten Geldautomaten halten, dem ich einen Zwanziger rauskitzeln konnte. (Die Cashpoints in Spirituosengeschäften schienen größere Schwierigkeiten damit zu haben, bei meiner Bank den Kontostand abzufragen, die dann üblicherweise schrieb: »Verdammt noch mal, nein! Geben Sie ihr keinen Pfennig!« Also hob ich dort gerne Geld ab. Sie nahmen 1,95 Pfund pro Abhebung, was ich als Schmiergeld dafür betrachtete, dass sie meine chronische Ebbe in der Kasse akzeptierten.)

Wenn ich mit anderen Leuten unterwegs war, beglichen sie finsteren Blickes die Rechnung. Oder ich rief meinen Freund an, der dann in Boxershorts herunterkam und schlaftrunken mit der Brieftasche wedelte. (Natürlich bekam ich dann morgens eine Standpauke zu hören: *Tu das nie wieder!*)

Mit 26 aber passierte es, dass all meine Versuche, mich als Cashpoint-Flüsterer und Rechnungs-Outsourcer zu betätigen, fehlschlugen. Ich war allein und kehrte von zwei Geldautomaten mit leeren Händen zurück. Selbst von dem etwas anrüchigen in der Weinhandlung »WineNot!«. Mein Freund, mit dem ich zusammenlebte, war (was erlauben sich Freunde!) am Donnerstagmorgen um 1:26 Uhr nicht greifbar. Und so kutschierte mich der Taxifahrer zur Polizeistation in Hackney. Er hatte jedes Recht dazu, da ich ja nicht in der Lage war, ihn für die geleisteten Dienste zu entlohnen.

Er stand in der Polizeistation und erstattete haarklein Bericht über diese unverschämte Trittbrettfahrerin, die er auf dem Rücksitz seiner Hackney-Kutsche eingesperrt hatte. Der manuelle Fensterheber erlaubte mir, das Fenster einen Spalt zu öffnen. Ich seufzte. Was für ein Elend! Und dann hatte ich eine grandiose Idee. Ich kurbelte das Fenster ganz runter und schob dann meinen Körper im Pailletten-Minikleid durch die Öffnung. Ich war frei!

Ich schob mich an der Glastür der Polizeistation vorbei und sah aus den Augenwinkeln den Rücken des Taxifahrers. Ich wusste, dass ich nicht losrennen durfte. Nur ein Delinquent gibt Fersengeld. Ich strahlte in die Finsternis, setzte mein Headset auf und spielte Lily Allen: »Fuck you! Fuck you very, very much.« Ich fühlte mich wie eine echte Gangsterbraut.

Bis ich eine Präsenz neben mir spürte. Ein Wagen hielt am Bordstein. Ich ignorierte ihn, bis ich ein »Oi! Wir haben gesehen, wie Sie aus diesem Wagen gekrabbelt sind, Schätzchen!«[1)] hörte. Ich drehte mich um. Und sah: ein Polizeiauto mit zwei Polizisten drin. Sie brachten mich zur Station zurück. Und sie waren eigentlich sehr freundlich.

Statt mich anzuzeigen, fuhren sie mit mir nach Hause, um zu sehen, ob mein Freund, mit dem ich ja zusammenwohnte, für mich bezahlen würde. Wir hielten vor dem Haus. Die Herren begleiteten mich hinauf zur Wohnungstür. Ich schaffte es, das herumtanzende Schlüsselloch zu bezwingen und den Schlüssel einzuführen. (An den Türblättern meiner Wohnungen fanden sich immer verräterische Kratzspuren in Schlüssellochnähe.)

Die Herren folgten mir. Die Schlafzimmertür stand sperrangelweit offen. Da lag er nun, mein Lebensgefährte, splitterfasernackt, mit ausgestreckten Gliedern. Schnarchend. Die Herren Polizisten wandten den Blick ab, der ihnen zu viel verriet. »Bitten Sie ihn doch, sich etwas anzuziehen, bevor er mit uns spricht«, forderten sie mich auf. Dann eskortierten sie meinen armen Freund zum Geldautomaten, wo er 30 Pfund abhob, um meine Taxirechnung zu begleichen.

Alles in allem verschwendete ich eine halbe Stunde Polizistenzeit und eine weitere halbe Stunde Taxifahrerzeit. Und für diesen Herren war Zeit Geld. Die Strafe hätte schlimmer ausfallen sollen.

[1)] Vermutlich haben sie nicht »Oi« gesagt oder »Schätzchen«, aber mein Gedächtnis hat die Lücken aufgefüllt, die sich in meiner Erinnerung auftaten, und zwar mit dem Stereotyp eines typischen Cockney-Bullen.

Aus der Rückschau wünsche ich mir, sie hätten mich angezeigt. Was sie nicht taten. *Ich habe keine Vorstrafe, aber eigentlich sollte ich eine haben.*

Es hört sich unsinnig an, dass ich an Konsequenzen glaube, wo ich doch gleichzeitig radikales Mitgefühl für Trinker einfordere. Aber ich tue es nun mal. Denn Konsequenzen, so drakonisch sie sich anfühlen mögen, überzeugen die Betroffenen häufig davon, dass sie den Weg vom Dunkel ins Licht antreten sollten.

4. *Ich hörte auf, mich ständig krankzumelden*

Mein Spitzname an einer Arbeitsstelle war das sehr gewinnende »Krankmeldung«. Ich flunkerte nicht nur irgendwas von schlechten Garnelencurrys, übte, mit krächzender Stimme zu sprechen wie bei einer Erkältung, und simulierte eine Woche lang ein Hinken (dagegen ist das Hinken Keyser Sözes in *Die üblichen Verdächtigen* ein Klacks!). Nein, ich studierte auch auf Wikipedia die Symptome einer Migräne und ich erfand Todesfälle. Ja, ich weiß.

Ich ließ einen Opa, der längst tot war, sterben, und das mehrfach. Ich sagte mir, dass das okay sei, schließlich war er ja wirklich tot. Ich verschob das Datum der Beerdigung meiner Tante, damit ich keinen Samstagsdienst machen musste und mir stattdessen mit meinem Freund die *Rocky Horror Picture Show* anschen konnte. »Warum starrt diese Frau uns nur dauernd an?«, sagte ich zu ihm und deutete auf eine Frau im Bühnen-Outfit mit roter Perücke und einem silbernen Hut. Es stellte sich heraus, dass sie meine Chefin war.

Der Kater ist der Hauptgrund, warum wir uns krankmelden, heißt es in einem Bericht von PricewaterhouseCoopers. Das hört sich an wie der Gipfel der Selbstsucht, aber ein schlimmer Kater heißt, dass wir in schwerem Fahrwasser sind. Und unsere Physis der Arbeit nicht gewachsen ist.

Händezittern, Hämmern im Kopf, der Magen spielt seekrank. Wir wissen nicht, ob wir heute eine oscarreife Vorstellung eines normalen Angestellten abliefern können, also melden wir uns lieber krank. Vielleicht haben wir auch unser ganzes Geld auf den Kopf gehauen und es ist nichts mehr übrig für die Trambahnkarte. Mir ist das schon passiert. Oder wir wachen gleich in einer anderen Stadt auf.

Nüchtern? Da passiert so etwas einfach nicht. Und das ewige Krankmelden wird unnötig. Eine unglaubliche Erleichterung.

Die Kammer der Scham

Eine der Fragen, die ich am häufigsten zu hören bekomme, ist: »Wohin mit all der Scham?« Mit all den Schuldgefühlen, die mich bedrücken müssen, jetzt, wo ich sie nicht mehr in Alkohol ertränken kann? Ich fühle mit jedem Einzelnen, der mir diese Frage stellt. Denn ich weiß genau, wie sich das anfühlt. Ohnehin ist dies einer der Hauptgründe, warum wir häufig lieber weitertrinken. Damit wir die Kammer der Scham nicht betreten müssen.

Es liegt ja auf der Hand: Eine der wirksamsten Methoden, um den Druck aus Scham und Schuldgefühlen herauszunehmen, ist es, die um Verzeihung zu bitten, die wir verletzt haben. Ich habe unzählige E-Mails geschrieben, Karten verschickt und ernst gemeinte Entschuldigungen angeboten. All jenen Menschen, die ich mit meinem gedankenlosen Trinken, dem ewigen Brummschädel und einem allgemein narzisstischen Verhalten gekränkt habe.

Zum Beispiel: »Es tut mir leid, dass Sie mich für diese Stellung empfohlen haben und ich nicht fähig war, sie zur Zufriedenheit aller auszufüllen.« Oder an jemanden, mit dem ich mal drei Dates hatte: »Es tut mir leid, dass du dieses tolle Wochenende für uns geplant hattest und ich dann vollkommen blau aufgetaucht bin, weil ich im Zug schon eine ganze Flasche Wein gekippt habe, sodass ich dich bei dem selbst gekochten Abendessen nur noch anbrüllte.«

Viele Menschen antworten nicht darauf. Der Herr mit den Dates tat es nicht. Er las die Mail, ignorierte sie und blockte mich. Das ist auch okay. Es ist sein gutes Recht. Für uns ist wichtig, dass wir die Entschuldigung angeboten haben.

Und wenn der oder die Betroffene nun gar nicht weiß, was Sie ihm oder ihr angetan haben? Dafür gibt es eine Faustregel: Wenn die Entschuldigung etwas enthüllt, was dem Betroffenen noch *mehr* wehtut, dann sollten Sie dies für sich behalten. Dann können Sie tun, was die Menschen bei den Anonymen Alkoholikern als »aktive Wiedergutmachung« bezeichnen. Sie machen wieder gut, was Sie durch Ihr mieses Verhalten angerichtet haben: Tag für Tag, Jahr für Jahr. Indem Sie eben kein Idiot mehr sind.

Was gerne vergessen wird: Rein technisch betrachtet müsste die Wiedergutmachung sich auch auf Sie erstrecken, denn vieles von Ihrem Verhalten hat vor allem *Ihnen* selbst geschadet. Schreiben Sie doch einen Brief an Ihren Körper und Ihre Seele und sagen Sie beispielsweise: »Es tut mir leid, dass ich dich gefährdet habe. Es tut mir leid, dass ich literweise Nervengift in dich hineingeschüttet habe. Es tut mir leid, dass ich dir nicht genügend Schlaf und Nährstoffe gegönnt habe. Ich verspreche, nie wieder so achtlos mit dir umzugehen.«

Wie Sie die Kammer aufbekommen

Für die Scham, die Sie nicht durch Wiedergutmachung lindern können, die in Ihrer Kammer der Scham ein Echo nach dem anderen zurückwirft, gibt es ebenfalls einen guten Rat: Menschen, die trocken werden wollen, öffnen die Kammer und machen eine lange und schmerzhafte Bestandsaufnahme von allem, was dort mit Vorsatz und Fleiß eingelagert wurde. Sie holen jedes einzelne Stück hervor. Üblicherweise unter Mithilfe eines anderen Trockenen oder eines Therapeuten.

Bei den Anonymen Alkoholikern ist dies Schritt fünf: »Wir geben Gott, uns selbst und einem anderen Menschen gegenüber unverhüllt unsere Fehler zu.« Normalerweise wird dieser Schritt mithilfe eines vertrauenswürdigen Sponsors vollzogen, der sich an die AA-Regel hält, die häufig bei den Treffen rezitiert wird: »Wen du hier siehst, was du hier sagst, was du hier hörst – wenn du gehst, lass es hier.« Ich weiß nicht, wie es ist, wenn man Schritt fünf in einem AA-Programm absolviert. Aber Freunde, die dieses Programm großartig finden, haben mir erzählt, dass ich viele dieser Schritte vollzogen habe, ohne es zu wissen.

Meine Version von Schritt fünf nahm S-E-H-R viel Zeit in Anspruch. Ich bekam die Tür auf und holte einige der Dinge hervor. Aber ich war schon mehr als vier Jahre trocken, als ich endlich *das Ganze* leerte.

Viele Menschen glauben, es sei gut, Schritt fünf so schnell wie möglich zu vollziehen. Sie finden, die Kammer müsse geöffnet bleiben und die Quälgeister ausgetrieben werden, wenn sie nüchtern bleiben wollen. Für mich war das Gegenteil der Fall. Ich brauchte Zeit mit Catherine 2.0, bevor ich Catherine 1.0 vergeben konnte. Ich brauchte diese Atempause. Mein Leben war einfach schon so lange in finsterster Dunkelheit versunken.

Und so packte ich es im fünften Jahr an: Ich machte mir an einem strahlenden Sommertag meine schlimmsten Fehler bewusst, während ich mit Jen, meiner besten trockenen Freundin, am Strand lag, in einem Bikini mit Mandarinenmuster drauf. Der Tag war so hell, dass ich mir sicher war, die Dunkelheit ertragen zu können. Ich holte jeden einzelnen Moment der Scham, der Schuld, des Selbsthasses hervor und zeigte ihn Jen. Immer wenn ich ihr einen von meinen Schammomenten erzählte, berichtete sie mir von den ihren.

Ich habe es Jen nur deshalb erzählt, weil ich ihr blind vertraue und weil sie mich an ihren Momenten teilhaben ließ. Dass wir die Sache gemeinsam angingen, gab mir ein Gefühl der Sicherheit. Wir wissen heute so viel voneinander, dass wir uns locker Erpresserbriefe mit ausgeschnittenen Buchstaben schicken könnten: »Ich weiß, was du im Sommer 1999 getan hast. Bezahle, sonst wird es dir schlecht ergehen!« Aber natürlich machen wir das nicht.

Aber aus ebendiesem Grund wäre ich extrem vorsichtig, wen Sie zu Ihrem Vertrauten für den Gang in die Kammer der Scham erwählen. Die einzigen anderen Menschen, denen ich Zutritt gewährte, waren Therapeuten, die durch ihre berufliche Schweigepflicht gebunden sind.

Die Wahrheit über die Scham ist, dass Zeit alle Wunden heilt. Dafür kann es keinen Ersatz geben. Je mehr Sie sich – und anderen – zeigen, dass Sie nun ein anderer Mensch sind, desto mehr lässt die Scham nach. Und Sie entwickeln sich zu dem Menschen, der Sie wirklich sind, bevor die Sucht Sie aus der Bahn geworfen hat. Je länger das unausweichliche Ticken der Uhr anhält, desto mehr werden Sie sich selbst vergeben können. Ihre früheren Fehler werden Sie nicht mehr quälen. Auch nicht die Angst vor ihrer Enthüllung.

Jetzt passt Ihr Verhalten wieder zu Ihren moralischen Grundsätzen. Sie können endlich aufatmen. Sich in der eigenen Haut sicher fühlen. Darauf vertrauen, dass das nun auch so bleiben wird. Und Sie merken: *Das bin ich.* Und DAS war *nicht ich.*

Trunkenheit am Steuer

Glücklicherweise bin ich nie betrunken Auto gefahren, aus dem einfachen Grund, weil ich *nie* Auto fahre. Eines aber weiß ich sicher: Hätte ich es in jenen Jahren getan, wäre Trunkenheit am Steuer die natürliche Folge gewesen. Daher sage ich das Folgende keineswegs mit erhobenem Zeigefinger.

Viele Leute, die am Abend sehr viel getrunken haben, setzen sich am nächsten Morgen ruhigen Gewissens ans Steuer, obwohl der Alkohol noch durch ihre Adern wirbelt wie weiland John Travolta übers Parkett. Den meisten ist nicht klar, dass der Alkoholtester ausschlagen würde, wenn sie ins Röhrchen pusten müssten.

Es gibt da eine unglaublich nützliche App (in englischer Sprache): den *Morning After Calculator*. Er zeigt, wie lange es braucht, bis wir den konsumierten Alkohol verstoffwechselt haben.

- Wenn Sie eine Flasche Wein trinken (zehn Einheiten Alkohol) und sie um Mitternacht geleert haben, können Sie am nächsten Tag erst um ein Uhr mittags wieder ins Auto steigen.
- Wenn Sie zwei Flaschen Wein trinken (20 Einheiten Alkohol) und um Mitternacht aufhören, dann dürfen Sie erst wieder tags darauf ab 21 Uhr Auto fahren.
- Sie können also davon ausgehen (auch wenn die App leider die Eingabe einer halben Flasche Wein nicht erlaubt), dass Sie bei eineinhalb Flaschen Wein (oder 15 Einheiten Alkohol), sofern Sie den letzten Tropfen spätestens um Mitternacht getrunken haben, sich erst wieder um 16 Uhr nachmittags am nächsten Tag ans Steuer setzen dürften.

Ich weiß. Da ich in den letzten Jahren meiner Trinkerkarriere täglich mindestens eine Flasche, wenn nicht eineinhalb geleert habe, war es einfach ein Riesenglück, dass ich keinen Führerschein hatte.

Krankmelden:
Storys, die ihr mir anvertraut habt

Ich habe eine Reihe von trockenen Menschen gebeten, mir von den Lügenmärchen zu erzählen, die sie erfanden, um nicht zur Arbeit erscheinen zu müssen. Und zwar nur solche von der Sorte, die sich ins Gedächtnis einbrennen und noch Jahre nachher wehtun.

Ich erhielt 531 Antworten. Das häufigste Motiv war das Vorschützen des Todes naher Verwandter. Ob diese nun tatsächlich schon gestorben waren oder nicht – die meisten hatten danach enorme Schuldgefühle. Wenn also auch Sie einen Todesfall oder eine Beerdigung erfunden haben, sollten Sie eines wissen: Sie sind keineswegs ein verkommenes Individuum. Tatsächlich ist diese Art der Lüge recht verbreitet. Aber wir können uns freuen, dass wir das nicht mehr brauchen.

Hier eine Auswahl der besten Krankmelde-Storys:

> Bevor es Handys gab, fuhr ich zwei Stunden lang in eine andere Stadt und meldete mich von einem öffentlichen Fernsprecher, um meinen Boss anzurufen und ihm zu sagen, dass mein Wagen leider den Geist aufgegeben hatte. Da die Stadt eine andere Vorwahl hatte, hielt ich die Geschichte für glaubwürdiger. Dann suchte ich mir die nächste Kneipe und betrank mich wieder.
> **Chris**

> Ich hatte in der Arbeit so einen brutalen Kater, dass ich mich am liebsten hingelegt hätte. Ich wünschte mir, dass mich der Erdboden verschluckt hätte. Ich schlich mich in den Wandschrank für Bürobedarf und legte mich dort auf den Boden, nicht ohne vorher eine Schachtel neben meinen Kopf platziert zu haben. Ein Freund fand mich. Ich sagte, dass die Schachtel mir auf den

Kopf gefallen sei und mich wohl ausgeknockt hätte. Vermutlich roch der Wandschrank nach Alkohol, aber man schickte mich trotzdem nach Hause.

Avery

Ich sagte, ich hätte mich in der Wohnung eingeschlossen. Ich hätte am Tag zuvor die Schlüssel verloren und meine Mitbewohnerin sei ins Büro gegangen und hätte abgeschlossen. Ich war entsetzt, als ein Kollege meinte, sein Vater sei beim Schlüsseldienst und er würde ihn gleich herschicken!

Farrah

Meine Strategie war immer die Bindehautentzündung (Konjunktivitis). Erstens sieht ein Mensch mit knallroten Augen aus wie ein Leprakranker, den keiner um sich haben möchte. Außerdem schindet man damit locker zwei Tage raus. Zwei Tage, um diesen grausamen Kater zu bewältigen. Und wenn man dann noch ein wenig blinzelt, denken alle, das gehört zur Symptomatik.

Audrey

Ich sagte, ich müsste ins Krankenhaus, weil ich vor meinem Haus ausgerutscht sei und mir das Handgelenk verstaucht hätte. Am nächsten Tag trug ich sogar eine passende Bandage!

India

Meine Freundinnen und ich hatten da diesen speziellen Trick, wenn der Chef ein Mann war. Wir riefen immer an und sagten, wir hätten Endometriose. Dabei redeten wir dauernd von unserer Gebärmutterschleimhaut. Das deckte immerhin ein Besäufnis pro Monat.

Willow

Am Ende meiner Trinkerzeit schickte ich meiner Chefin eine E-Mail und behauptete, meine Oma sei gestorben und ich müsse heim und meiner Mutter mit der Beerdigung helfen. Die Leute im Büro waren so unglaublich nett zu mir. Dabei unterliefen mir mehrmals Fehler. So sagte ich beispielsweise, ich müsse ihr noch eine Weihnachtskarte schicken. Dann korrigierte ich mich schnell: »Ich vergesse immer, dass sie nicht mehr unter uns ist.« Es war schrecklich. Ich habe das nie jemandem erzählt, bis jetzt. Glücklicherweise geht es meiner Oma prima, sieben Jahre nachdem ich diese gemeine Lüge erzählt habe.

Grace

Ich ging mit ein paar Kollegen (und meinem Boss) abends aus und ließ mich volllaufen. Natürlich schaffte ich es am nächsten Tag nicht ins Büro. Da erfand ich diese Geschichte mit der Augenverletzung. Um die an den Mann zu bringen, trug ich sogar drei Tage lang ein selbstklebendes Pad, das mein Auge bedeckte.

Amaira

Nachdem ich mich eines Abends mit Gin abgefüllt hatte, erzählte ich am nächsten Morgen, meine Oma sei gestorben. Die Kollegen schickten Blumen an die Adresse meiner Eltern. Die waren aber verreist, also holte Oma sie ab, nachdem die Nachbarin sie angerufen hatte. Glücklicherweise las sie die Beileidsbezeugungen zu ihrem Tod nicht! Einige Monate später hörte ich mit dem Trinken auf. Der Gedanke an diese Geschichte macht mich immer noch krank. Ich bin so dankbar, dass ich nicht mehr lauter Scheiß erzählen muss, um durchs Leben zu kommen. Bisher habe ich diese Story nur meinem Partner erzählt. Sie aufzuschreiben, ist eine Erlösung. Ach ja: Ich bin jetzt seit zwei Jahren trocken – und muss mich nicht mehr regelmäßig krankmelden.

Charlotte[2]

---

[2] Alle Namen wurden geändert. Ein dickes Dankeschön an dieser Stelle an meine Instagram-Follower, die diese Geschichten mit mir teilten. Mehr als 50 Leser und Leserinnen werden in diesem Buch zitiert. In all diesen Fällen habe ich Pseudonyme benutzt. Ohne eure Offenheit, euren Witz und eure Weisheit hätte ich diese Kapitel nicht vervollständigen können.

Sturzbetrunken versus sternhagelnüchtern auf den Weltmeeren

Stockbetrunken

Juli 2011

Wie in der Rumwerbung, denke ich zufrieden, als sechs Freunde und ich uns auf dem Deck eines Katamarans ausstrecken. Reggaemusik mischt sich ins Rauschen der Wellen, die die *Merry Barracuda* durchschneidet.

In bin in der Karibik. Eigentlich nicht die Destination, die im Rahmen meiner finanziellen Möglichkeiten liegt. Aber ich hatte Glück und konnte mich an jemandes Rockzipfel hängen. Das ist schon etwas anderes als meine üblichen Ferien in Ayia Napa oder auf Zakynthos, wo ich in einem Hotel Unterkunft suche, das so billig ist, dass man ganz sicher Kakerlaken als Zimmergenossen hat.

Meine Urlaubsziele liegen für gewöhnlich auf vulkanischen Eilanden, die jedes Fleckchens Grün entbehren, aber das ist mir egal. Ich halte mich ohnehin nur in Zonen auf, wo die Neonbeleuchtung der Bars billigen Alkohol und eine flotte Nummer verspricht. Tagsüber brate ich dann in der Sonne, in der Hoffnung, dass sie mich attraktiver erscheinen lässt. Die meiste Zeit fühle ich mich bockhässlich. Wenn ich aber trinke, komme ich mir sexy und wie ein anschmiegsames Kätzchen vor.

Ich versuche immer, die Bilder aus der Alkoholwerbung nachzustellen. Ich wäre am liebsten die lachende Surferin, die ihr Board in den Sand rammt und mit einem kalten Bier in die Hängematte hüpft. Oder die coole Type, die einen langen Schluck aus der Flasche nimmt, um dann aus 20 Meter Höhe von einem Felsen mit elegantem Sprung hinunter ins Meer zu tauchen. Oder die braun gebrannte Strandschönheit, die aus einem Glas mit Schirmchen ihren Cocktail schlürft und nie Sand in ihre Unaussprechlichen bekommt.

Aber das klappt bei mir leider nicht. Ich krieg das einfach nicht hin. Ich übertreibe es regelmäßig. Ich trinke zu viel und zu schnell. Und meine wiederholt gescheiterten Versuche, Maß zu halten, haben mir mittlerweile ein ordentliches Quantum Selbsthass eingebracht. »Warum kannst du nicht werden wie diese Leute, du blödes Stück«, plärrt mein Kopf dauernd dazwischen.

Was man im Fernseher nicht sieht, ist die heimliche Hölle des Urlaubskaters. Den, soweit ich weiß, auch alle anderen haben, aber natürlich redet keiner darüber. Wenn wir uns eingestehen würden, wie grottenschlecht wir uns fühlen, dann zöge das natürlich auch eine Strafe nach sich: abends nichts zu trinken. Also kämpfen wir weiter auf unseren ganz privaten Kater-Inseln.

Letzte Nacht waren alle lange auf und haben ordentlich gebechert. Vermutlich bin ich auf diesem hochseetauglichen Boot nicht die Einzige mit einem Kater. Als sich die anderen um drei Uhr morgens in ihre Kojen begaben, schaffte ich es, eine Miturlauberin festzuhalten wie die Maus am Schwanz.

Ich ließ sie nicht mehr gehen bis zum bitteren Ende um fünf. »Jetzt sei doch nicht so LANGWEILIG, wir haben schließlich Ferien!« Als ich endlich abgefüllt war – 8 Bier und 15 Mentholzigaretten –, gab ich meine Geisel frei.

Blinzelnd mache ich aus, wo meine Gefährtin von letzter Nacht liegt. Sie hält an Deck ein Nickerchen und hat den Hut übers Gesicht geschoben. Ihre Hand liegt auf einer Zweiliterwasserflasche, die fast leer ist. H_2O? Echt jetzt? H_2O kann doch diese Katerhölle nicht löschen. Der Teufel lässt sich nur mit Beelzebub austreiben. Wenn ich so verkatert bin wie im Moment, bin ich eher voll drauf als müde. Wie kann sie nur schlafen?

Meine Augen sind blutunterlaufen, ich bringe sie kaum auf, habe sie deshalb hinter einer riesigen Sonnenbrille versteckt. Die Angst wogt im Rhythmus der Wellen. Sie baut sich immer weiter auf, bis ich am liebsten losgeschrien hätte. Statt eines Lächelns verzerrt eine Grimasse mein Gesicht. Das Zittern meiner Hände fühlt sich an, als verpasse mir jemand Elektroschocks, als hätte mein Körper einen Kurzschluss.

»Riff!«, ruft der Kapitän fröhlich. Meine Freunde jauchzen und holen ihre Schnorchel hervor. Auch meine Geisel lässt sich ins mintgrüne Wasser gleiten. Sie kraulen auf das Riff zu, das näher zum Land liegt. Ihre Schwimmflossen tauchen lustig auf und ab.

Wirklich? Muss ich das jetzt? Ich will nur hier liegen und mich erholen. Ich habe keine Lust auf Schnorcheln. Mich interessieren Caipirinhas mehr als Korallen. Und die Männer an Bord mehr als der Clownfisch unter Wasser. Na gut, wenn es nicht anders geht.

Ich lasse mich ins Unbekannte hinab. Idioten. Meine Angst hatte eine 8 auf der Skala, jetzt liegt sie bei 9, während ich meinen von Übelkeit geplagten Körper horizontal ins Wasser lasse und so tue, als würde mir das Ganze Spaß machen. Die anderen sind mir alle schon ein gutes Stück voraus.

Ein langer, dunkler Schatten gleitet unter mir vorbei. Ich schieße sofort wieder an die Oberfläche, reiße mir den Schnorchel herunter und frage den Skipper: »Was zum Teufel war das?« Anklagend erhebe ich meine Stimme, als hätte er die Wasser der Karibik von Furcht einflößenden Lebensformen säubern müssen, bevor ich mich in sie hineinbegebe. »Vermutlich Thunfisch«, meint er und zuckt mit den Schultern, beachtet mein kindisches Gemaule nicht weiter.

»Und wenn es nun ein Hai ist?«, hake ich nach und strample im Wasser herum.

Er zuckt wieder mit den Schultern. »Riffhai. Friedlich.«

Ich flundere zurück aufs Boot mit meinen wenig eleganten Flossen. Ich sehe aus wie ein Clown, was mich noch wütender macht. Das fühlt sich alles gar nicht nach Rumwerbung an! Da ich sogar in meinen besten Zeiten stets am Rande der Panik lebe, reicht ein nicht identifizierter Schatten schon aus, um mich in die finstersten Tiefen meines Gemüts zu katapultieren. Ich hasse es, wenn ich etwas nicht genau weiß.

Also nehme ich noch einen zur Brust. Und noch einen. Ich kippe drei, bevor die anderen von ihrem Schnorchelausflug zurück sind. Der Alkohol dämpft den Schrei, der sich in meiner Kehle aufbaut. Früher hat er das immer auf sehr tröstliche Weise getan. Jetzt ist es eher so, als schöbe sich eine Hand über meinen Mund und brächte mich zum Schweigen, bis ich nicht mehr zapple. Bis ich ganz still geworden bin.

Sternhagelnüchtern

Februar 2020

Meine trockene Schwester Laurie und ich sind in Thailand. Wir strecken uns auf dem Oberdeck eines Boots aus, das mit anderen ausgelassenen Schnorchlern gefüllt ist. Eine Rutsche in Regenbogenfarben führt direkt vom Oberdeck ins Meer, aber selbst die großspurigsten Exemplare der Generation Z, die ständig ihre EarPods auf den Ohren haben, trauen sich nicht, sie zu benutzen.

Die Leute sausen ins Meer wie Kanonenkugeln oder wagen einen Hechtsprung. Der eine oder andere Bauchklatscher ist auch dabei. Man hat uns verwöhnt mit dem Anblick gesunder Korallen, lebhaft leuchtend wie Amethyste. Riesige Muscheln, die zuschnappen, wenn man sie berührt. Rauflustige Drückerfische greifen an und stoßen gegen den Schnorchel, wenn man ihnen zu nahe kommt. Verträumte Quallen tanzen in den Wellen wie Opern-Balletteusen.

Der letzte Stopp auf der Schnorcheltour ist die Haibucht. Mittlerweile bin ich ausgebildete Sporttaucherin, die schon oft Begegnungen mit Riffhaien hatte. Ich höre nicht mehr automatisch den bedrohlichen Soundtrack von *Der weiße Hai*, wenn ich an Haie denke.

Ohnehin ist es wahrscheinlicher, dass man von einem Hund gebissen wird. Sobald Sie einmal beobachtet haben, wie ein echter Hai einen Tintenfisch jagt und sich kein bisschen für Sie interessiert, wird Ihnen klar, dass die ganze Hai-Hysterie auf reinen Hollywood-Mythen beruht. Wie übrigens auch die Mythen ums Trockenwerden. Laurie hat ebenfalls keine Angst vor Riffhaien, also schwimmen wir dorthin, wo am wenigsten Leute unterwegs sind, weil wir hoffen, auf einen zu treffen.

Als der erste Hai an uns vorbeischwimmt, blubbern wir fröhlich in unsere Masken. In der nächsten Stunde sehen wir zwei, drei, vier Schwarz- und Weißspitzen-Riffhaie. Oder vielleicht sind es auch immer die gleichen. Wer weiß das schon?

Wir wollen gerade zurück zum Boot, als ein fünfter Hai sich aus dem Schatten löst, ein Weißspitzen-Riffhai. Ein 1,80-Meter-Hai. Anders als alle bisherigen, die gerade mal ein paar Sekunden in Sicht bleiben, bevor sie mit der Schwanzflosse schlagen und weiterschwimmen, umrundet er uns.

Als er die zweite Runde, enger diesmal, zieht, werden wir nervös. Laurie zieht auch eine Runde im Wasser. Wir wissen, dass es nicht ideal ist, wenn ein neugieriger Hai um einen rumschwimmt.

Üblicherweise führt dieses Szenario dazu, dass man erst neugierig mit der Schnauze angestupst und vielleicht sogar angeknabbert wird. Aber was sollen wir tun?

Dann fällt mir etwas ein. Während der Ausbildung bei der Professional Association of Diving Instructors hat man uns Folgendes beigebracht: Wenn Sie nicht unter einen neugierigen, Sie umkreisenden Hai kommen können (Haie greifen immer von unten an), weil das Wasser zu flach ist (was hier am Riff der Fall ist), dann ist Ihre einzige Chance die: Wenden Sie sich dem Hai zu, sehen Sie ihn an und machen Sie sich so groß wie möglich. Das Dümmste, was Sie tun können, ist, sich umzudrehen und panisch davonzukraulen.

Also gucke ich den Hai an, richte mich im Wasser auf und strecke alle viere von mir. (Ich weiß, ich bin eine Heldin. Falls Ihnen das bisher entgangen sein sollte.) Die Wahrheit ist aber: Der Weißspitzen-Riffhai ist praktisch harmlos. Bislang gibt es nur fünf belegte Fälle, dass ein solches Tier zugebissen hat.

Trotzdem fühle ich mich als Star. Und meine Tauchlehrer hatten recht: Der Hai haut ab. Auf der Stelle. Einer Regel folgend, die in der Wildnis immer gilt: Der Größere gewinnt. Und ich habe mich gerade von einem kleinen, langen, dünnen Ding in ein großes mit fünf Auswüchsen verwandelt.

Gut, wir schwimmen ziemlich flott zum Boot zurück, aber wir fühlen uns unglaublich stark. Wir haben unsere Kraft genutzt, wohl wissend, dass wir die Reaktion des Hais nicht wirklich kontrollieren könnten. Genauso wenig, wie man einen Hurrikan abstellen kann oder die Wirkung des Mondes auf Ebbe und Flut. Setz deine Kraft ein – und lass los. Tu, was du kannst – und lass los. Sei tapfer – und lass los.

Wir haben ohnehin nur über die wenigsten Dinge Kontrolle. Gleichzeitig sind wir meist stärker, als wir glauben. Und was ist es, das uns diese Stärke vermittelt? Wissen. Wir sollten so viel wie möglich in Erfahrung bringen über dieses Ding, zu dem wir ins Wasser gehen.

Bitte keinen Gin zum Spinning

Ort: ein unbekanntes Spinning-Center irgendwo in London

Über der Tür des Spinning-Centers hängt eine Neonreklame. »Detox, retox, und dann das Ganze noch mal von vorne!« blinkt es da.

Ich klappere wenig elegant mit meinen Spinning-Schuhen über den Boden. Es fühlt sich an, als würde ich Schlittschuh laufen. Die meisten anderen Radfahrer ziehen sich die Schuhe mit den Cleats erst über, wenn sie aufs Rad steigen. Ich gehöre nicht dazu.

Ich schaffe es nicht, mich im Pedal zu verankern. Die Instruktorin zeigt mir, wie das geht.

Ich schaffe es trotzdem nicht.

Die Instruktorin kommt noch mal rüber und erklärt mir ganz langsam (den Tonfall hat sie wohl für Idioten reserviert), wie ich es zu machen habe.

Ich kann das einfach nicht.

Die Instruktorin schnappt sich meinen Fuß und klickt das Pedal ein.

Ein würdiger Start.

Das Licht ist gedämpft, die Stimmung urtümlich. Sobald die Musik angeht, ist es laut wie in einem Klub. Die Instruktorin schwingt sich aufs Rad – ein Star, der die Bühne betritt.

Eine halbe Stunde später

Die Instruktorin: »Steigt in die Pedale! Schneller! Stellt euch vor, euch erwartet eine Flasche Gin, wenn ihr oben seid.«

Sie stößt die Faust in die Luft, eine Revolutionärin des Radfahrens. Die Meute brüllt Zustimmung, wenn auch auf diese peinlich berührte britische Art wie John Cleese.

Zehn Minuten später

Die Instruktorin: »Nach dem Kurs gibt es für jeden Teilnehmer von euch einen kostenlosen Prosecco an der Bar! Heute ist Prosecco-Freitag!«

Die schwitzenden, schnaufenden Kursteilnehmer klatschen Beifall.

Zehn Minuten später

Die Instruktorin: »Detoxt euch, retoxt euch, und dann das Ganze noch mal von vorn! Denkt an die Cocktails, die ihr euch hiermit verdient! Wir geben alles für unsere Belohnung!«

Die Leute strahlen im Halbdunkel. Genau: Detoxt, retoxt, und dann das Ganze noch mal von vorn!

Nach dem Kurs begibt sich gut die Hälfte der Teilnehmer gleich an die Bar, um sich den Prosecco zu genehmigen, der den Feuchtigkeitshaushalt des Körpers noch mehr senkt. (Dort werden übrigens auch Smoothies verkauft, aber die werden im Kurs schweigend übergangen.) Die andere Hälfte rehydriert sich schlicht mit Wasser.

Wie viele Teilnehmer hätten sich wohl gar nicht erst an die Bar begeben, wenn man ihnen den Alkohol nicht so plakativ angeboten hätte? Vielleicht gar keiner. Die Macht der Suggestion lockt einen in die Bar. Marketing ist ein schlauer Kobold, dessen Botschaft noch lange im Gedächtnis haften bleibt. Wie Tinker Bell, die ihre Pirouetten dreht und dabei eine Flasche Marken-Gin in der Hand hält.

Fitness mit Beilage

Die Wellnessindustrie kam bis vor Kurzem *ganz ohne Alkohol* aus. Sonst wäre ich schon längst mit von der Partie gewesen.

Aber jetzt gehört beides plötzlich zusammen. Und ich habe eine Theorie, wie es dazu kommen konnte. 2018 haben wir meiner Ansicht nach in Sachen zechfreudige Meme die maximale Verbreitung erreicht. BUMM: Plötzlich waren sie allgegenwärtig. Trinker stehen auf so etwas und teilen sie auch so oft wie möglich. Das war gerade zu der Zeit, als ich anfing, proalkoholische Zitate berühmter Menschen zu sammeln. (Mein Favorit: »Alkohol ist wie Photoshop fürs Leben.« Von Will Ferrell.) Wir sind fröhliche Zecher, und alles, was uns das Trinken normal erscheinen lässt, *verkauft sich gut.*

Die Schwemme der Alkohol-Meme machte jedem Werbefuzzi klar, dass die Menge auf trinklustige Sprüche stand. Und plötzlich gab es Alk auch an Orten, wo er völlig deplatziert schien. Yogastudios schickten einem Werbung wie: »Magst du Gin? Äh, Verzeihung, Yin.« – »Klick, klicketi-klick« machte es, während die Mailingliste abgearbeitet wurde. Spinning-Center wie das meine boten plötzlich Alkohol an, wo es früher nur Smoothies gegeben hatte. Und siehe da: Die Margen stiegen. Und steigen immer weiter.

Wer Hindernisrennen wie zum Beispiel Tough Mudder hinter sich brachte, bekam hinterher ein Freibier. Wie überaus sinnvoll! Genau das braucht dein Körper nach einer anstrengenden Sportsession! Wer nicht trinkt, geht in Sachen Belohnung leer aus, soweit ich das auf der Tough-Mudder-Website sehen kann. Warum? Es ist letztlich keine Belohnung. Es geht hier nur um Ihr Geld (mit dieser Masche kann man Hunderten müder, schlammbespritzter und beeindruckbarer Kunden alles Mögliche andrehen), nicht um Ihre Gesundheit.

Der Alkohol drang vor in die Welt der Sportartikel und Sportausrüstung. Da gibt es Sporttaschen mit der Aufschrift: »Man hat mir gesagt, hier gäbe es Wein.« Oder Tops mit dem Spruch: »Gym first, Gin later«. Sweatshirts, auf denen steht: »No pain, no champagne«. Oder eine pinkfarbene Trinkflasche mit dem Aufdruck: »Powered by Prosecco«. Diese Produkte existieren wirklich. Sie werden von bekannten Marken vertrieben, sind kein billiger Sweatshop-Plunder. Viele dieser Dinger können Sie immer noch kaufen. Und die Profitkurve krümmt sich so rasant nach oben wie der Nike-Swoosh. Die hohen Tiere der Sportartikelindustrie wälzen sich gurrend in Geldscheinen.[3]

---

[3] Disclaimer: Ich wurde selbst nie Zeuge einer derartigen Szene. Leider.

Alkohol plus Sport – das war ein echter Hit. Und so trieben einige Studios die Sache noch weiter. Sie servierten Alkohol nicht nach dem Kurs, sondern *während*. Hier und jetzt, wo ich schreibe (Ende 2020), habe ich die Auswahl zwischen: »Yin-Yoga-Workshop & Besuch in der Gin-Destille«. Oder: »Pinot Pilates« unter dem Motto »Einatmen. Ausatmen. Nippen. Wiederholen«. Oder ich kann »mein Wochenende mit Spin und Gin BeGINnen«. Das ist total behämmert. Selbst als ich noch Suchttrinkerin war, hätte ich Rotwein zum Pilatestraining verrückt gefunden.

»Als der Wahnsinn mit dem Bier-Yoga et cetera losging, schickte die Yoga-Alliance eine E-Mail an alle Mitglieder und machte sie darauf aufmerksam, dass die Haftpflichtversicherung nicht bezahlt, wenn die Kursteilnehmer während des Kurses trinken«, erzählt Eleanor, eine Yogalehrerin. Also gingen die Studios und Yogaschulen dazu über, den Alkohol nach dem Kurs anzubieten. »Das ist ein Marketinginstrument, das auch Leute ansprechen soll, die normalerweise nicht ins Yoga gehen würden«, meint die Personal Trainerin Olivia. »Aber das heißt doch letztlich, dass die Leute aus den falschen Gründen kommen. Zum Gewichtestemmen und Prosecco.«

Olivia nimmt an, dass viele Menschen, die trainieren oder Studios leiten, selbst auf dem Suchttrip sind. »Trainer gehören mit zu den heftigsten Trinkern überhaupt. Viele sehen ja influencermäßig aus, aber sie werfen Steroide ein oder Wachstumshormone. Dann übertrainieren sie – und das kompensieren sie mit Trinken.«

Ihrer Ansicht nach ist Stress der Auslöser für diese ungesunde Entwicklung. »Zu viele Anmeldungen, zu wenig Betreuung« ist das neue Motto. In dieser von einem harten Wettbewerb gebeutelten Branche sind »Likes« das Wichtigste. »Wenn Sie mit ›Detox und Retox‹ werben, dann ist das sexy, und Sie bekommen viele Likes. Nüchternheit hingegen zieht nicht. Jetzt, wo ich trocken bin, bin ich stärker, glücklicher und gesünder. Aber in den Fitnessmedien schlägt sich das nicht nieder.«

Natürlich lockt der Alkohol auch Männer zu früher weiblich dominierten Aktivitäten wie Yoga und Pilates. (Ja, ich weiß, ich bin eine unverbesserliche Schwarz-Weiß-Malerin.) In den stereotyp eher als männlich geltenden Sportarten (und noch mal: heftiger Schwarz-Weiß-Alarm!) ist der Alkohol ohnehin ständig präsent. Rugby und Football sind notorisch alkoholverliebt. Beim Dart und beim Snooker sind die Spieler sogar häufig während der Turniere blau.

Der Snooker-Champion Ronnie O'Sullivan spielte immer betrunken, bevor er auf Entzug ging, was er »die beste Entscheidung meines Lebens« nannte. Die Dart-Legende Andy Fordham sagte, dass ihn nie jemand nüchtern gesehen hätte. Bevor er die World Championship gewann, habe er 24 Bier getrunken. Seit 2007 war er trocken, 2021 starb er.

Das Hinterhältigste an der Verbindung von Alkohol und Sport ist, dass Sport dem Alkoholkonsum die Aura von Gesundheit verleiht, die er nicht verdient. Als ich beim Arzt war, sah ich ein Plakat. Über einer traurig dreinblickenden Bulldogge prangte der Schriftzug: »Alkohol ist nach dem Rauchen der zweitgrößte Risikofaktor für Krebs. Wie fühlen Sie sich dabei?«

Auf dem Heimweg kam ich an einem Sportgeschäft vorbei. Dort trug ein Muscle Shirt die Aufschrift: »Starke Männer brauchen starke Drinks.« In einem Geschenkeladen gab es eine Trinkflasche für den Sport: »Wodka ist vegan.« Als ich noch vom Alkohol abhängig war, ließ mich die Mär vom »Hart trainieren, heftig trinken« die gequälte Bulldogge vergessen. Hier ist der Bestätigungsfehler am Werk: Wir krallen uns an das, was unsere Überzeugungen bestätigt. Alle anderen Botschaften sausen durch die Falltür mit der Aufschrift »Unbequeme Wahrheiten«.

Alkohol sponsert den Sport

Und dann sind da noch die Millionen, mit denen die Alkoholindustrie sportliche Großereignisse subventioniert. Betrachten wir doch die beiden folgenden Belege.

Beweisstück A: Eine Studie aus dem Jahr 2019 zeigt, dass eine Flasche Wein pro Woche in puncto Krebsrisiko genauso schädlich ist wie zehn Zigaretten täglich bei Frauen und fünf Zigaretten täglich bei Männern. Alkohol und Zigaretten liegen bei den Karzinogenen gleichauf.

Beweisstück B: Jacob's Creek Wine ist Sponsor der US Open Tennis-Championship. In Großbritannien sponsert Champagne Lanson das Tennisturnier in Wimbledon.

Nimmt man diese beiden Fakten zusammen, erscheint Beweisstück B in einem eher verstörenden Licht, nicht wahr? Denn immerhin können Alkoholmarken weiterhin weltweit Sportgroßveranstaltungen finanziell unterstützen und sich mit dem Glanz sportlicher Fitness und Talent schmücken. Die Tabakindustrie darf seit 2003 keine Sportevents mehr subventionieren. Und dabei gibt es doch kaum einen Unterschied zwischen Tabakindustrie und Alkoholbaronen, wenn es um die Bezuschussung von Turnieren geht.

Vor gut zehn Jahren haben die BMA (British Medical Association) und NICE (National Institute for Health and Care Excellence) gefordert, dass die Alkoholindustrie den Sport nicht mehr fördern darf. 2014 schrieben 36 Führungskräfte aus dem Gesundheitsmanagement einen Brief an den *Guardian*, in dem sie für ein grundsätzliches Verbot solcher Werbung eintraten. Es hieß, dass Alkoholwerbung rund um Sportereignisse mittlerweile so »selbstverständlich geworden sei wie die Werbung für Frühstücksflocken oder Seifenpulver«.

In dem Brief wurde kritisiert, dass Kinder sehen, wie ihre sportlichen Helden Werbung für Bier oder Gin auf der Brust tragen. Man wies außerdem darauf hin, dass der frühe Kontakt mit Alkoholwerbung letztlich zu früherem Kontakt mit Alkohol führte und die Jüngsten zu stärkerem Trinken animiere. Weiter hieß es: »Sollten unsere nationalen Sportgrößen unsere Kinder nicht zu einem gesunden und positiven Lebensstil ermutigen? Es gäbe einen Aufschrei, wenn der FC Everton oder Celtic Glasgow Werbung für Zigaretten machen würden. Warum also sollte Werbung für Alkohol vertretbar sein?«

Doch nichts geschah. Absolut gar nichts. In der Zwischenzeit haben sich andere Länder klüger verhalten. Frankreich, die Ukraine oder Norwegen haben diesen Quatsch ein für alle Mal verboten. Italien hat Alkoholwerbung im Sport massiv eingeschränkt. Warum tun wir nicht dasselbe? Das ist doch einfach nur verwirrend.

Schließlich lässt sich das Geld ja auch woanders auftreiben. Als Australien den Tabakkonzernen verbot, Sportwerbung zu machen, stiegen die Sponsorengelder tatsächlich um 45 Prozent. Ein Artikel im *British Medical Journal* besagte: »Eine Simulation aus Großbritannien ergab, dass das Verbot von Werbung für Alkohol und Glücksspiel tatsächlich zu 84 Prozent durch andere Sponsoren ausgeglichen würde.«

Bedauerlicherweise öffnet Geld eine Menge Türen, selbst wenn dieses Geld schnell auch woanders herkommen könnte. Die lang anhaltende Liaison von FIFA und Budweiser hat dafür gesorgt, dass Russland seine moralischen Grundprinzipien über Bord warf. Das Land verbot Alkoholwerbung schon 2012 im Versuch, die extrem hohen Zahlen an Alkoholabhängigen im Land zu reduzieren. Dann aber gewann Russland die Ausrichtung der Fußballweltmeisterschaft im Jahr 2018. Und die Föderation beschloss, diese Regel kurzfristig auszusetzen. Während der Spiele war das Budweiser-Logo auf russischem Boden omnipräsent, vermutlich weil die FIFA darauf bestand. Russlands Moral: null, FIFA und Budweiser: eins.

Es gibt allerdings auch Verbände, die den Köder nicht schlucken. Der Dachverband SWF (Scottish Women's Football) hat gelobt, nie Sponsorengelder von Alkoholproduzenten anzunehmen. Der Muslim und Abstinenzler Mohamed El Shenawy, Torwart der ägyptischen Nationalmannschaft, lehnte die Ehrung als »Man of the Match« ab, weil sie mit einem Budweiser-Logo verziert war. Und das, obwohl er der erste Ägypter gewesen wäre, dem während der Weltmeisterschaft diese Ehre zuteilgeworden wäre.

Dies sind lauter kleine Protestaktionen, die deutlich machen, dass mehr passieren muss. Es ist höchste Zeit, dass wir uns wehren, wenn eine unbestreitbar gesundheitsschädliche Droge mit Aktivitäten in Verbindung gebracht wird, die eigentlich die Gesundheit fördern. Wir müssen dies zu unserem Grundprinzip machen, ob nun auf Graswurzelebene, wenn wir gegen Wein nach (oder während) dem Sport in einem Fitnessstudio protestieren, oder aufhören, Vereine zu unterstützen, die für Bier Werbung betreiben.

Alkohol und Sport haben nichts miteinander zu schaffen, ebenso wenig wie Tabak und Sport. »Detox, Wasser, und das Ganze noch mal von vorn« hört sich vielleicht nicht so cool an, aber diesen Spruch behalte ich beim Spinning im Hinterkopf. Und stoße meine Faust gen Himmel, wie die immer etwas peinlich berührt wirkenden Briten es nun mal tun. Dafür müssen sie mir keinen Gin versprechen.

Slogans aus der realen Welt auf realen Sportklamotten

- Auf die Plätze, fertig, Prosecco!
- Ich (l)saufe gern
- Ein Bier mit dir
- Let's get fizzical!
- Ginbunny
- Zählt es als Kardiotraining, wenn ich zum Weinkaufen laufe?
- Auf dem T-Shirt einer Tänzerin: »Vertrauen Sie mir. Sie können tanzen.« (Sprach der Wodka)

Der »Ach, scheiß drauf«-Knopf beim Trinken und Schuldenmachen

Im fünften Jahr war ich dann endlich schuldenfrei. Nachdem ich mein gesamtes Erwachsenendasein mit der roten Null gelebt hatte, hatte ich mich mühselig emporgearbeitet zur schwarzen Null. Weg von der feuermelderroten Null, die mich nachts wach hielt, hin zur beruhigend mitternachtsschwarzen Null, die mich endlich ruhig schlafen ließ. Ich hätte das finanziell nie geschafft, wäre ich nicht trocken gewesen.

Warum? Weil sich der »Scheiß drauf«-Knopf, der uns immer wieder aufs Neue zu noch einem Drink verführt, direkt neben dem »Scheiß drauf«-Knopf von »Ich gebe Geld aus, das ich eigentlich nicht habe« befindet.

Es ist ja fast schon banal darauf hinzuweisen, dass starker Alkoholkonsum gleichzusetzen ist mit hohen Schulden. Muss er ja. Trinken kostet viel Geld. Worüber kaum jemand spricht: Sobald das Damoklesschwert der Schulden über einem hängt, trinkt man nicht weniger, sondern *mehr*.

In eine Metastudie aus dem Jahr 2013 über die Auswirkungen von Schulden auf die Gesundheit flossen fünf Untersuchungen ein, die erschreckende Fakten aufzeigen. Wer Schulden hat, bei dem ist die Wahrscheinlichkeit alkoholbedingter Probleme um das 2,68-Fache erhöht. Natürlich weiß man nicht, was zuerst da war – die Schulden oder das Trinken –, aber wir können sagen, dass Schulden hemmungsloses Trinken fördern.

Je mehr uns unsere Schulden belasten, desto wahrscheinlicher ist es, dass wir unsere Pläne Pläne sein lassen und mit voller Kraft auf beide »Scheiß drauf«-Knöpfe drücken. Das sieht dann so aus:
Scheiß drauf: Ich zahle die Rechnung einfach nächste Woche. Lass uns losziehen und einen heben. Und natürlich geht das mit Mahngebühren einher.

Scheiß drauf: Ich verpasse den letzten Bus nach Hause, weil ich mir noch einen Drink genehmige. Was mich 30 Pfund fürs Taxi kostet.

Scheiß drauf: Ich parke hier, weil ich verschlafen habe und keine Zeit mehr ist, um einen ausgewiesenen Parkplatz zu finden. Und natürlich bekomme ich dafür ein Knöllchen.

Scheiß drauf: Ich lasse die HIIT-Stunde beim Personal Trainer ausfallen, weil ich kaum den Kugelschreiber hochbekomme, geschweige denn eine Hantel. Und muss die gebuchte Stunde natürlich bezahlen.

Scheiß drauf: Ich überschreite mein Kreditkartenlimit, weil ich glaube, dass der letzte Drink meinen Kater lindert. Und die Bank berechnet mir horrende Zinsen.

Einmal war ich in Rom. 19 Jahre alt und die erste Kreditkarte meines Lebens. Ich bekam sie, weil ich ein BAföG-Konto eröffnet hatte. Und schon stand ich am Start in ein Leben voller Schulden. Ich hatte einen Kater und beschloss, dass Dessous für 150 Pfund (rund 180 Euro) in pfingstrosenfarbener Seide und maisgelber Spitze das beste Gegenmittel wären! Ja! Das war die Antwort. So fand ich den Weg aus dieser tiefen existenziellen Pein. Eins zu null für die Wäsche.

Nur weil ich unbedingt im Heute leben und das Morgen vergessen wollte, brauchte ich drei Jahre, um das Zeug in minimalen Raten abzubezahlen. Die Dessous kosteten mich etwa insgesamt, oh, 600 Pfund (700 Euro).

Warum verhalten wir uns so? Das hat wieder mit dem präfrontalen Kortex zu tun. Wissen Sie noch? Die kontrollierende und regulierende strenge »Elterninstanz« im Gehirn. »Es gibt belastbare Belege dafür, dass der präfrontale Kortex bei Menschen in voller Abhängigkeit weniger aktiv ist«, sagt Dr. Judith Grisel. »Was heißt, dass ihnen kurzfristige Vergnügen wichtiger sind als die Probleme, die sich daraus langfristig ergeben. Der Kortex übt weniger Kontrolle aus. Man lässt sich vielmehr von zwanghaften Gewohnheiten lenken.«

Der Alkohol, die Partys sind uns wichtiger als alles andere, wenn die Abhängigkeit uns erst mal in den Klauen hat. »Während sich die Sucht entwickelt, erhält die Droge einen immer höheren symbolischen Wert«, erklärt Dr. Grisel weiter. »Wenn das subkortikale Gehirn nach Alkohol verlangt, verlieren alle finanziellen Sorgen daneben massiv an Bedeutung.«

Nur zu verständlich. Die beiden Sätze, die zu jener Zeit am häufigsten fielen, wenn es um mich ging, waren: »Cath ist schon wieder hackedicht.« Und: »Cath ist pleite.« Was ich war. Ich war eine einzige monetäre Katastrophe. Das zeigte sich auf ganz unterschiedliche Art:

1. Bei den Gebühren und Zinsen für nicht erlaubte Überziehungen

Seit meinem 18. Geburtstag lebte ich ständig mit einem überzogenen Konto. Die Belastung, finanziell stets am Rande des Abgrunds zu stehen und hineinzustarren in die schwarze Finsternis des »Ich hab kein Geld mehr«, war mir aber nicht groß genug. Oh nein. Statt mich mit einem popligen Einfach-Minus abzugeben, musste es ein Super-Minus sein.

An diesem Punkt beginnt die unerlaubte Überziehung mit ihren Extrazinsen und -gebühren. Das waren lange Zeit die häufigsten Worte, die sich auf meinem Kontoauszug fanden. Monat für Monat bezahlte ich mindestens 100 Pfund dafür. Warum? Für all jene, die diese Regelung nicht kennen: Das ist die ultimative Strafe vonseiten der Bank. Sobald Sie Ihren Überziehungsrahmen gesprengt hatten, und sei es nur um ein paar Pfund, wurde automatisch eine Gebühr von 25 Pfund fällig. Dazu gab es noch Extraüberziehungszinsen, die für jeden einzelnen Tag der doppelt roten Zahlen fällig wurden. Als würde man für jeden Tag, den man in diesem Abgrund verbleibt, eine Tatze auf die Finger bekommen.

Dass ich meinen Überziehungskredit regelmäßig überzog, ging auf das Konto meiner Suchtzwillinge: Alkohol und sein verflixter Bettgenosse Tabak, die ich regelmäßig auf einen paniklösenden Dreier lud.

Sechs Tage vor dem Zahltag war ich grundsätzlich pleite. Aber ich hatte eine Kreditkarte, von der ich noch zwölf Pfund abheben konnte, obwohl ich nur noch 53 Pence auf dem Konto hatte.

Also hob ich das Geld ab. Ganz klar.

Ich steckte die Karte in der Weinhandlung in die Maschine und hoffte, dass es keine Peinlichkeiten geben würde. Bitte, bitte, bitte, liebe Plastikkarte, erfülle mir meine Wünsche. Ich gab die zwölf Pfund für die zweitbilligste Flasche Sauvignon blanc aus (ich war ja schließlich keine Wilde) und für zehn Marlboro Lights (ich war nämlich auch keine Raucherin, verstehen Sie. Sonst hätte ich ja 20 Stück gekauft). Mit einem Topf Instantnudeln zu 99 Pence oder einer Pastete für die Mikrowelle ging ich dann finanziell wieder auf Sparkurs. Und ich sagte mir, dass mein frugales Abendmahl die Kosten für meine Sucht schließlich ausglich. *Ich bin ja so sparsam!* Der Finanzjournalist Martin Lewis würde grün werden vor Neid!

Bumm: 25 Pfund Strafgebühr für die unerlaubte Überziehung. Ich hatte also insgesamt stolze 37 Pfund ausgegeben. Dafür hätte ich ohne Probleme einen ganzen Hummer mit Pommes frites, eine große Flasche Chablis und diese hübschen pastellfarbenen Zigaretten mit dem glänzenden Goldrand bekommen. *Quelle Vollidiotin je suis!*

Diese drakonischen Strafgebühren, die die Banken zwischen 2006 und 2009 nahmen, wurden für ungesetzlich erklärt, als das Office of Fair Trading (Wettbewerbsaufsichtsbehörde) auf diese Praktiken hinwies. Daraufhin leiteten *Which?*, die größte britische Verbraucherschutzorganisation, und *Money Saving* eine Kampagne ein, die sich schnell zur großen Stampede entwickelte. Hunderte Briten forderten ihre halbjährlichen Gebühren zurück. Sogar die Lokalzeitungen brachten reißerische Schlagzeilen wie »Ich habe 500 Pfund zurückgefordert und mir damit einen schönen Urlaub finanziert!«.

Habe ich es geschafft, meine sehr hohen Gebühren zurückzubekommen, die in über sechs Jahren anfielen? Hahaha. Sie sind witzig! Natürlich nicht. Ich war viel zu beschäftigt damit, mich volllaufen zu lassen. Ich hatte schlichtweg keine Zeit, ein oder zwei Formulare auszufüllen, um sage und schreibe *8000 Pfund* Gebühren zurückzufordern. 8000 verdammte Pfund! Was 2006 zumindest eine Anzahlung für eine eigene Wohnung in London gewesen wäre. Hier dürfen Sie sich jetzt ein Emoji mit Tränen in den Augen vorstellen.

2009 war Schluss mit den Rückforderungen, denn der Supreme Court beschloss, dass diese Gebühren legal waren. Die Wettbewerbsaufsichtsbehörde hatte verloren. Und damit war das Zeitfenster für die Rückforderung zu. Pfff! Es gibt Dinge, über die sollte man besser gar nicht erst nachdenken. Kommen wir zum nächsten Punkt.

2. Ich wurde zur fast schon professionellen Schnorrerin

Selbst Kollegen, die weit weniger verdienten als ich, schienen immer flüssiger zu sein. Und natürlich war es deren Aufgabe, mich zu unterstützen, wenn ich in der Klemme steckte, oder etwa nicht? Was Freunde anging, die mehr verdienten als ich (was auf die meisten zutraf), so betrachtete ich es als deren erste Bürgerpflicht, mir im Pub The Nellie Dean diverse Pints tschechischer Biere auszugeben.

Meine Freundschaften durchliefen immer die gleichen Phasen. Zuerst zeigten meine Freundinnen sich ritterlich. Sie legten ihr Mäntelchen über die Pfütze zu meinen Füßen, wenn meine Karte am Tresen nicht akzeptiert wurde.

»Lass mich das machen!«, sagten sie, während sie ihre Karte zückten.

Dann kam die Phase, in der sie bewusst vor ihren leeren Gläsern sitzen blieben, bis ich anbot, die nächste Runde zu übernehmen. Manchmal brach ich in Tränen aus, wenn eine Freundin meine Drinks nicht bezahlen wollte. Das schien mir nur normal. Ich hatte kein Geld, sie hatte welches. Warum um Himmels willen sollte sie mir keinen Cider ausgeben? Das war doch einfach nur ungerecht!

Manche oberschlauen Freundinnen legten unsere abendliche Kneipentour so, dass wir an einem Geldautomaten vorbeikamen. Das lief dann so ab: The Red Lion. Geldautomat. Bar Soho. Trisha's. »Heben wir doch alle noch mal Geld ab«, hieß es dann. Sie gingen an den Geldautomaten, obwohl ihre Portemonnaies noch mehrere Zehner enthielten, während in meinem gähnende Leere herrschte – von ein paar Staubmäusen, einer Vorteilskarte vom Supermarkt und ein oder zwei Knöpfen mal abgesehen.

»Cath, brauchst du kein Bargeld?«

Der Zwischenstopp am Geldautomaten erinnerte in gewisser Weise daran, wie Eltern ihren Kindern das Händewaschen beibringen: indem sie eine große Show daraus machen, wenn sie ihre Hände selbst waschen. Ich blieb stur stehen und trat mit meinen abgelatschten Dolcis-Stiefeln, die ich unbedingt hätte neu besohlen lassen müssen, gegen die Wand. Ich wollte kein Geld abheben. Sollten sie doch, wenn es ihnen so wichtig war.

Häufig war mir einfach auch klar, dass ich nicht einmal mehr 20 Pfund bekommen würde. Gab es am Geldautomaten also keine Zehnpfundnoten mehr, dann trat dieser beschämende Moment ein, dass man mir jede Auszahlung verweigerte. Gehen wir doch einfach zur nächsten Bar, dachte ich und stapfte in meinen abgetragenen Schuhen durch Soho wie ein Hengst, dessen Hufeisen locker sind.

Denn in der nächsten Bar fand ich garantiert einen Kerl, der mir einen ausgab. »Müssen wir uns wirklich mit Typen unterhalten, die so beschränkt sind wie der Bahnübergang?«, maulten meine Freundinnen. »Wir können unsere Drinks selbst bezahlen.«

Ja, ihr vielleicht, dachte ich und schenkte meinem nächsten wandelnden Geldautomaten ein verlockendes Lächeln.

3. Ich lieh mir von allen möglichen Leuten Geld

Ehrlich: von buchstäblich allen.

So wie ich die Weinhandlungen durchsortierte, damit ich nicht zu oft in derselben einkaufte, so ging ich der Reihe alle Leute durch, die mir Geld leihen konnten. Gewöhnlich war die Hierarchie: Eltern, Partner, Freunde und schließlich *selbst* Kollegen.

Ich fragte mal den Feuilletonchef einer Zeitschrift, für die ich gerade als Freiberuflerin arbeitete (also *mein Boss für die gesamte Woche*), ob er mir 20 Pfund für ein Taxi leihen könne, das unten stand. Wo nicht nur der Auspuff Dampf abließ, sondern auch der Fahrer.

Sie können das:
Ihre Finanzen im Griff behalten

Wenn wir trocken bleiben, haben wir mit einem Mal viel mehr Geld. Das ist eine ganz simple Gleichung.

Nehmen wir nur mal meinen letzten Abend. Ich hatte nicht nur total Spaß beim Monopoly mit ein paar Freunden. (Diese Betrüger! Die Schwindler! Das Drama! Der Spießrutenlauf durch die Hotelstraßen!) Die ganze Nacht kostete mich genau zwölf Pfund für Tee, einen koffeinfreien Kaffee, Pommes und ein Stück Kuchen. Vor zehn Jahren wären die vier Stunden am Abend ausgeartet in acht Stunden Nachtleben, das 35 Pfund verschlungen hätte: Eintritt in Klubs, Pommes mit Käse und das Taxi.

Wie so vieles im neuen, trockenen Leben vergisst man gerne, was man dadurch gewonnen hat: das ganz selbstverständliche Sparen. Und mit dem gesparten Geld können wir uns etwas gönnen. Wir müssen nicht alles aufs Sparkonto packen.

Aber das Tolle daran, eine Ex-Abhängige (oder eine, die an der Schwelle zum Wandel steht) zu sein, ist: Wir besitzen finanzielle Fähigkeiten, von denen wir nichts wissen, die tief in unserem Gehirn verborgen sind. Sie sind wahrscheinlich schon richtig gut darin, von wenig Geld zu leben. Ehrlich. Wir sind geborene Knauserer.

Mein Steuerberater bezeichnete mich neulich als »sehr genügsam«. Ich habe mir echt überlegt, ob ich mir diese E-Mail nicht einrahmen lasse. Ich nehme zum Beispiel überall eine Thermoskanne Tee mit. Ich weigere mich einfach, für heißes Wasser und einen Zehn-Pence-Teebeutel 2,50 Pfund zu bezahlen. Da ich so lange Zeit kein Geld übrig hatte, weil ich es ja förmlich in eine Porzellanmuschel pisste, fühle ich mich jetzt schon wie ein Sultan, wenn ich mir einmal die Woche Essen bestelle. Wie Imelda Marcos, wenn ich mal 50 Pfund für ein Paar Stiefel ausgebe. Wie Kanye West, wenn ich für 500 Pfund ein IKEA-Bett erstehe.

Sie können das vermutlich nachfühlen. »Luxusgüter« wie Essen, das nach Hause gebracht wird, nicht unbedingt nötige Schuhe oder eine neue Matratze ohne Flecken waren während meiner Zeit als Trinkerin nicht drin. Ich konnte mir all das nicht leisten. Der Alkohol fraß mein gesamtes Geld auf wie der Ameisenbär die Ameisen. Daher fühlt es sich immer noch frivol an, wenn ich mir einen Luxus leiste wie zum Beispiel eine Duftkerze.

Das Fazit: Suchtabhängige Menschen treffen häufig wirklich schlechte finanzielle Entscheidungen und verschwenden eine Menge Geld. Aber was geschehen ist, ist geschehen. Darüber lange nachzudenken, macht einen nur verrückt.

Die Kehrseite davon ist: Wir haben unsere Sucht gelebt und dabei vielerlei Tricks und Schliche gelernt. Wir wissen, wie man ohne Geld leben kann. Wir wissen alles über Rabattaktionen, sparen, indem wir den Bus nehmen statt des Zugs. Wir wissen immer, wo es etwas billiger gibt und wie man eine ganze Woche lang von sieben Pfund lebt, indem man nur Pasta mit Pesto isst.

Wir haben all das gelernt, weil wir unsere kostspielige Alkoholabhängigkeit finanzieren mussten. Die uns immer wieder dazu verführt hat, unser Budget zu überziehen, weil wir unbedingt noch eine Flasche Jägermeister brauchten. Jetzt aber, wo wir unsere fünf Sinne wieder beisammenhaben, kommen wir in der Woche vor dem Zahltag locker mit 20 Pfund zurecht.

Wenn wir diese Fähigkeiten nutzen, wird sich herausstellen, dass wir besser mit Geld umgehen können, als wir dachten. Sobald wir uns eine andere Geschichte erzählen, kommt ein anderes Ende. Wie man im Film *Zurück in die Zukunft* in die Vergangenheit reist, um die Zukunft zu ändern. Also ändern Sie die Geschichte, die Sie sich selbst erzählen, und gucken Sie, was passiert.

Sobald ich das Narrativ ablegte, dass ich mit Geld nicht umgehen könne, fing ich an, mit Geld richtig gut zu werden. Ich merkte, dass mein finanzielles Desaster eben nicht Teil meines Charakters war. Es war nur eine Folge meiner Sucht. Heute begleiche ich Rechnungen früh. Ich gebe meine Steuererklärung pünktlich ab. Und wenn ich ausgehe, gebe ich gerne mal einen aus.

Außerdem habe ich mir endlich eine Wohnung gekauft. Es war nicht eben leicht, die Anzahlung zusammenzusparen. Aber ich habe es geschafft. Indem ich die ganzen dem Luxus abholden Techniken hervorkramte, die ich als Trinkerin gelernt hatte. Und wenn ich diese neuen Zwecken zuführen konnte, können Sie das auch. Wir Schluckspechte können besser mit Geld umgehen, als wir glauben.

Als ich den Antrag für die Hypothek gestellt habe, hätte ich beinahe erwartet, dass irgendwo im finanziellen Universum ein Stoppschild aufleuchten würde: »Abgelehnt!« Stattdessen ging der Antrag anstandslos durch.

Und dann wurde mir alles klar.

Ich hatte mich am siebten Jahrestag meiner Trockenlegung um ein Darlehen beworben. Und jetzt raten Sie mal, wie lange in Großbritannien die Kredithistorie von Leuten gespeichert wird? Richtig. Sieben Jahre. Das schenkte mir eine geradezu himmlische finanzielle Gelassenheit.

Brennende Frage: Gibt es so etwas wie eine Suchtpersönlichkeit?

Dr. David Nutt: »Nein. Und das ist ein überaus wichtiger Punkt. Menschen werden aus den unterschiedlichsten Gründen süchtig, ob sie nun unter Ängsten leiden und sich selbst mit Alkohol behandeln oder ein stressiges, unglückliches Leben haben und versuchen, dies mit Alkohol zu vergessen. Es existiert kein solcher Persönlichkeitstyp.«

Dr. Julia Lewis: »Es gibt keine formelle Diagnose, die auf ›Suchtpersönlichkeit‹ lauten würde. Das beste Bild ist hier das von einer Waage. Es gibt bestimmte Risikofaktoren wie Genetik, chronische Schmerzen oder ein Trauma, die die Waagschale dann in Richtung Suchtwahrscheinlichkeit sinken lassen. Ich würde das aber nicht ›Suchtpersönlichkeit‹ nennen. Es sind einfach nur Risikofaktoren, die sich ansammeln.«

Dr. Judith Grisel: »Ja. Das ist eine komplizierte Sache, denn daran sind Zehntausende Gene beteiligt. Aber wir wissen Folgendes: Wer zur Sucht neigt, gehört zu einem Persönlichkeitstyp, der nach neuen Erfahrungen und nach Belohnung strebt und ausgesprochen risikoaffin ist. Wir sind ja alle aufs Zuckerbrot aus und vergessen die Peitsche gerne. Aber diese Charakterzüge sind nicht nur negativ, in manchen Fällen können sie auch nützlich und positiv sein.«

Dr. Marc Lewis: »Angstzustände und eine gewisse Introvertiertheit machen für Süchte anfälliger. Aber das kann auch im gegenteiligen Fall zutreffen, nämlich bei der Neigung, Risiken einzugehen und impulsiv zu handeln. Da diese beiden sehr unterschiedlichen Charakterbilder zum selben Ergebnis führen – Sucht –, denke ich, dass die Vorstellung von einer Suchtpersönlichkeit nicht gerechtfertigt ist. Außerdem können diese Charakterzüge sich ganz unterschiedlich auswirken. Wenn Sie zu impulsivem Handeln neigen, können Sie damit Politiker werden, aber auch Bergsteiger oder Geschäftsmann. Die Sucht ist nur eine von vielen Möglichkeiten.

Was dann in Richtung ›Sucht‹ geneigt macht, sind die jeweiligen Umwelteinflüsse, zum Beispiel die Kindheitserfahrungen und so weiter. Persönlichkeitsmerkmale sind nur Anlagen, keine klaren Ursachen.«

Im Bett mit Big Alcohol

Weltweit ist ein Trend klar festzustellen: Regierungen machen gemeinsame Sache mit der Alkoholindustrie. Warum? Ganz einfach, mein Freund: Die Einnahmen aus den verschiedenen Alkoholsteuern gehen in die Billionen.

Nehmen wir mal Großbritannien als Beispiel: Der Verkauf von Alkohol brachte der Regierung in der Vergangenheit regelmäßig zwischen 10,5 und 12,1 Milliarden Pfund jährlich ein. Dabei verursacht der Alkohol Kosten in Milliardenhöhe. Public Health England veröffentlichte eine Studie, die diese Kosten auf 21 Milliarden pro Jahr veranschlagt – mindestens.

Wie bitte? Es kostet also mehr, als es abwirft? Warum also sind unsere Politiker und Entscheidungsträger nicht *stärker motiviert*, den Einfluss des Alkohols endlich zu reduzieren? Nun, wenn der Verkauf von Alkohol zurückgeht, bevor die von ihm verursachten Kosten sinken (und bei einigen wird es Jahrzehnte dauern, bevor sie abnehmen), haben sie ein Problem: ein Riesen-Staatsdefizit.

Wenn Sie auf fünf Milliarden pro Jahr verzichten, aber über die Maßnahmen nur zwei Milliarden pro Jahr sparen, dann wird deutlich, wo das Problem liegt. Am Ende werden Kosten und Einnahmeverluste einander ausgleichen, dann gibt es auch kein Defizit mehr. Aber dazu müsste man vorausplanen und nicht nur kurzsichtig auf das nächste Jahr schielen.

Ein anderes, nicht unwesentliches Problem ist, dass der Lebensunterhalt von Millionen Menschen von der Kneipenkultur und der Alkoholindustrie abhängt. Wirtschaftliche Fragen wie diese sind gerechtfertigt, denn Gesundheit hat absolut etwas mit einem auskömmlichen Leben zu tun. Wir stehen hier also vor einem unglückseligen Interessenskonflikt. Daher glaube ich, die Regierung hat gar kein Interesse daran, dass wir mit dem Trinken aufhören. Sie kann sich das schlicht nicht leisten.

Und Big Alcohol will ja *sicherlich* keine Verluste einfahren. »Eine Schätzung geht davon aus, dass der Alkoholindustrie etwa 13 Milliarden an Gewinn entgingen, wenn jeder Mensch nur das gesundheitlich verordnete Limit tränke«, sagt Prof. David Nutt. Und wir reden hier von 13 Milliarden *pro Jahr*. »Das ist eine erhebliche Gewinneinbuße.« Ganz klar, dass die Alkoholindustrie davon nichts wissen will. Und die Regierung auch nicht. »Die Industrie wird in ihrer Zielsetzung häufig von der Regierung unterstützt, denn diese braucht ja die Steuermilliarden.«

In Frankreich wurde der »trockene Januar« gestrichen

Der Fernsehsender France 24 berichtete, dass die französische Regierung nach intensiver Lobbyarbeit vonseiten der Weinbauern die Finanzierung der Kampagne für den »trockenen Januar« gestrichen hat. Die französische Alkoholindustrie hatte sich bei Präsident Macron beschwert, dass die Kampagne zu einer »totalen Abstinenz« ermutige. (Obwohl diese ja nur für einen Monat gelten sollte.) Wenn dies nicht zeigt, welchen Einfluss die Alkoholindustrie auf gesundheitspolitische Entscheidungen von Regierungen hat, dann weiß ich auch nicht.

»Da wurden im Hinterzimmer Entscheidungen getroffen, die Fragen aufwerfen, obwohl die Finanzierung bereits stand und die Menschen sich daranmachten, die Kampagne vom Stapel zu lassen«, sagte Nathalie Latour von der Fédération Addiction in dem entsprechenden Bericht von France 24.

In Amerika: Big Alcohol finanziert medizinische Studien

2018 deckte die *New York Times* einen Skandal auf, der zeigt, wie heimtückisch der Einfluss der Alkoholindustrie ist: Denn er erstreckt sich auch auf die Berichte, die die Amerikaner von ihrer Gesundheitsbehörde, den National Institutes of Health, vorgelegt bekommen. Das Exposé bezog sich auf Dokumente, die belegten, dass eine Bundesbehörde (The National Institute on Alcohol Abuse and Alcoholism) die Alkoholindustrie hofierte, um eine medizinische Studie zum maßvollen Trinken mit 100 Millionen US-Dollar zu finanzieren. Ja, tatsächlich!

»Die Dokumente und Interviews zeigen, dass das Institut eine massive Kampagne initiierte, um die Alkoholindustrie zu bewerben. Die bezahlte ihre Wissenschaftler, damit sie sich mit Managern trafen und in Aussicht stellten, dass die Studie moderaten Alkoholkonsum als gesund bezeichnen würde.« So stand es in der *New York Times*.

Diese Studienresultate waren wohl eher fürs »Marketing« gedacht denn als »Forschung zur öffentlichen Gesundheit«, meint Dr. Michael Siegel, Professor an der School of Public Health der Boston University, der ebenfalls in diesem Artikel zitiert wurde. Kein Wunder, dass Big Alcohol denen aus der Hand fraß, die solches anzubieten hatten! »Für die Industrie war dies ein Traum, der Wirklichkeit wurde«, fügte Dr. Siegel hinzu. »Natürlich wollten sie dafür bezahlen«, meinte er. »Heute gibt man zu, dass die Experimente so angelegt waren, dass sie moderates Trinken rechtfertigten. Das hat doch nichts mit objektiver Wissenschaft zu tun.«

Dankenswerterweise stieß die *New York Times* eine gründliche Untersuchung der Vorfälle an, was dazu führte, dass die 100-Millionen-US-Dollar-Studie gekippt wurde. Aber hätte nicht ein investigativer Journalist mit dem Instinkt eines Bluthundes herausgefunden, wer diese Studie finanziert, hätten Millionen US-Amerikaner den »Beweis« erhalten, dass tägliches Trinken prima ist. Und niemand hätte gewusst, wer wirklich hinter dieser angeblichen »Studie« stand.

In Großbritannien: der Drinkaware-Skandal

Auf den Etiketten unserer alkoholischen Getränke heißt es immer: »Informieren Sie sich auf *Drinkaware* über die Fakten.«[4] Hier geht es um eine Website, die angeblich den Alkoholkonsum reduzieren soll. Und wir machen das natürlich, weil wir denken, dass diese Website von unabhängigen Quellen finanziert wird. Juhu, endlich Fakten!

Wenn Sie in Großbritannien jemanden fragen, wer hinter Drinkaware steht, werden die meisten wohl sagen: das Gesundheitsministerium. Oder die Krankenkassen. Oder die Weltgesundheitsorganisation. Jedenfalls etwas in dieser Richtung. Auf die Wahrheit kommt garantiert niemand, der nicht schon Bescheid weiß. Denn die Fakten auf Drinkaware liefert die Alkoholindustrie.

»Drinkaware ist eine Wohltätigkeitsorganisation, die von der Alkoholindustrie finanziert wird«, bestätigt Prof. David Nutt. Selbst auf der Website gibt man an, dass sie »weitgehend durch freiwillige Spenden von britischen Alkoholproduzenten und -händlern sowie Supermärkten getragen wird«. Der Drinkaware-Trust nennt sich selbst »unabhängig« und gibt an, er werde von »einer Gruppe Treuhänder« geführt.

---

[4] Gibt es in Deutschland übrigens auch, in Form einer Kampagne, die sich »Maßvoll genießen« nennt. Sie ist initiiert vom Bundesverband der hiesigen Spirituosenindustrie: https://www.massvoll-geniessen.de.

Ja, Sie haben richtig gelesen. Die Treuhandgesellschaft, die uns Fakten über den Alkohol liefern soll, wird von jenen Leuten finanziert, die uns das Zeug verkaufen. Also von Konzernen wie Diageo. Sie halten ihre schützende Hand über Drinkaware.

Merkwürdig. Die Kampagnen von Drinkaware drehen sich alle um ein recht einfaches Konzept: Die Briten sollen in Maßen trinken. Nehmen wir die »Alcoholidays«: trinkfreie Tage für die stärksten Trinker in Großbritannien, die Menschen in mittleren Jahren. Oder die »Weniger ist mehr«-Kampagne. Oder die »Trink ein bisschen weniger, fühl dich viel besser«-Kampagne. Und so weiter und so fort. (Die einzige Drinkaware-Kampagne, die für »keinen Tropfen« eintrat, war die »Home and Dry«-Aktion, die Autofahrer trocken halten sollte.)

Ich lasse mich hier auf eine verrückte Wette ein: Es wird nie eine Drinkaware-Kampagne geben, die sich auf etwas anderes als maßvolles Trinken konzentriert. Sollte Drinkaware je empfehlen, keinen Tropfen zu trinken und sich deshalb sehr viel besser zu fühlen, verspeise ich meine Pudelmütze mit einem Schälchen Kimchi.

Warum? Drinkaware will ja nicht, dass die Briten das Trinken aufgeben. Denn wer zahlt denn am Ende die Zeche? Deren Modus Operandi ist es, den »Schaden zu begrenzen«, also mehr alkoholfreie Tage einzulegen. Das ist auf den ersten Blick ein hehres Ziel, bis man anfängt zu überlegen, welche Botschaft damit verbreitet wird. Die Briten sollen auf ewig dem Maßhalten hinterherjagen. Weil das Zaster bringt!

Wenn ich die Menschen über diese Zusammenhänge informiere, über diese heimlichen Finanzierungen und den Etikettenschwindel als Gesundheits-Website, fällt die Reaktion immer gleich aus: »Wie korrupt ist das denn? Das ist ja Nepotismus, wie er im Buche steht.« Das wäre ungefähr so, als würden die Limonadenhersteller eine gefakte »Wohltätigkeitsorganisation« gründen und sie

»Zuckerbewusst« nennen. Und dann würden sie auf ihre zuckerüberladenen Produkte den Hinweis drucken: »Informieren Sie sich auf ›Zuckerbewusst‹ über die Fakten.«

Ja, wir leben in einem Paralleluniversum, in dem eine Industrie, auf deren Konto ungekannte geistige und körperliche Schäden gehen, der Öffentlichkeit die »Fakten« liefert. Fühlt sich ein bisschen an wie Biffs dystopische Welt in dem Film *Zurück in die Zukunft Teil II*. Die British Medical Association sagte dazu 2012: »Der Einfluss des Drinkaware-Trusts auf Informationen zur öffentlichen Gesundheit bereitet uns ernsthaft Sorgen.«

In einem von Fachleuten verfassten Aufsatz mit dem Titel »Be Aware of Drinkaware« (Informiertsein über Drinkaware) steht: »Obwohl die britischen Suchtexperten und die breite Public-Health-Community sich von der Portman Group [Handelsgruppe der Hersteller alkoholischer Getränke, A. d. Ü.] distanziert haben, ist die Distanzierung von Drinkaware ausgeblieben. Aber es war die Portman Group, die Drinkaware ins Leben gerufen hat, um den Interessen der Industrie zu dienen. Sowohl andauernde als auch jüngere Entwicklungen weisen darauf hin, dass die Industrie starken Einfluss auf die Alkoholpolitik der Regierung ausübt.«

Im April 2019 erzählte mir ein Insider, dass die Gesundheitswelt »ganz schön sauer« war über eine Aussage, die die Portman Group lanciert hatte, und zwar über die »Risiken« des Alkoholkonsums. Die Risiken in Anführungszeichen zu setzen, ist ein Affront, weil es suggeriert, dass diese umstritten seien. Dabei sind sie absolut unstrittig. Die jüngsten Zahlen des Office of National Statistics besagen, dass der Alkohol in Großbritannien 2017 jeden Tag 21 Tote forderte. Hier von »Risiken« zu sprechen, ist eine glatte Beleidigung.

Die Etiketten auf den Flaschen, die auf Drinkaware verweisen, sind eine Schande. Die Royal Society for Public Health nannte den blinden Fleck rund um die Risiken des Alkoholkonsums 2018 ein »Bewusstseins-Vakuum«. 25 Gesundheitsexperten forderten 2017 in einem offenen Brief, dass die Etiketten auf den Flaschen auf die Website der NHS, des nationalen Gesundheitssystems, hinweisen sollten. Das wäre mal eine richtig gute Idee!

Bei Drinkaware ist alles mehr Schein als Sein. Ein bisschen wie ein Unternehmen, das sich seiner sozialen Verantwortung annimmt, indem es seine Mitarbeiter auf ein Entspannungsseminar schickt. Ihr müsst doch nur relaxen! Und wenn sie dann wieder am Arbeitsplatz sind, dürfen sie weiter 60 Stunden pro Woche arbeiten.

Der Titel der Studie, die wir dazu gelesen haben, sagt ja alles: *Be aware of Drinkaware*. Vielleicht sollte es besser heißen: *Beware of Drinkaware* (Vorsicht vor Drinkaware). Der Wolf im Schafspelz, den man auf ein Gebiet gelassen hat, in dem er nichts verloren hat.

Wieso hat die Alkoholindustrie hier überhaupt etwas zu sagen?

Das Ganze geht weit über Drinkaware und Großbritannien hinaus. Der Trust ist nur die Spitze des globalen Eisbergs. Die Komplizenschaft zwischen Regierung und Industrie ist höchst ungeniert.

2020 brachte der *Guardian* eine Schlagzeile: »Und überall der Fingerabdruck der Alkoholindustrie«. Es ging um Australiens Plan, dem übermäßigen Trinken zu begegnen. Ja, Sie haben es erraten. Auch hier hat Big Alcohol die Finger im Spiel und beeinflusst die australische Regierung. »Es ist schon bemerkenswert, wie tief Politiker und Regierungen sich mit der Alkoholindustrie einlassen«, sagte Michael Thorn von FARE (Foundation for Alcohol

Research and Education) dem *Guardian Australia*. »Und ja, dazu gehören auch Spendengelder.«

Nehmen wir eine schockierende Geschichte, die Prof. Nutt in seinem Buch *Drink? The New Science of Alcohol and Your Health* erzählt. Ich werde sie für Sie ein wenig zusammenfassen. 2010 stellte das Gesundheitsministerium eine Kommission zusammen, die herausfinden sollte, wie man Menschen zu mäßigem Alkoholkonsum anhalten konnte. »Das Problem war nur: Die Regierung hatte beschlossen, dass die Kommission zu 50 Prozent aus Gesundheitsexperten bestehen sollte und zu 50 Prozent aus Repräsentanten der Alkoholindustrie«, so Prof. Nutt.

Das muss man sich mal vorstellen. Eine Gesundheitskommission der britischen Regierung, die die Schäden des Alkoholkonsums mindern soll, besteht zur Hälfte aus Menschen, *die aus dem Alkoholverkauf Gewinn ziehen*. Daraus wurde genau die Farce, die diese Konstellation vermuten lässt. 2011 hatten sich alle Gesundheitsexperten daraus verabschiedet. Daher konnte man die Kommission auch gleich auflösen. »Es war unmöglich, objektiv zu bleiben, wo doch die Hälfte der Kommission enge Verbindungen zu der Industrie hatte, die das Problem verursachte«, erklärt Prof. Nutt. »Die Alkoholindustrie will schließlich, dass Sie weitertrinken. Wenn es darum geht, wie man Schädigungen durch Alkohol reduziert, hat die Trinker-Industrie kein Recht auf Mitsprache.« Dabei redet sie dauernd mit.

Als die WHO empfahl, den Zugang zu Alkohol deutlich zu beschränken

Im April 2020, nach Ausbruch der globalen Pandemie, empfahl die Weltgesundheitsorganisation, dass die Regierungen weltweit

»Maßnahmen ergreifen, die den Alkoholkonsum reduzieren«. Nicht nur, weil Alkohol dazu beitrug, dass sich die Leute mit COVID-19 ansteckten, sondern auch, weil Alkohol Gewalttaten fördert, vor allem im häuslichen Bereich.

Viele Länder befolgten diesen Rat. In Thailand, Südafrika und Indien wurde der Verkauf von Alkohol unter Strafe gestellt, um die Krankenhausbetten für COVID-Patienten frei zu halten. Die Strategie ging nur teilweise auf. Vielleicht war sie auch zu extrem. Diese Art der Prohibition nach dem Beispiel der Zwanzigerjahre gebiert letztlich nur Flüsterkneipen und Schmuggel. In Mexiko starben 70 Menschen an gepanschtem Alkohol. Warum? Weil ein Verbot die Suchttrinker in den Untergrund treibt.

Aber immerhin war diesen Staaten die Gesundheit der Bevölkerung wichtiger als das durch Alkohol generierte Bruttoinlandsprodukt. Und die Maßnahmen sorgten tatsächlich dafür, dass in den Krankenhäusern mehr Betten frei blieben. Der Beweis? Als in Südafrika das Gesetz aufgehoben wurde, hatte das den Effekt, dass doppelt so viele Menschen wie vorher die Notaufnahmen der Krankenhäuser aufsuchten.

In Großbritannien hat man den WHO-Rat vermutlich mit Wodka übergossen und angezündet. Denn zuallererst erklärte man die Off-Licenses zu »systemrelevanten« Bestandteilen des Einzelhandels.[5] Wie bitte? In den USA machte es Sinn, Geschäfte, die nur Alkohol verkaufen, im Lockdown offen zu lassen, denn Bier, Wein und Hochprozentiges bekommen Sie auch nur dort.

---

[5] Liebe Leserinnen und Leser aus anderen Ländern als Großbritannien: Sie kennen vermutlich den Begriff »Off-License« nicht. Lassen Sie mich das erklären: Das sind Läden für den alleinigen Verkauf von Alkohol, die häufig in den Randbezirken der Städte liegen. Da sie ein großes Angebot haben, findet man dort zum Beispiel seltene Weine, besondere Wodkasorten oder ein Bier aus einer kleinen Brauerei. Wenn Sie abgelegen wohnen, dann sind Sie vermutlich näher dran an einem Dorfladen oder einem Supermarkt (in denen man gewöhnlich auch jede Menge Alkohol zu kaufen bekommt).

Und jeder Suchttrinker ohne Alkohol ist sofort auf kaltem (unkontrolliertem) Entzug.

In Großbritannien die Off-Licenses als »systemrelevant« zu betrachten, ist eine Farce, da jeder andere »systemrelevante« Laden – Supermärkte, Tante-Emma-Geschäfte, Tankstellen – Alkohol in rauen Mengen anbietet. Das Resultat der protektiven Maßnahme: Die Menschen stockten panisch ihre Vorräte auf. Das Marktforschungsinstitut Nielsen gab an, dass allein im März 2020 der Gewinn aus dem Verkauf von Alkohol um 67 Prozent zulegte.

Im Juli 2020 öffnete die britische Regierung die Pubs wieder – noch vor gesundheitsfördernden und immunsystemstärkenden Institutionen wie Fitnessstudios, Yogaschulen oder Freizeitzentren. Oder anderen Zentren des sozialen Lebens wie Indoorspielplätze oder Kegelbahnen. Selbst Büchereien und Schulen (für alle Altersgruppen) wurden später geöffnet als die Pubs. So machte die Regierung ihre Prioritäten klar. Saufen geht vor! Auf jeden Fall vor Fitness! Und vor Lernen!

»Das britische Regierungshandeln hat Bedenken geweckt, was den Einfluss der Alkoholindustrie auf ihre Maßnahmen angeht. Mr Martin, der Gründer von Wetherspoon [britische Pub-Kette], scheint ein guter Influencer zu sein«, sagt Dr. Julia Lewis. Die Amerikaner bekamen in der Zwischenzeit ganz andere Ratschläge: Die CDC, die Behörde zum Schutz der öffentlichen Gesundheit, empfahl den Bürgern, auch an nationalen Feiertagen wie Thanksgiving möglichst auf Alkohol zu verzichten.

Null Alkohol ist politisch ein Pulverfass

So viel also zur wirtschaftlichen Abhängigkeit, die politische Entscheidungen zum Umgang mit Alkohol beeinflusst. In Großbritannien aber hat die Beißhemmung noch einen anderen Grund: Offensichtlich gehen Politiker gerne auf Kneipentour. Allein in Westminster gibt es 16 Kneipen und Restaurants, in denen kostenlos Alkohol ausgeschenkt wird. Das macht Westminster vermutlich zum einzigen Ort im Land, an dem Alkohol jederzeit frei verfügbar ist.

Eine Studie, die 2020 im *British Medical Journal* veröffentlicht wurde, besagt, dass britische Abgeordnete mehr trinken als der Durchschnittsbürger. Die hierzu angestellten Recherchen ergaben, dass »unter Parlamentariern ein höherer Prozentsatz Risikotrinker zu finden ist« als im Rest der Bevölkerung. Dr. Dan Poulter, Psychiater und Parlamentarier, sagte gegenüber dem *Guardian*: »Es ist schon außergewöhnlich, dass es im Parlamentsgebäude so viele Bars gibt, die Alkohol ausschenken, und das zu jeder Tageszeit. In anderen Häusern weltweit ist dies jedenfalls nicht der Fall.« Und er fügt dann noch hinzu: »Oder an anderen Arbeitsplätzen«.

Dieser alkoholgetränkte Arbeitsplatz nimmt unter Garantie Einfluss auf die Entscheidungen der Abgeordneten in puncto landesweiter Verfügbarkeit von Alkohol. Denn wenn Sie zu einem bestimmten Verhalten neigen, neigen Sie wahrscheinlich auch dazu, die Erhaltung der dafür nötigen Strukturen zu befürworten.

Wie Sie sehen, ist die Null-Alkohol-Revolution ein Pulverfass, und zwar wirtschaftlich ebenso wie politisch. Mit null Alkohol würden Abermilliarden Steuergelder verloren gehen. Viele derartige Initiativen kämpfen im Tauziehen zwischen Gesundheit und Geld auf verlorenem Posten. Natürlich möchte auch ich nicht, dass unsere Regierung beziehungsweise der Staat plötzlich bankrottgeht – schließlich werden die Steuergelder durchaus auch für positive Zwecke verwendet. Eines aber ist sicher: Wenn es um gesundheitliche Probleme geht, die der Alkohol verursacht, ist es nicht an der Alkoholindustrie mitzureden, geschweige denn mitzubestimmen.

Es ist schon verrückt, nicht wahr, dass Alkoholkonsum immer noch als radikal und rebellisch gilt. So als würde man eine Lederjacke tragen und spöttisch die Augenbraue hochziehen, während man auf sein Motorrad steigt. Dabei tut das fast jeder. Wenn man sich mal klarmacht, was wir gerade erfahren haben, dann ist die Devise »null Alkohol« de facto der Stinkefinger, den wir der Industrie zeigen.

Den Moguln, die in ihren fetten Ledersesseln in den Hinterzimmern der Macht hocken und entscheiden, welche Botschaften wir zu hören bekommen. *Und die wollen, dass wir weitertrinken*, ganz egal, was sie in ihren verqueren Gesundheitswarnungen von sich geben. Das macht null Alkohol zum punkigsten Move aller Zeiten.

30 Dinge, die ich über Grenzen gelernt habe

Es gehört zu den allgemein akzeptierten Weisheiten übers Trockensein und -bleiben, dass wir dazu etwas brauchen, was sich »Grenzen« nennt.

Sie wissen, was damit gemeint ist? Vermutlich tun Sie das, Sie sind ja schließlich clever. Aber ich erklär's trotzdem. Denn bevor ich trocken wurde, dachte ich, Grenzen seien etwas, das nur in Gemarkungsstreitigkeiten eine Rolle spielt.

Grenzen sind unsichtbare Linien, die man mit einem »Nein, das kann ich nicht tun« zieht. Damit verdeutlichen Sie, was Sie bereit sind zu machen oder nicht zu machen. Auf diese Weise markieren Sie eine Grenze um sich herum, mit der Sie Ihre Zeit, Ihren Raum, Ihr Wohlbefinden, Ihre Gefühle und Ihr Einkommen schützen. Einfach alles, was gut und wichtig ist. »Hier tanze ich, dort tanzt du« – so etwas in der Richtung.

Grenzen sind wichtig, wenn Sie sich dauerhaft mit null Alkohol wohlfühlen wollen. Warum? Sie halten Sie gesund und schützen Sie vor Übergriffen anderer. Daher möchte ich Ihnen hier sagen, was ich über Grenzen gelernt habe, und zwar in der Reihenfolge, in der ich diese Lektionen verinnerlicht habe.

1. Ich hasse Grenzen!

2. Ich brauche Grenzen.

3. Ich hasse Grenzen! Das Leben wäre so viel leichter, wenn ich einfach täte, was andere von mir wollen.

4. Ich brauche Grenze
   Sonst frisst der Groll mich von innen her auf. Groll, dass ich nicht selbst über meine Zeit und Energie verfügen kan5.

5. Wenn Sie zum ersten Mal sagen: »Nein, das kann ich nicht tun«, werden Sie sich fühlen, als würden Sie eine glatte Wand hinuntersausen. Sie werden zum Gummiball, hüpfen auf und ab und schreien: »Iiiiiiih!« (Sie können das *tatsächlich* tun. Ich habe es jedenfalls.) Sie werden sich so was von unwohl fühlen. Oje.

6. Wenn Sie es nicht immer allen recht machen wollen, haben Sie kein Problem damit, Grenzen zu setzen. Solche Leute wissen gar nicht, was »Grenzen« sind. Sie nennen das einfach nur »reagieren.

7. Wenn Sie also damit Probleme haben, gehören Sie zu den Es-allen-recht-Machern. Ich weiß ja! Ich dachte auch nicht, dass ich zu diesem Stamm gehöre. Bis die Sache mit den Grenzen ka.

8. Wenn Sie nun anfangen, Grenzen zu setzen, kommt bestimmt der Kater: »Ich bin ein schlechter Mensch!« Das Gefühl wird sich eine Weile halten. (Vor allem, wenn es um Grenzen gegenüber Familienmitgliedern geht. Irgendein urtümlicher Trieb in uns will zur Familie einfach immer Ja sagen.

9. Sie werden eine SMS x-mal umformulieren, weil Sie sich als absoluter Egoist fühlen. Als selbstsüchtig, arrogant und unangenehmer Patron, auch wenn Sie einfach nur vernünftig sein wollen.

10. Was hilft? Sich in eine andere Person hineinversetzen. Wie würden Sie sich fühlen, wenn jemand diese Worte zu Ihnen sagen würde? Würden Sie diese Person für einen rücksichtslosen Narzissten halten? Na als.

11. Sie werden ständig den heftigen Drang empfinden, sich zu entschuldigen: weil Sie jemandem diesen Gefallen nicht tun können; keine Zeit haben, sich zu unterhalten; diesen knappen Termin nicht halten konnten; dies oder jenes abholen müssen; zu diesem Event gehen müssen oder … (Fügen Sie hier ein, was man von Ihnen will.

12. *Sie haben nichts falsch gemacht.* Sie haben nichts falsch gemacht. Sie sollten sich das auf die Innenseite Ihrer Augenlider tätowieren lassen, während Sie anfangen, Grenzen zu setze.

13. Nein zu sagen ist kein Verbrechen, kein Übergriff und kein Tabu. Entschuldigen Sie sich nicht, wenn Sie das aushalten können.[6] Warum? Sich zu entschuldigen fördert bei Ihnen und Ihrem Gegenüber den Eindruck, dass Sie etwas falsch gemacht hätte.

14. »Ich fürchte, hier muss ich ablehnen.« Das ist ein guter Satz, der schön sanft rüberkomm.

15. Frauen haben es schwerer, Grenzen zu setzen, da sie von klein auf dazu erzogen werden, hilfsbereit, gefällig und endlos großzügig mit ihrer Zeit und Energie zu sein. Unsere Kultur erwartet das von den Frauen.

---

[6] Liebe britische Leserinnen und Leser, mir ist durchaus bewusst, dass Ihnen das schwerfallen wird. Wir Briten entschuldigen uns ungefähr 20 Mal täglich, nur dafür, dass wir auf der Welt sin.

16. In einer vollkommenen Welt, in der ich ein Pony im Garten habe und einen Glasaufzug beziehungsweise ein Spa in meiner Villa (ist das jetzt der Traum einer binären Barbie?), dürfte uns niemand bedrängen, um unser Nein aufzuweiche.

17. Wir leben nicht in einer vollkommenen Welt. Die Leute probieren's einfach – sie werden auf Ihrem Nein herumspringen, als wäre es ein Trampolin.

18. Unsere aufmerksamsten Freunde werden feierlich nicken, wenn wir ihnen unsere Grenzen erklären. In Wirklichkeit aber hören sie da noch einen unausgesprochenen Zusatz
»Ich kann mich nicht mehr mitten in der Woche abends mit Leuten treffen, *außer mit dir.*«
»Ich kann keine Spielstunden mehr anbieten, *außer für deine Kinder.*«
»Ich leihe niemandem mehr Geld, *außer dir.*
»Ich möchte alleine in der Natur joggen gehen, *außer natürlich mit dir.*

19. Ihre Freunde werden diese unausgesprochenen Ausnahmen für wirklich gesagt halten und sich Ihnen beim Joggen aufdrängen beziehungsweise bei den Spielstunden für Ihre Kinder, und am Ende wollen sie sich dann auch noch einen Zehner leihen et cetera.

20. Dann müssen Sie die Grenzen nochmals deutlich machen, denn Ihre Freunde haben Dinge gehört, die nicht gesagt wurden. Also machen Sie aus Ihrer Grenze eine blinkende Leuchtreklame von drei Metern Höhe und bauen Sie sie vor diesen Leuten gut sichtbar auf.

21. Menschen, die für die Grenzen anderer blind sind, haben vermutlich selbst sehr durchlässige Grenzen. Sie müssen also Hanlons Rasiermesser ein wenig abändern: »Schreibe nie der Böswilligkeit zu, was durch Dummheit und Vergesslichkeit hinreichend erklärt werden kann.

22. Die Vergesslichen (zu denen ich lange Zeit gehörte. Sie nicht auch?) haben einfach nie gelernt, dass es in Ordnung ist, Nein zu sagen. Haben Sie Mitgefühl! Aber sagen Sie es auch megadeutlich. Von mir aus ruhig. Nett. Locker. Höflich. Aber bleiben Sie bei Ihrem Nein.

23. Und dann gibt es da noch die Leute, die Ihr Nein zwar hören, aber es nicht respektieren. Meist tun sie dann einfach so, als hätten Sie nie etwas geäußert oder als hätten sie Ihre Worte falsch verstanden. »Ach, du hast gemeint, du willst niemanden sehen? Ich dachte, du hast gesagt, du willst zu niemandem gehen«, heißt es dann, wenn die Type plötzlich vor Ihrer Wohnungstür steh.

24. Machen Ihre Grenzen Ihr Gegenüber wütend? Beschimpft man Sie als »selbstsüchtig«, weil Sie die Chuzpe hatten, Nein zu sagen? Das ist ein Klischee, aber es stimmt meistens. Wer am meisten von Ihren fehlenden Grenzen profitiert hat, wird sich über die Errichtung derselben ärgern. Weil diese Person über Ihren nicht vorhandenen Grenzen einen Freudentanz aufführte. Jetzt aber haben Sie den Zaun aufgestellt, und der andere hat kein so leichtes Spiel me.

25. Und dann gibt es da noch die Ultra-passiv-Aggressiven von der »Ach, dafür hast du also Zeit«-Trupp

»Ach, du hast also Zeit, in den sozialen Medien zu posten, aber mich anrufen kannst du nicht?«

»Ach, du hast also Zeit für den Sport, aber mir helfen kannst du nicht?«

Solche Sätze sind echte Alarmsignale, denn sie zeigen, dass diese Person glaubt, einen Anspruch auf *Ihre* Zeit zu haben. Das ist so, als würde der Nachbar über Ihren Zaun klettern, um in Ihrem Garten ein Sonnenbad zu nehme.

26. Bevor Sie gelernt haben, Grenzen zu setzen, verzeichnete die Anzeigetafel folgende Werte, was Ihre Zeit sowie Ihre Energie anging:
Alle anderen: 2
Sie: 0

27. Wenn Sie gelernt haben, Grenzen zu setzen, sieht das idealerweise so aus:
Sie: 1
Alle anderen: 1

28. Das heißt nun nicht, dass *Sie nie jemandem einen Gefallen tun können* oder zu allem und jedem Nein sagen müssen. Oder Ihrer Familie und Ihren Freunden sagen, sie sollen sich zum Teufel scheren. Auf diese Weise wären Sie schnell allein auf Ihrer Insel. Es geht vielmehr darum, dass Sie die Hälfte für sich selbst zurückhalten, wenn Sie anderen großzügig und mit Freuden geholfen habe.

29. Einigen wir uns also auf Folgendes: Wir bringen unseren Kindern, Nichten, Neffen, jüngeren Cousins und Cousinen oder dem Kind von nebenan bei, dass Grenzen gesund sind,

nicht selbstsüchtig. Wenn wir das fertigbringen, erwartet uns eine bessere Welt.[7]

30. Sie können zu dem Punkt 29 auch gerne Nein sagen, wenn Sie dafür im Moment weder Zeit noch Energie haben. Ich achte Sie dafür noch mehr. Sie können endlich Grenzen setzen.

---

[7] Ich wollte ja schreiben »ein neuer Morgen«, aber das erinnert schon ein bisschen an all die Vampirgeschichten im Film.

Was die LGBTQIA+-Community zum Trockenwerden sagt

Dieses Kapitel kam auch für mich überraschend. Als ich auf Instagram ein Bat-Signal losschickte und Männer bat, mir über ihre Erfahrungen in der trockenen Welt zu berichten (siehe Seiten 213–215), habe ich mich speziell an die LGBTQIA+-Community gewandt, weil ich nicht unbedingt diese hetero-binären Tarzan-Meldungen wollte.

Die Sturzflut, die dann kam, hatte ich nicht erwartet: Die LGBTQIA+-Leute schrieben mir, wie viel schwerer es sei, trocken zu bleiben, wenn man dazugehörte. Wissen Sie, was? *Ich hatte davon keine Ahnung.*

Ja. In der Bewegung, die ihren Ursprung in einer Kneipe hat (ich höre, das Stonewall Inn in New York steht heute sogar unter Denkmalschutz), fließt der Alkohol in Strömen. Auch heute, in unserer angeblich so progressiven Gesellschaft, sind die Bars und Nachtklubs der LGBTQIA+-Bewegung immer noch die einzig »sicheren« Orte, um zu flirten. Auf diese Weise wird der Alkohol zum unverzichtbaren Bestandteil des Coming-out und des Datens.

Diese Bars und Klubs stellten von Anfang an die Tore zur Freiheit dar. Sie sind nicht nur Symbole, sondern buchstäblich der Mittelpunkt, in dem sich das ganze Sozialleben abspielt. Sie sind die Zentren für das Leben der LGBTQIA+-Gemeinde in jeder Stadt. Wenn Sie also dort nicht mehr so oft (oder gar nicht mehr) hingehen, sind Sie schnell ziemlich isoliert. Sie haben also nicht nur den Alkohol oder Ihre Lieblingsdroge verloren, sondern auch Ihre Community.

Der Hammer! Nichts war mir davon bekannt. Und es macht mich traurig. Hier ein paar der Geschichten, die man mir anvertraut hat:

> Einerseits ist es für einen jungen Menschen absolut befreiend, in Schwulenklubs und -bars zu gehen. Es ist wie ein Initiationsritus.

Endlich fühlt man sich akzeptiert – vielleicht zum ersten Mal im Leben. Andererseits führt dies natürlich auch dazu, dass man absurd viel trinkt.

Cole

Die ganze LGBTQIA+-Community nahm ihren Anfang in Bars und Klubs. In New York City fing das alles in den Bars rund ums Stonewall Inn an, wo auch die Gay-Pride-Märsche beginnen. Dort startete die Schwulenbewegung. Ich war in meinen Zwanzigern Barmann in einem dieser Lokale und servierte nur mit einem Slip bekleidet. Und das Erste, was Sie auf so einer Party bekommen haben, war ein unglaublich exotischer Cocktail mit sehr viel Alkohol. Jetzt, wo ich 50 geworden bin, sammeln die meisten Leute Wein oder Whisky. Je teurer, umso besser. Alkohol ist wie die Kirche der Schwulengemeinde: eine Zeremonie, die Erlösung verspricht, weil man all seine Ängste und seine Wut vergisst. Ich sagte zu meinen Freunden: »Es macht mir Sorgen, dass ich jeden Tag trinke.« Aber sie meinten nur: »Tun wir doch auch. Ist keine große Sache.« Ich fühle mich jedenfalls viel besser, seit ich trocken bin. Ganz ehrlich: Es lag an meiner Eitelkeit. Mit dem Alkohol sah ich einfach nicht mehr gut aus!

Harry

Als ich noch jünger war und Probleme mit dem Schwulsein hatte, trank ich viel, um meine Hemmungen abzubauen, die ich in Gesellschaft anderer Männer hatte. Ich konnte nicht tanzen, flirten oder küssen, wenn ich nicht volltrunken war. Wenn Sie in der LGBTQIA+-Szene neu sind, fühlt es sich total peinlich an, wenn Sie das im nüchternen Zustand machen. Es ist schwer, nüchtern zu werden und die Bande zur Community aufrechtzuerhalten – aber es ist möglich.

Sam

Die meisten sozialen Events in der Schwulengemeinde finden in Bars statt. Natürlich können Sie auch hingehen und nüchtern bleiben. Aber um 23 Uhr bin ich lieber im Bett als auf einer schlecht beleuchteten Tanzfläche, wo ich Cola trinken und Lady-Gaga-Remixes anhören muss.

Nia

Ich habe mich immer für schwul gehalten, habe mich aber nie wohlgefühlt in meiner Haut. Nie hatte ich ein erstes Date, das zu sexy Zeiten führte, ohne zumindest leicht angetrunken zu sein. Im Allgemeinen war ich hackedicht. Das 15. Date konnte ich vielleicht nüchtern angehen, aber wahrscheinlich war ich da trotzdem verkatert. Mir machte alles Mögliche Angst, aber je betrunkener ich war, desto eher gelang es mir, die Angst zu ignorieren. Nachdem ich trocken wurde, fragten mich zwei Leute ganz direkt, ob ich trans sei. Verdammt. Ich konnte die Frage oder die Antwort nicht mehr ignorieren. Die Antwort war: ja. Ich bin eine nichtbinäre Trans-Frau und hatte mein Coming-out vor elf Monaten. Trocken bin ich seit 13 Monaten. Es ist nicht immer leicht, aber es ist die Sache wert.

Alex

Ich habe mit 33 mit dem Trinken aufgehört und verstehe erst jetzt allmählich, dass der Alkohol mir geholfen hat, mit zwei Dingen fertigzuwerden. Erstens mit meiner Sexualität und zweitens mit der Homophobie und den heteronormativen Erwartungen der Gesellschaft. Alkohol ist ein zentrales Moment, wenn man abends weggeht und »seine Leute« trifft. Wenn man mit dem Trinken aufhört, kann sich das anfühlen, als hätte man sich von der Umwelt abgeschnitten. Vielleicht bräuchten wir ja eine queere Null-Alkohol-Bewegung?

Anna

Es gibt eine ganze Menge queerer Beratungsstellen, die queeren Menschen bei Suchtproblemen helfen. Zum Beispiel in Berlin: www.schwulenberatungberlin.de.

Oder den Andersraum in Hannover, der die Kampagne »Fit ohne Sprit« lanciert hat: www.queeres-zentrum.de.

Auch das Sub in München bietet eine Beratung und Selbsthilfegruppe an: www.subonline.org.

In Hamburg können Sie sich bei

www.schwule-alkoholiker.de melden.

Partys kommen uns teuer zu stehen

Tun wir mal nicht so, als hätte der Alkohol keine positiven Wirkungen. Die hat er nämlich durchaus. Er umgibt dein ängstlichstes Selbst mit juwelenbesetzten Schleiern. Alkohol ist ein legaler und simpler Weg, die Nervosität zu bekämpfen, die die meisten (alle?) Menschen befällt, wenn eine große Party ansteht. Ja, das funktioniert. Kurzfristig. Aber der Preis dafür ist hoch. Denn das ist ein faustischer Handel. Und der Preis steigt, je länger und tiefer Sie sich auf den Alkohol einlassen. Und über die Jahre verschärft er ihre Ängste noch, statt sie zu lindern.

Bei sozial ängstlichen, introvertierten Menschen – wie viele trockene Alkoholiker es sind – kehren häufig die Gefühle zurück, die wir als Teenager in großen Gruppen hatten. Wir finden in Zweisamkeit leicht zueinander, aber ein Raum voller Menschen? Da kommen wir uns vor, als befänden wir uns auf einem schaukelnden Boot und sähen Menschen in der Größe von Legosteinen am Ufer tanzen. Für eine bestimmte Zeit funktioniert der Alkohol wie ein Zugseil, mit dem wir das Boot näher Richtung Party lenken können.

Doch je öfter wir dieses Zugseil benutzen, je stärker wir daran ziehen, desto mehr franst es aus. Irgendwann funktioniert es nicht mehr, was heißt: Wenn wir betrunken sind, fühlen wir uns zutiefst und existenziell allein, selbst wenn wir mit Freunden zusammen sind. Und im Blackout-Irrenhaus? Versinken wir mitsamt Boot in den tintenschwarzen Tiefen des Unergründlichen.

Hören wir auf mit dem Trinken, kündigen wir den faustischen Pakt auf. Aber es ist nicht zu viel gesagt, dass wir als trockene

Trinker wieder lernen müssen, auf die Welt zuzugehen. Wir sind wie neugeborene Junge. Kätzchen mit verklebten Augen. Kälbchen mit zitternden Beinen. Das ist unglaublich aufreibend und verwirrend. Aber es ist die Mühe wert.

Ich kenne nicht einen einzigen Ex-Trinker, der sagt, er empfinde Partys als problemlos. Wieso? Weil Partys keine unbeschwerte Angelegenheit sind. Wir finden sie ja nur deshalb volltrunken einfacher, weil wir unsere sozialen Ängste mit Alkohol betäubt haben.

Nüchtern werden wir zunächst einmal die Erfahrung machen, dass Partys teuer sind. Dass sie einem Unmengen Energie rauben. Dass selbst ein Kaffee mit einem neuen Freund uns viel kostet. Dass ein Date heißt, wir müssen unsere Schatzkammer plündern. In den frühen Tagen des Trockenseins lernen wir, achtsam, vorsichtig und selten Geld auszugeben. Bis es nicht mehr ganz so teuer wird.

Es folgen einige der Vorzüge des Sternhagelnüchternseins.

Sturzbetrunken	Sternhagelnüchtern
Ich bade quasi in einem teuren Kommt-fangt-mich-Jungs-Duft.	Ich benutze meinen Aromatherapie-Roll-on-Duft. Ich mache mich bereit, in die rußschwarze Nacht einzutauchen, aber nicht für die anderen, sondern nur für mich.
Ich pinkle schlichtweg überallhin. In jeder Absteige. Wenn ich voll breit bin, pinkle ich sogar draußen, hinter Bäumen oder Ladenzeilen.	In hektischen öffentlichen Klos falte ich aus dem Klopapier einen Origami-Sitzschutz. Ich meistere die Kunst der Spülung, ohne meine Hände zu benutzen.

Sturzbetrunken	Sternhagelnüchtern
Kostenloser oder billiger Alkohol ist alles, was mich interessiert. Kunstvolle Cocktails sind der Feind, da so mein Alkoholbudget schnell verbraucht ist.	Essen und Musik sind wirklich wichtig. Brettspiele sind Manna für mich. Offenes Feuer oder hübsche Gärten sind echte Hingucker.
Ich halte tolle Drei-Gänge-Dinnerpartys, bei denen ich so tue, als sei ich eine normal funktionierende Erwachsene, weil ich Pilze füllen kann. Ich sause herum in einer geblümten Schürze und dränge allen meinen letzten, nicht essbaren Versuch in puncto Backwaren auf.	Sie bekommen einen Gang (und *vielleicht* noch Eiscreme aus dem Laden. Backen ist nicht meine starke Seite). Vielleicht trage ich das Gericht sogar auf einem Tablett auf, wenn mir danach ist. Das Essen ist besser, die Unterhaltung weniger gezwungen und ich werde nicht unerklärlicherweise in meiner Wohnung in High Heels rumlaufen. Und Sie werden meine Wohnung nicht sturzbetrunken verlassen, weil ich Ihnen nicht ständig nachgeschenkt habe, obwohl Sie mich davon abhalten wollten.

Sturzbetrunken	Sternhagelnüchtern
Mein Trinker-Ich beim 30. Geburtstag einer Freundin. Ich ziehe mir auf der Toilette die Lippen nach und sage: »Ich und eine Freundin gehen bald, weil die Party ja total lahmarschig ist.« Gehässigkeitslevel: Maximum. Später habe ich mich dann gefragt, warum das Geburtstagsmädel (das sicher gehört hat, dass ich ihre Gäste fortlocken wollte wie der Rattenfänger von Hameln) mich nie mehr zurückgerufen hat.	Selbst wenn Ihre Party die lahmarschigste auf Gottes Erde ist: Wenn es Ihr Geburtstag oder Ihre Housewarming-Feier ist und ich Sie mag, werde ich etwas finden, was mir daran gefällt, ganz egal was.
Am nächsten Tag: Wenn es ein Wochenende ist, habe ich nichts ausgemacht, falls ich bei der leisesten Bewegung kotzen muss. (Spinne ich oder stürzt wirklich der Himmel ein?) Wenn ich fälschlicherweise doch Pläne gemacht habe, sage ich entweder ab oder lasse sie mit einem falschen Lächeln über mich ergehen.	Am nächsten Tag: Ein ganz normaler Tag, an dem ich machen kann, was ich gerne tue. Ich habe mich nicht mit Alkohol aus der Bahn gekickt. Ich schnappe mir mein Cape, werfe es über – und los geht's!

Die problematische Sprache rund um das Problem

Du glaubst, du bist das Problem, dabei bist du die Lösung.
Du glaubst, du bist das Schloss an der Tür. Aber du bist der Schlüssel,
der es öffnet.

Rumi

Es gibt da einen schleichenden Trend, wenn es um den Wortschatz rund um die Alkoholsucht geht. Ein Trend, der uns als schlimme Finger hinstellt und den Alkohol als vollkommen unschuldig. Ein Trend, der uns auf die Anklagebank schickt und den Alkohol zum Kläger macht. *Och, der arme Alkohol.*

Das »Problem« daran, dass Alkohol der am meisten verbreitete Suchtstoff ist, ist nicht die Person, die ihn trinkt. Der »Problemtrinker«. Natürlich tragen auch wir Verantwortung dafür, denn für einen Tango braucht es schließlich zwei. Aber was der Wortschatz rund um die Sucht suggeriert, worum er herumtänzelt und wovon er uns ablenkt: Das Ganze ist ein *Problem*.

Das Problem Alkoholsucht ist kein rein persönliches, es ist ebenso systemisch, kulturell, politisch, kapitalistisch und sozial. In den meisten Gesellschaften erwartet man von uns, zu Trinkern heranzuwachsen. Dann trinken wir, weil unsere Umgebung Druck auf uns ausübt. Und auch das Marketing tut sein Bestes, um uns zu regelmäßigen Trinkern zu machen. Wir hören immer wieder, dass ein Leben ohne Alkohol nicht lebenswert sei. Man drängt uns, unser Limit zu überschreiten. Und irgendwo auf dem Weg zappeln wir dann am Haken. *Denn Alkohol macht süchtig.*

Danach haben wir Angst aufzuhören, weil wir all das fürchten, was man uns eingeredet hat. Wir fürchten die subtile oder gar nicht so subtile Botschaft, dass wir selbst schuld sind, wenn wir alkoholabhängig werden. Das ist allein unsere Schuld und hat aber auch schon gar nichts zu schaffen mit den Faktoren, die unsere Sucht überhaupt erst angefacht haben.

Zwei Worte: Scheiß drauf!

Verantwortungsbewusstes Trinken

Die Aufforderung zum verantwortungsbewussten Trinken (»Drink responsibly«) ziert mittlerweile jede Flasche Alkohol in Großbritannien. Und ist zu Recht zum Witz geworden. Da gibt es Meme, die sagen: »Verantwortungsbewusstes Trinken heißt für mich: nichts zu verschütten!« Oder das Meme, das Don Draper aus *Mad Men* zeigt, wie er einen Whisky Sour kippt. Darunter steht: »Verantwortungsbewusstes Trinken? Zum Teufel, ich trinke ja nur wegen all dieser Verantwortung.« (Der echte Jon Hamm hat sich auf Entzug begeben, noch bevor *Mad Men* abgedreht war.)

Es ist die Natur des Alkohols, dass er uns verantwortungslos macht. »Verantwortungsbewusstes Trinken« ist ein Widerspruch in sich. Warum aber spricht man den Alkohol von aller Schuld frei? Schließlich rät man uns bei nassen Böden auch nicht, wir sollten »verantwortungsvoll gehen«. Und auf Zigarettenpackungen heißt es nicht: »Rauchen Sie verantwortungsbewusst.« Warum? Bei nassen Böden und Zigaretten geht man davon aus, dass bei einem Unfall ein Teil der Schuld bei den Umständen zu suchen ist. Nicht alle Schuld, aber doch ein Teil. Man hat den Boden geputzt, über den Sie gehen müssen. Man hat ein Produkt hergestellt, vermarktet und verkauft, das Sie benutzen.

»Verantwortungsbewusstes Trinken« – das ist ein Taschenspielertrick, der der Alkoholindustrie erlaubt, die ganze Schuld auf den Schultern des Trinkers abzuladen. »Oh nein! Sie haben unser Luxusprodukt missbraucht! Wir haben Ihnen doch gesagt, Sie sollen es verantwortungsbewusst gebrauchen! Sie sind ein böses Häschen!« Das ist deren Methode, sich aus der Verantwortung zu ziehen, wenn es um die Schäden geht, die der Alkohol anrichtet. Es ist zum Verrücktwerden!

Alkoholmissbrauch

»Alkoholmissbrauch« und »Drogenmissbrauch« sind sprachlich die beiden schlimmsten Tricks. Erstens weil sie an strafbare Dinge wie »Kindesmissbrauch« und »Tiermissbrauch« (Tierquälerei) erinnern. »Alkoholmissbrauch« – das hört sich an, als streiften wir einem sich mit aller Kraft wehrenden Bier wie einem Hund ein Elektroschock-Halsband um, um es in die Arena zu schicken. Oder als würden wir den Wodka mit dem Versprechen auf Eiscreme locken und ihn dann ins Auto zerren.

Offensichtlich sind wir des Alkoholmissbrauchs schuldig, wenn wir zu viel von dem Zeug trinken. Aber Alkohol ist eine suchterzeugende Droge, die automatisch nach mehr schmeckt. Es als Alkohol*missbrauch* zu bezeichnen, wenn wir zu viel Alkohol trinken, klingt, als wären wir schreckliche Menschen und der Alkohol unser Opfer. Da Big Alcohol aber eine Gelddruckmaschine ist, die möchte, dass wir ihr Produkt immer weiter und weiter konsumieren, können wir auch von Missbrauch sprechen, wenn wir Tausende Pfund in einer Mango-Boutique ausgeben. Ach, die armen Leute von Mango! Wir müssen Mango vor dir schützen, du Missbrauchsteufel.

Gut, wenn Sie Ihr ganzes Geld bei Mango lassen, dann schießen Sie sich ein Eigentor, aber Sie *missbrauchen* den Laden nicht. Sie beschimpfen ihn nicht als Säufer und treten ihm in den Arsch. Das ist Missbrauch. Viel Geld dort zu lassen, hat mit Missbrauch nichts zu tun.

Wir reden ja auch nicht von »Zigarettenmissbrauch« oder von »Casino-Missbrauch«, weil uns klar ist, dass wir mit dem Rauchen und Spielen eine kapitalistische Megastruktur füttern, die profitiert, wenn wir suchterzeugende Substanzen konsumieren beziehungsweise abhängig machende Verhaltensweisen pflegen. Die Alkoholindustrie hat es geschafft, uns Scheuklappen anzulegen, sodass wir vergessen haben, dass auch sie schuldig sind. Das Einzige, was wir missbrauchen, wenn wir viel Schnaps hinter die Binde kippen, ist unser Körper. Alles in allem wäre es also angebrachter, von »Selbstmissbrauch« zu sprechen.

Dankenswerterweise blieb der negative Beiklang des »Alkoholmissbrauchs« nicht unbemerkt. Vor einigen Jahren fing man daher an, die Formulierung »Fehlgebrauch von Alkohol« zu verwenden. Heute heißt es: »Substanzgebrauchsstörung«. Woher die Wandlung?

Eine bahnbrechende Studie von 2010 konnte belegen, dass von »Missbrauch« statt von »Gebrauchsstörung« zu reden selbst jene negativ beeinflusst, die eigentlich objektiv bleiben wollen: 500 Ärzte, die sich um unsere geistige Gesundheit bemühen. Den Klienten als Mensch zu sehen, der einen Missbrauch begeht (und nicht als Menschen mit einer Gebrauchsstörung), sorgte dafür, dass die Kliniker die Sucht eher einem Charakterfehler zuschrieben. Und sie waren dann auch der Meinung, dass »Strafmaßnahmen« angebracht wären.

Es ist also nicht von der Hand zu weisen, dass bei Strafprozessen Menschen, denen man Alkohol- oder Drogenmissbrauch zuschreibt, eher im Gefängnis landen als solche, bei denen man eine »Substanzgebrauchsstörung« feststellt. Letztere würde man vielleicht eher zu Sozialstunden verurteilen.

Sprache ist also auch hier sehr wichtig. Danke, liebe Suchtexperten, die ihr dafür gesorgt habt, dass mit »Alkoholmissbrauch« Schluss ist und man stattdessen von einer »Alkoholkonsumstörung« ausgeht. Das bringt wirklich etwas.

Die Normies

In den AA-Meetings werden die Leute, die moderat trinken können, gewöhnlich als »Normies« bezeichnet. Häufig schwingt darin ein trauriger Unterton mit. Ach, diese glücklichen Normies, die nicht den Vorzug verloren haben, Alkohol trinken zu können! Ein wenig Ironie ist ebenso dabei.

Auch ich mag Normie-Witze wie zum Beispiel den: »Mein Freund hat am Mittwoch eine Flasche Wein aufgemacht. Jetzt ist Sonntag und er hat sie immer noch nicht leer. Dieser Normie weiß einfach nicht, wie man trinkt!«

Aber diesen Sprachgebrauch gilt es ebenfalls zu untersuchen. Wenn wir jede Art von Diskriminierung vermeiden wollen, müssen wir uns folgende Punkte bewusst machen:

1. Wir sind im Grunde alle gleich. Wir sind auch nur Menschen.

2. Polarisierende negative Sprache aber teilt uns in verschiedene Klassen ein.

Die Bezeichnung als »Normie« polarisiert, denn sie impliziert, dass der Nicht-Normie eben »abnorm« ist. (Ich weiß, ich weiß, ich bin ja so unglaublich schlau. Ich habe das ganz allein herausgefunden. *Spielt mit einer Haarlocke.*)

Wenn wir uns den »abnormen« Beiklang ansehen, frage ich mich, warum wir diesen Begriff überhaupt gebrauchen. Was treiben wir denn da? Wir lassen uns auf eine Sprache ein, die uns schlechte Dienste erweist. Auch wenn der Begriff immer für einen Witz gut ist. »Schau dir bloß diesen Normie an. Lässt ein halb volles Glas Wein stehen. Was für eine Verschwendung!«

Natürlich gibt es da immer Menschen, die sich um das Thema Alkohol nicht kümmern müssen, weil er für sie den gleichen Stellenwert hat wie Limonade. Man erkennt sie schon daran, dass sie manchmal einfach vergessen, dass sie ja nicht trinken.

Einer dieser Menschen, die so selten sind wie Schneeleoparden, wollte mir zu Weihnachten mal unbedingt eine Flasche Wein schenken. Da war ich gerade fünf Jahre trocken. Er hatte keine Ahnung, dass ich nicht trinke. Er hatte mich zwar zweimal in den Urlaub begleitet, aber er hat es schlicht ... vergessen. Ich stand da mit meiner Flasche Shiraz und sagte: »Danke, mein Lieber, aber was soll ich damit anfangen? Die Flasche als Türstopper benutzen?«

»Ach je, das habe ich total verdrängt«, rief er aus und riss mir die Flasche aus der Hand, als wäre ich in Lebensgefahr. Aber es war nett. Er ist kein »Normie« und ich bin kein »Abnormie«. Wir sind beide Menschen, von denen der eine mal an Alkoholsucht litt, der andere nicht. Schluss, aus, Amen.

Und dann ist da noch die Kleinigkeit, dass Sie keineswegs süchtig sein müssen, um an Alkohol zu sterben. Er kann auch die Normies das Leben kosten. Selbst wenn Sie auf der Suchtskala von 1 bis 10 nur eine 5 oder 6 sind statt einer 7 oder noch höher.

Der Leberspezialist Dr. Nick Sheron berichtet: »Nur etwa ein Drittel unserer Patienten mit einer alkoholbedingten Leberzirrhose hatte eine massive Alkoholabhängigkeit.« Und die restlichen zwei

Drittel? Sind »starke soziale Trinker«. Das muss man sich mal vorstellen: Zwei Drittel all der Patienten in der Leber-Ambulanz *werden nicht als süchtig eingestuft.*

Was aber ist der Unterschied zwischen einem »starken sozialen Trinker« und einem »Suchttrinker«? Wie bestimmt man, wer ein Normie ist und wer nicht? Das ist freilich ein Problem. Letztlich kommt es wohl auf die Selbsteinschätzung an.

Angesichts dieser Tatsache frage ich mich, ob das Schwarz-Weiß-Denken rund um »Alkoholiker« und »Normies« solche Leute nicht letztlich vorzeitig ins Grab bringt. Die Hintertür »Aber ich bin kein Alkoholiker!« führt dazu, dass diese zwei Drittel munter weitertrinken, bis sie chronisch krank sind. Es sollte uns klar sein, dass es unglaublich viele Grautöne gibt. Jede Art von sprachlicher Schwarz-Weiß-Malerei bringt uns nicht weiter.

Alkoholiker/Suchtkranker

Damit kommen wir zur heißesten Debatte überhaupt. Wappnet euch, Freunde. Wir gehen rein.

In der trockenen Welt stehen wir ganz klar an einem Wendepunkt. Spüren Sie das auch? Im Großen und Ganzen sind Behandlungsmethoden und Wortschatz der Sucht seit den Dreißigerjahren, als die Anonymen Alkoholiker entstanden, unverändert geblieben. Die AA waren die erste von Mitgefühl getragene Zuflucht für all die Stigmatisierten. Die letzten zehn Jahre aber könnte man als Kontinentaldrift bezeichnen: Behandlung und Sprache rund um die Sucht haben sich massiv gewandelt. Nun versucht man, Etikettierungen tunlichst zu vermeiden.

Also werfen wir mal einen Blick auf Initiativen, die nicht stigmatisieren, zum Beispiel: Women for Sobriety (WFS), LifeRing oder SMART. Man geht mittlerweile davon aus, dass auch sie einen sinnvollen Weg aus der Sucht bieten. So heißt es in einer Studie von 2018: »WFS, LifeRing und SMART sind genauso effektiv wie die Zwölf-Stufen-Programme für Menschen mit einer Alkoholkonsumstörung.«

Neugründungen wie Tempest (personalisierte Onlinehilfen für den Entzug) oder Refuge Recovery (ein buddhistisches Programm) sind entstanden, und auch sie vermeiden den Etikettenschwindel. Der Umgang mit Sucht ist bei diesen neuen Programmen überall gleich. Das Refuge-Programm »beginnt damit, die Realität unserer Sucht zu akzeptieren«. Verdrängung – fort damit. Akzeptanz – ein Gewinn. Entzug – geht los. (Ich kenne keine Daten, was den Vergleich dieser Newcomer mit den AA-Programmen angeht.)

Die Ironie dabei ist, dass AA-Puristen dir sagen, dass sich in AA-Meetings niemand gedrängt fühlen sollte, feste Begriffe zu benutzen. Wenn das Meeting die richtige Leitung hat, werden Neulinge an diesen Spielraum erinnert. Mitgründer Bill W. (Bill Wilson) selbst schrieb in einem Essay von 1946 für *The Grapevine*, dass »er noch nicht mal anerkennen muss, Alkoholiker zu sein«.[8]

Dieser Spielraum ging wohl im Nebel der Zeiten verloren. Ich jedenfalls habe die Treffen anders erlebt. Wenn 25 andere Menschen sich als Alkoholiker vorstellen und Sie versuchen, den Mut aufzubringen, Ihre Hand zu heben, wenn aller Augen sich auf Sie richten, dann öffnen Sie den Mund und … das Wort purzelt einfach heraus. Das ist der unwiderstehliche Herdendrang. Ich habe mich während der ersten Treffen nicht als »Alkoholikerin« vorgestellt. Dann redeten ein paar Leute mit mir über Verdrängung und Akzeptanz.

---

[8] Bill vergaß, »sie« oder »die« zu erwähnen, das Dummerchen.

Das einzige Mal, dass ich – in ungefähr 75 Treffen – jemand sich anders vorstellen hörte, war, als ich ... nennen wir ihn mal Callum ... kennenlernte. Der sagte: »Mein Name ist Callum. Heute bin ich seit 36 Jahren nüchtern. Ich bin ein genesener Alkoholiker.« Ich, der Neuling, dachte: Ach Callum, weißt du nicht, dass du nie genesen sein wirst! Du stolperst bestimmt noch, mein Freund! Ich bildete mir ein, Callum sei voller Stolz, Ego und Verdrängung. Damals war ich gerade sechs Tage trocken. Was wusste ich schon? Heute würde ich ihn für cool halten, weil er bei sich blieb und seine eigene Sprache wählte. Das ist erlaubt.

Ich sage heute noch, dass ich auf Entzug bin. Vielleicht werde ich das immer tun. Aber ich weiß nicht, wie ich mich nach 36 Jahren fühlen werde. Wer bin ich also, Callum sagen zu wollen, was er tun oder denken soll?

Das Etikett verschafft auch Erleichterung

2013 war ich einfach so unglaublich erleichtert, als mir diese Worte erstmals über die Lippen kamen: »Mein Name ist Catherine und ich bin Alkoholikerin.« Das lässt sich nicht von der Hand weisen. Ich hatte mein Problem benannt und damit die Maschinerie zur Genesung in Gang gesetzt. Ich konnte nun aufhören, so zu tun, als sei mit mir alles in Ordnung. Endlich durfte die Heilung einsetzen.

Heute frage ich mich, ob ich wirklich genau diesen Wortlaut gebraucht hatte. Oder ob »Mein Name ist Catherine und ich bin alkoholabhängig« nicht die starke Wirkung entfaltet hätte? Ein Mensch, der von etwas abhängig ist. Und nicht ein Mensch, der seine Abhängigkeit ist.

Warum ich mir darüber so einige Gedanken mache:

1. Es gibt Belege, dass das Stigma rund um »Süchtiger« und »Alkoholiker« immer noch recht lebendig ist, selbst in unserer progressiven Gesellschaft. Wenn Sie sich dafür interessieren, finden Sie in den Quellenangaben mehrere Aufsätze zum Them2.

2. Andere Studien belegen, dass das Stigma und die Vorstellung, »ewig« Alkoholiker zu bleiben, die Menschen häufig daran hindern, sich Hilfe zu suchen. Sie wollen nicht stigmatisiert werden, also trinken sie lieber weiter und nehmen weiter Drogen. Nicht gut3

3. Offensichtlich sind jüngere Leute fähig, sich erfolgreich von der Sucht zu lösen und langfristig clean zu bleiben, ohne auf solche Etiketten zu setzen. (Etwa die Hälfte meiner Leser berichtet, ohne jede sprachliche Etikettierung trocken geworden zu sein.4

4. Es gibt keinen Beleg dafür, dass weniger emotional besetzte Etiketten wie »Nichttrinker« das gleiche negative Stigma tragen.

Wer die Etiketten nicht akzeptiert, wird mit Panikmache und Folklore überschüttet. Ich habe trotzdem nie klare Belege dafür gesehen, dass das Etikett »Alkoholiker« nötig wäre. Sie vielleicht? Wer es von sich weist, dem sagt man nach, dass er es nie schaffen wird, dass der Rückfall kurz bevorsteht und so weiter. Aber niemand bleibt lange genug am Ball, um zu sehen, ob die Person vielleicht *gar nicht* rückfällig wird.

Was mich wirklich bewegt hat, war der Slogan, den Tempest für sein persönlich abgestimmtes Programm zum Trockenwerden nutzt: »Sucht ist eine Erfahrung, keine Identität.« BUMM! Als ich das hörte, hatte ich ein Gefühl, als habe man mir das Gehirn entfernt, es umgepolt, um es mir dann wieder einzusetzen – mit einer etwas anderen Lagerung.

Die Falltür Sprache

Ich fing etwa 2017 an, das Wort »Alkoholiker« misstrauisch zu mustern und in Richtung »Falltür Sprache« zu schieben. Ich habe davon niemandem etwas gesagt, dass ich bei dem Wort zunehmend zusammenzuckte. Wenn mich jemand fragte, ob ich Alkoholikerin sei, habe ich mit Ja geantwortet. Nichtsdestotrotz habe ich aufgehört, mich als Alkoholikerin zu sehen. Nur mal so, um herauszufinden, wie es läuft.

Warum ich das im Geheimen gemacht habe? Weil ich, wie bereits gesagt, gelernt habe, dass diesen Begriff nicht zu gebrauchen heißt, dass man dem falschen Glanz von Ego, Stolz und Verdrängung auf den Leim geht. *Tänzelt mit Trippelschritten auf den nächsten Drink zu.*

Mir hatte man gesagt, das Alkoholiker-Etikett abzustreifen sei, als hätte man einen Schalter umgelegt, der die Rückfallmaschine in Gang bringt. Allein das *Nachdenken* darüber machte mich echt nervös. Beinahe erwartete ich, in Flammen aufzugehen und ein brennendes Bedürfnis nach Alkohol zu entwickeln, das mich in die Arme des nächsten Etablissements (aka Bar) trieb, um mich dort mit Alkohol (aka Cider) vollzupumpen.

Oder vielleicht würde ein tanzender roter Punkt auf meiner Stirn auftauchen, den ich nachlässigerweise nicht abwusch. In der Zwischenzeit machte sich der Heckenschütze bereit, der die Nüchternen jagt, um mich zu erledigen. Ich trug das Zeichen der »zu Erledigenden«.

Und jetzt raten Sie mal! Nach ein wenig anfänglicher Nervosität passierte ... genau, nichts. Was für eine gewaltige *Ernüchterung*. Wenn überhaupt, dann fühlte ich mich mit meiner Nüchternheit sicherer. Ich sage ja nicht, dass diese Erfahrung jeder macht. Ich war damals schon vier Jahre trocken. Aber ich erzähle es trotzdem, weil es nun mal stimmt. Und weil es nicht ist, was ich erwartet hatte.

Die Deckstühle auf der Titanic neu ordnen

Woher hatte ich nur die Idee, dass eine Abkehr vom Etikett »Alkoholikerin« mich massiv gefährden würde? Nun, von Warnungen in verschiedenen Meetings, aber auch von dem folgenden Gespräch mit meinem Vater.

Ich: »Ich habe gerade dieses Buch von Jason Vale gelesen. Der schreibt, man könne mit dem Trinken aufhören und nüchtern bleiben, ohne sich selbst als ›Alkoholiker‹ zu bezeichnen.«

Er: »Na ja, dann sehen wir mal, was Jason macht, wenn er wieder mit dem Trinken anfängt.«

Ein kurzer, scharfer Schlag auf die Pfoten. Das vorbestimmte Vokabular wird nicht infrage gestellt! Du wirst mit dem Gesicht nach unten in einem Fünf-Liter-Bierkrug hängen, meine Liebe. Kein Wunder also, dass ich die Botschaft abspeicherte: Der »Alkoholiker« ist ein notwendiges Element der Erzählhandlung. Sich gegen diese Art der Semantik zu wehren, ist so, als würde man auf der *Titanic* die Deckstühle neu aufstellen. Also hielt ich mich an die Anleitung und sagte, was man mir beigebracht hatte.

Eine merkwürdige Marotte. Wann immer man vorsichtig darauf hinweist, dass solche Etiketten vielleicht gar nicht zielführend sind, dass man sich nicht mehr länger als Alkoholiker sehen möchte, dann heißt es sofort: Ach, sie überlegt, ob sie wieder zu saufen anfängt. Obwohl das ja keiner gesagt hat.

Außerdem: »Ich identifiziere mich nicht mehr mit dem Etikett ›Alkoholikerin‹, weil ich augenblicklich nicht abhängig von Alkohol bin!« ist etwas ganz anderes als: »Ich gehe jetzt aus und lasse mich mit Rotwein volllaufen!«

Mir ist klar, dass ich aktuell nicht von Alkohol abhängig bin, weil ich buchstäblich in zwei Metern Entfernung von einer Flasche Wein leben kann (und das auch gemacht habe), ohne dass ich den Wein trinken möchte. Das bedeutet aber nicht, dass ich nicht weiß, dass die neuronalen Super-Highways der Sucht nicht immer noch fest in meinem Gehirn verankert sind, auch wenn sich in den Jahren der Nichtnutzung Spinnweben und Staubflusen darauf niedergelassen haben.

Abstinenz ist das Gegengift zu aktiver Sucht, weil sie im Gehirn neue Nichttrinker-Pfade legt. Aber sie kann die tiefen neuronalen Schaltkreise der früheren Sucht nicht auslöschen. Daher nähre ich auch nicht das Trugbild vom moderaten Trinken. Genauso wenig wie ich mir einbilde, ich könnte einem Löwen davonlaufen.

Sie müssen nicht für immer und ewig ein *Identikit*-Label herumtragen, um sich an diese neurowissenschaftliche Tatsache zu erinnern. »Ich bin aktuell nicht abhängig« und »Ich weiß, dass ich wieder abhängig wäre, wenn ich wieder zu trinken anfange« – das sind zwei Dinge, die durchaus nebeneinander koexistieren *können* und das auch *tun*. Die Vorstellung, dass das nicht möglich ist, ist eine Beleidigung für unsere Intelligenz. Als würden wir je *vergessen*, dass wir mal süchtig nach Alkohol waren. Als könnte es uns *entfallen*, dass wir mit dieser speziellen geladenen Waffe nicht spielen können.

Menschen zuerst – in der Sprache

Was die Belege zu den vorher erwähnten Punkten 1 und 2 angeht: Hier bahnen sich Veränderungen an. Da mittlerweile bekannt ist, dass diese Etikettierungen stigmatisierend wirken und die Menschen daran hindern, sich Hilfe zu suchen, bemühen sich Experten und Organisationen um eine Sprache, die den Menschen an erste Stelle setzt.

Zu ihnen gehören nicht nur die National Institutes of Health, sondern auch viele andere Einrichtungen. Heute heißt es: »X hat eine Alkoholabhängigkeit.« Oder: »Y war alkoholabhängig.« Selbst wissenschaftliche Publikationen zum Thema Sucht weigern sich die Autoren mittlerweile, eine Sprache zu benutzen, die Sucht als Identität begreift.

Auch eine andere Realität bricht sich Bahn, denn viele »Alkoholiker« und »Süchtige« fühlen sich mit dieser Terminologie sicher. In den AA-Meetings sind diese Worte eine Art geheimer Handschlag. Ein »Ja, du gehörst zu uns«. Ein positives sprachliches Symbol.

Außerhalb der AA-Treffen? Da bin ich nicht so sicher. Die Belege sprechen jedenfalls eine andere Sprache. Meine Reaktion auf diese Terminologie sagt etwas anderes. Weshalb ich aufgehört habe, auf die Frage »Warum trinkst du denn nichts?« mit einem sternhagelnüchternen Strahlen zu antworten: »Weil ich eine hoffnungslose Alkoholikerin bin.« (Zwinkern, Grinsen.) Was ein bisschen schade ist, denn es hat mir immer Spaß gemacht, wenn mein Gegenüber dann zusammenzuckte.

Ganz klar: Ich habe das Wort »Alkoholiker« nicht völlig aus meinem Wortschatz gestrichen. Ich bezeichne mich immer noch als Alkoholikerin, wenn ich jemanden zu einem Zwölf-Schritte-Treffen mitnehme (weil er wissen will, wie so etwas abläuft). Oder wenn ich mit anderen Anonymen Alkoholikern rede, weil ich weiß, dass eine andere Formulierung gleichbedeutend wäre mit »Ich gehöre nicht zu euch. Ich bin nicht wie ihr«.

Wo ich doch *zu ihnen gehöre und wie sie bin*. Wir waren alle einmal hoffnungslos dem Alk verfallen. Und heute trinken wir nicht mehr. Unsere Etiketten ändern nichts an dieser extrem starken gemeinschaftlichen Erfahrung. Jede Spaltung ist unnötig.

Ist es Zeit, sich zu ändern?

Angesichts der nicht von der Hand zu weisenden Belege, dass Begriffe wie »Alkoholiker« und »Süchtiger« – die mittlerweile seit 90 und mehr Jahren gebraucht werden – mit einer Stigmatisierung einhergehen, frage ich mich, ob die Experten recht haben und wir eine neue Sprache benötigen. Eine neue Sprache, die von negativen Beiklängen frei ist. So wie wir es mit den neuen Begriffen rund um die sexuelle Orientierung gemacht haben, dem nichtbinären Geschlecht, mit Rasse, Alter und vielem anderen mehr.

Die Gesellschaft lässt sich auf neue Bezeichnungen meist überraschend flexibel ein. Doch der Antrieb zum Wandel muss aus der trockenen Community selbst kommen. Es hat keinen Sinn, wenn Gesundheitsämter, Zeitschriften, Suchtkliniken oder Beratungsstellen für Suchtprobleme eine Sprache verwenden, die den Menschen in den Vordergrund stellt, wenn wir weiterhin stur auf der »Sucht als Identität«-Begrifflichkeit bestehen.

Ich habe unzählige Interviews in Radio und Fernsehen über das Trockenwerden gegeben. Und ich wurde dabei nicht *einmal* als »Süchtige« oder »Alkoholikerin« vorgestellt. Kein einziges Mal! Wir haben über meine frühere Abhängigkeit von Alkohol gesprochen, meine frühere Sucht, ohne dass diese Etikettierungen fielen. Wir unterschätzen die Bereitschaft unserer Gesellschaft, sich zu ändern.

Ich frage mich, ob die Sprache, die andere uns vermitteln (oder die wir selbst aufschnappen) und die wir für den Schlüssel zum Königreich halten, nicht auch das Schloss ist, das uns in der Stigmatisierung einsperrt. Wenn diese Sprache in der Gesellschaft breite Verwendung findet, schreiben wir dann unbewusst unsere Stigmatisierung fort, indem wir uns weigern, uns geänderten Zeiten zu öffnen? Und lieber an der Tradition festhalten?

Ich frage mich, ob man Begriffe wie »Alkoholiker« oder »Süchtige« nicht für den Gebrauch innerhalb unserer Community reservieren sollte? Oder ihre Verwendung von einer ausdrücklichen Erlaubnis abhängig machen? Ich weiß nicht, was hier das Richtige wäre, eines aber weiß ich sicher: Wir versuchen seit mittlerweile fast 100 Jahren, das Stigma abzustreifen. Und es bewegt sich nichts. Die Gesellschaft als Ganzes setzt bereits auf eine neue Sprache. Nur wir tun das nicht. Vielleicht ist es jetzt an der Zeit, dass wir uns ändern?

Meine Gedanken zu diesem Thema sind nicht in Stein gemeißelt. Wenn ich irgendwo auf überzeugende Belege stoße, dass das Trockenwerden ohne Etiketten schwerer fällt, dann werde ich mich bewegen. Mich anpassen. Meine Sprache neu kalibrieren. Und noch was: Mir würde es im Traum nicht einfallen, Ihnen zu sagen, was Sie denken, tun oder über sich sagen sollen.

Was meinen Sie dazu? Die Entscheidung liegt ganz bei Ihnen.

Unsere Expertenrunde zu Begriffen wie »Alkoholikerin« oder »Süchtiger«

Dr. Judith Grisel: »Ich glaube, die ganzen Überlegungen um Begriffe verwirren nur. Ich bin seit 34 Jahren trocken und nenne mich immer noch eine trockene Süchtige. Das hat mir geholfen, Verantwortung zu übernehmen. Und ich glaube, dass ich das Stigma abbaue, schon weil ich den Ausstieg geschafft habe. Ich lebe nicht unter einer Brücke, wie die Gesellschaft vielleicht annehmen würde. Ich bin Professorin und Neurowissenschaftlerin.

Gleichzeitig habe ich das Gefühl, nicht mehr länger abhängig zu sein. Zu Beginn meines Trockenseins war ich sicher noch abhängig, weil ich auf Entzug war. Heute bin ich das nicht mehr.

Und ich habe es ja gesehen. Wenn die Leute sagen: ›Ich bin Alkoholiker‹, kann das anfangs eine echte Befreiung sein. Das war eher mein Problem. An meiner Neurobiologie mag etwas anders sein, das schon vor dem Drogengebrauch anders war. Meiner Meinung nach trägt das Etikett dazu bei, das Schuldgefühl zu lindern, und hilft, Verantwortung zu übernehmen.«

Dr. Marc Lewis: »Die Begriffe ›Süchtiger‹ und ›Alkoholiker‹ kommen mit einer enormen Stigmatisierung daher. Das ist seit Jahrzehnten so, wenn nicht seit Jahrhunderten. Ich benutze manchmal das Wort ›Süchtiger‹, der Kürze halber, aber immer mit der Einschränkung, dass ich das nicht abwertend meine. In meinen Augen ist es nur eine Klassifizierung für ein bestimmtes Verhalten, so wie ich auch über ›Studenten‹ rede. Aber die Namen vieler psychiatrischer Diagnosen haben negative Konsequenzen wie zum Beispiel ›psychotisch‹. Welche Probleme ein Mensch auch immer haben mag, sie lassen sich nicht passgenau in eine Schublade quetschen. Der Mensch ist schließlich eine ganzheitliche Person.«

Dr. David Nutt: »In meinen Augen ist der Begriff ›Alkoholkonsumstörung‹ ein bisschen sehr politisch korrekt. Ich habe noch nie jemanden sagen hören: ›Ich habe eine Alkoholkonsumstörung.‹ Bei den AA hingegen heißt der Satz ›Ich bin Alkoholiker‹ einfach, dass da jemand schrecklich leidet und Hilfe braucht.

Bei den AA werden die Begriffe ›Alkoholiker‹ und ›Süchtiger‹ meistens positiv gebraucht. Außerhalb dieser Treffen aber verwendet die Gesellschaft sie auf negative und stigmatisierende Weise. Der Knackpunkt ist doch: Etikettierungen wie diese sollten nie auf eine Person angewandt werden, wenn diese sie nicht vorher selbst gebraucht hat.«

Dr. Julia Lewis: »Als ich in den Achtzigern Medizinstudentin war, brachte man uns bei, Menschen nicht als ›Diabetiker‹ oder ›Asthmatiker‹ zu bezeichnen, da man damit den Menschen durch seine Krankheit definiert. Warum also hinken wir bei der Sprache rund um die Sucht so weit hinterher? Ich verwende Ausdrücke wie ›Mensch mit Alkoholabhängigkeit‹ oder ›mit einer Alkoholkonsumstörung‹. Die Bezeichnungen ›Alkoholiker‹ und ›Süchtiger‹ finde ich schrecklich. Da schwingt so viel Schuldzuweisung und Tadel mit, dass es wirklich nötig ist, sie endlich hinter uns zu lassen.«

Sturzbetrunkene versus sternhagelnüchterne Geburtstage

Stockbetrunken am 30. Geburtstag

»Gratuliere, kleines Schwesterchen!«, jubelt mein Bruder und lässt den Champagnerkorken knallen. Ich habe mich in ein gewittergraues Bodycon-Kleid von Hervé Léger gequetscht, das ich mir für die Nacht geliehen habe. (Selbst habe ich so etwas nie besessen.)

Mein Dress ist Fake, meine Sonnenbräune ist Fake, meine gute Laune ist Fake. Meine Hände zittern, während ich mit meinem Bruder und meinem Freund anstoße. Ich weiß nicht, ob es die Nervosität ist oder mein Bedürfnis nach Alkohol, was meine Hände zittern lässt. Vielleicht beides.

Ich gehe ins Schlafzimmer und kippe mir etwas Stimmungsaufheller hinter die Binde – den Rest des Champagners. Ich halte das nicht durch. Warum habe ich mir das nur angetan? Eine Party für 50 Personen organisiert? Ich mag Menschenansammlungen nicht. Sie machen mich nervös. Ich brauche noch mehr Champagner, um die Ecken und Kanten meiner Angst abzuschleifen. Ich gehe in die Küche und schenke mir nach, still und unauffällig. Mein Bruder und mein Freund unterhalten sich und sind immer noch beim ersten Glas.

Als wir bei der Location ankommen, wo die Party stattfinden soll, sind die ersten Leute, die mir begegnen, Frenemys – Leute, die ich vom Job kenne und von denen ich weiß, dass sie mich nicht mögen. Ich habe sie trotzdem eingeladen. Ich will ja, dass sie mich gut leiden können.

»Tolles Kleid, aber deine Tasche sieht aus, als käme sie aus dem Zehn-Pfund-Shop«, sagt eine Kollegin und klirrt mit ihren Armreifen. »Das ruiniert den ganzen Look.« Die anderen lachen.

Super. Ich kann also niemanden mit meinem gemieteten Designerkleid täuschen. Und der Glitzertasche für zehn Pfund.

Die Geburtstagskarten, die auf mein Trinken anspielen, werden mir alsbald präsentiert. Ich lächele darüber hinweg, meine Freunde scheinen sich zu amüsieren. Eine hat Vergewaltiger-Charme. Eine Karte ziert eine Frau im Rinnstein. Und unter ihrem hochgerutschten Rock ist ihre Unterwäsche sichtbar. Der Aufdruck unter dem Bild trägt meinen Namen. Personalisiert – um mich noch mehr zu beschämen:

»Selbst nach elf Gläsern Wein war Cath noch in der Lage, ladylike Haltung zu bewahren.«

Auf der Innenseite hat jemand eine Zeichnung hingeworfen. Darunter steht: »Sprit-Hexe«. (Mein zweifelhafter Spitzname. Die Zeichnung zeigt eine hexenhafte Frau, der die Haare zu Berge stehen. Sie krallt sich an eine Weinflasche und Zigaretten. Nett.

Ich versuche verzweifelt, wenigstens halbwegs nüchtern zu bleiben (aber nicht zu nüchtern, mir reicht es nämlich langsam). Mein

Hippocampus-Erinnerungszentrum soll jedenfalls nicht ganz in der Versenkung verschwinden. Warum? Die Blackouts sind Leerstellen, die ich mit den schlimmsten Sünden fülle. Also bitte ich jedes zweite Mal um einen Softdrink. Es funktioniert. Ich erinnere mich an alles, bis um etwa ein Uhr nachts.

Nachdem sich die Gäste allmählich verabschiedet haben und nur noch der harte Kern bleibt. Von diesem Moment an entsinne ich mich nur zehnsekundenweise an die Geschehnisse. Das macht auf zwei Stunden ungefähr zwei Minuten Erinnerung.

Ausblenden. Einblenden. Da wird getanzt. Ausblenden. Einblenden. Wir nehmen ein Bad im Whirlpool. Ausblenden. Einblenden. Ein Taxi bringt uns nach Hause. Ich schlafe ein.

Das Schlimmste ist der Flashback in meinem Schlafzimmer. Ich schreie meinen entsetzten Partner an und fege seinen Laptop zu Boden. Wie ein verrücktes Kätzchen ein Wollknäuel. »Du liebst deinen Mac mehr als mich!« ist meine Rechtfertigung dafür, dass ich seinen kostbarsten Besitz zerstöre. Er hechtet hinterher, um es vor dem Aufprall zu retten. Wie ein Torwart.

Am nächsten Morgen nimmt er mich nach Paris mit. Ich soll um sechs Uhr früh aufstehen. Da bin ich aber noch reichlich bewusstlos. Er schafft es nicht, mich zu wecken. Weil er nicht wieder angegriffen werden will wie letzte Nacht, bittet er meine beste Freundin, die mit mir die Wohnung teilt, um Hilfe. »Cath, Liebes«, säuselt sie mir ins Ohr. Sie reicht mir eine Tasse Tee und ist natürlich begeistert, dass sie um sechs Uhr morgens aufstehen muss, um an mir Elternstelle zu vertreten. Aber sie ist's ja gewöhnt.

An jenem Morgen reise ich nach Paris. Das erste Mal durch den Kanaltunnel. Das erste Mal nach Frankreich. Mein Kopf liegt auf dem Tisch vor mir, versteckt in meinen Armen. Ich versuche verzweifelt, mich nicht zu erbrechen.

Der schreckliche Zustand vergeht erst, als ich mittags wieder langsam was trinken kann.

Sternhagelnüchtern am 40. Geburtstag

Ich werde gleich morgens mit dem Gefühl der Sicherheit munter. Bis vor drei Jahren erwachte ich stets mit einem Gefühl der Angst, und sei es nur für Sekundenbruchteile. »Wo bin ich? Was habe ich gemacht? Wie viel habe ich getrunken?«

Mein Unbewusstes, die dunkle Unterseite des Eisbergs in meinem Kopf, hat Jahre gebraucht, bis es verinnerlicht hat, dass ich nichts mehr zu fürchten habe. Dass ich nicht mehr länger zwischen den Trümmern eines Schiffbruchs auftauche, den ich selbst verursacht hatte. In fremden Betten in fremden Häusern mit völlig fremden Menschen.

Mein Freund, der irgendwie spürt, dass ich wach bin (ein Zauberer), bringt mir Kaffee ans Bett. Und dann kommt er singend aus der Küche mit einem Kuchen. Kleine Kerzenflammen darauf bilden die Zahlen 4 und 0. Er überreicht mir drei kleine, aber perfekte Geschenke. Ich öffne Karten. Und lese lauter nette Worte: »Wir sind so stolz auf dich.« Und nirgendwo die Karikatur einer »Sprit-Hexe«.

Es herrscht Lockdown light, also keine große Feier. Aber ich hätte sowieso keine organisiert, weil ich mich mittlerweile besser kenne. Wir machen ein Picknick an den Kreidefelsen der Seven Sisters mit Blick auf den Beachy Head. Vor dem hoch aufragenden 162-Meter-Kreidefelsen kauert ein kleiner rot-weißer Leuchtturm. Der Leuchtturm ist mindestens drei Stockwerke hoch, sieht aber aus wie einer dieser Verkehrsleitkegel, die man mit einem gezielten Tritt umkippen kann.

Gestärkt von Käse, Kräckern und Kuchen wandern wir zurück zum Auto, vorbei an einer Wiese mit winzigen Shetlandponys. Eines schüttelt seine Mähne und wiehert laut, vermutlich, um seine kleine Statur zu kompensieren. Ich bücke mich und pflücke ein Büschel leuchtend grünes Gras. »Hier, ein absolutes Spitzenprodukt für dich, Schätzchen«, sage ich. Es drückt mir die samtige Schnauze in die Hand. Mit der anderen Hand kraule ich den Stern auf seiner Stirn. Ein wunderbarer Moment zu zweit.

Später treffe ich mich mit einer Freundin auf eine längere Radtour. Sie hat acht Luftballons am Rad befestigt, fast, als wäre sie ein Geburtstagsclown. Sie überreicht mir einen Anstecker fürs T-Shirt. »Oh, wie alt wird sie denn?«, fragte die nette Dame im Laden, wo meine Freundin die Geburtstagssachen kaufte. »Ähm, 40«, gab sie zurück.

Wir radeln bis zu den Cliffs, die ich am Vormittag schon besucht habe. Violette Wildblumen wachsen am Rand der Felsen, als wollten sie unter Beweis stellen, dass Rauheit und Anmut durchaus zusammengehen.

In Saltdean halten wir. Es gibt noch mehr Kuchen. Dieses Mal mit einer Musik-Kerze für Kinder, die einer Knospe gleicht.

Angezündet soll sie aufgehen und »Happy Birthday« spielen, nur dass die Melodie so sehr in die Länge gezogen wird, dass es schon fast gruslig wirkt. Wie ein falsches Schmuckkästchen in einem Horrorfilm. (»Von wem stammt diese Locke?«) Oder eine chinesische Puppe, der ein Auge fehlt. (»Hat sich die Puppe da gerade bewegt?«)

Wir finden dies viel lustiger, als es eigentlich ist. Die Kerze spielt die blecherne und düstere Melodie noch minutenlang weiter. Wir müssen mehrmals mit einem Stein draufschlagen, bis sie endlich die Klappe hält:

»Happy« – Bumm!
»Birth« – Bumm!
Ein letzter Seufzer.
»dayyy?« – BUMM!

Die besessene Kerze ist endlich tot. Und wir lachen Tränen.

Wir radeln nach Hause. Die Wellen umspülen den Pfad am Fuße der Kreidefelsen. Die Sonne schmilzt über dem Horizont wie ein Himbeersorbet auf einem Teller.

Um ein Uhr nachts bin ich im Bett. Dieser Geburtstag war in keiner Weise irgendwie wild. Sondern genau so, wie ich es mag.

Sturzbetrunkene versus sternhagelnüchterne Festivals

Festival sturzbetrunken

Juli 2012

Unser tomatenrotes Auto summt munter in einer Schlange von 50 Wagen, die sich über die Landstraßen winden, um zum Festival zu gelangen. Man hat mir gesagt, das Secret-Garden-Party-Festival sei wie der *Mittsommernachtstraum* auf LSD. Seen, in denen man schwimmen kann, Menschen in feenhaften Glitzerklamotten, Seilschaukeln, Lasershows, Bäume über Bäume, Wahrsagerinnen, Riesenrutschen. Ich kann es gar nicht erwarten.

Mein Freund und ich trinken Wodka direkt aus der Flasche. Alle zehn Minuten kommen wir ungefähr zwei Meter vorwärts. Ich trage türkisfarbene Shorts, ein cremefarbenes Häkeltop, Gladiatorsandalen und einen Blumenkranz im Haar. Coachella-Festivalstil eben, nur billiger.

Ich habe einen großen Rollkoffer mit violetten Punkten im Kofferraum, der unerklärlicherweise Nagellack enthält (könnte ja sein, dass er abgeht) und ein Glätteisen für die Haare (könnte ja sein, dass es irgendwo einen Beauty-Wohnwagen mit Steckdosen gibt).

Ich habe ja noch nie auf einem Festival campiert. Bisher hatte ich nur VIP-Backstage-Tageskarten: ein Bonus, wenn man wie ich

Journalistin ist. Ich habe keine Ahnung, auf was ich mich da einlasse.

Mein Freund ist besser gewappnet. Er trägt Wanderstiefel, Cargo-Shorts, einen Hoodie und ein T-Shirt mit einem prominenten Trickfilm-Hund. Im Kofferraum hat er einen Rucksack. Wir haben Wodka, Whisky, Rum, Bier und Cider dabei, damit wir auch bestimmt drei Nächte durchhalten. Wie sich herausstellt, hat er auch vorsichtshalber noch eine Menge Drogen eingepackt.

»Hier, nimm das«, sagt er und hält mir eine kleine blaue Pille hin. »Was ist das?«, will ich wissen. »Diazepam«, antwortet er. »Valium?«, frage ich nach. Bin ich jetzt die Fünfzigerjahre-Hausfrau, der es egal ist, dass ihr Mann nie den Staubsauger in die Hand nimmt? »Es wird dich einfach locker machen«, drängt er mich. »Versuch's ruhig.«

Ich spüle die Pille runter. Locker sein, genau das brauche ich jetzt. In den letzten sechs Monaten hat meine Angst das Hinterland erreicht. Ein Hinterland, in dem ich nur dann ruhig bin, wenn ich drei Gläser Wein intus habe.

Heute werden mein Körper und meine Zunge schneller betrunken als mein Gehirn, wie es scheint. Vor allem, weil ich in der Nacht zuvor schon blau war. Dann schaue ich mit glasigen Augen in die Welt. Eine winzige, nüchterne Person im Körper einer Betrunkenen. Die Menschen reden dann ganz langsam mit mir und fragen mich, ob ich einen Schluck Wasser möchte.

»Ich bin immer noch hier drin! Mir geht es gut!«, brülle ich. Die Minifäuste trommeln gegen meine Augäpfel. Aber niemand hört mich. Die Leute vernehmen nur ein Lallen. Und sehen den schwankenden Gang.

Was seltsam ist: Ich trinke dieser Tage mehr, kann aber immer weniger damit umgehen. Meine Alkoholtoleranz geht runter, nicht rauf. Als wir am Haupttor ankommen, bin ich schon voll und habe

Valium intus. Verdammt, bin ich entspannt! Ich habe das Gefühl, wenn ich die Autotür öffne, werde ich hinausglitschen wie ein Omelett aus der Pfanne.

Aber ich schaffe es, senkrecht zu bleiben wie ein normaler Mensch. Wir packen aus und ich zerre meinen Rollkoffer über die eingetrockneten Schlammrillen. Die Festival People mit ihren Rucksäcken gucken mir spöttisch nach. Am schlimmsten aber ist: Als wir am Eingang durchsucht und abgetastet werden (nur die allerprivatesten Körperteile nicht), erklärt man uns, dass wir keinen Alkohol aufs Gelände mitnehmen dürfen. Wir müssen das Zeug also im Auto lassen.

Aber halt. Ist das nicht eigentlich super? Denn dann kann ich unbeobachtet die harten Sachen schlucken, wenn ich »etwas aus dem Auto holen« oder »zur Toilette gehen« muss. Hmmm. Nicht übel.

Wir stellen unser Zelt auf. (Genauer gesagt, mein Freund macht das.) Und dann geht's ab zum Tanzen mit unseren acht Freunden. Bella ist gekleidet wie eine Hummel. Sie tanzt zur Trancemusik. Ich will eigentlich nur schlafen. Ein Tranquilizer nach dem anderen – war vielleicht doch keine so gute Idee.

An diesem verlängerten Wochenende verbringe ich mehr Zeit auf dem Parkplatz als auf dem Festival. Beim Auto senke ich den Pegel der mitgebrachten Spirituosen immer weiter ab und versuche, den Mut aufzubringen, wieder zum Festival zurückzugehen. Ich hasse Electro, Trance, Dance und Techno. Ich bin und bleibe ein Indie Chick. Ich hasse die Zeltplane, unter der wir herumkrabbeln. Und ich hasse, was die Drogen mit den Menschen machen. Der See sieht auch nicht so aus, als ob man darin schwimmen könnte. Mit Betrunkenen kann ich ja umgehen, aber das hier? Ich sehe blau bemalte Menschen, die nackt herumkriechen wie in einem kitschigen Alien-B-Movie. Die Toiletten sind unsagbar.

Meine Freunde bieten mir »Schärferes« an, Kokain und MDMA, um mich aus meinem betrunkenen Daseinsverdruss zu holen. Von MDMA wird mir ohnehin nur schlecht, und irgendwann stoße ich an die Kokainmatte, sodass das kostbare Pulver auf den Zeltboden fällt. Zehn Augenpaare starren mich wütend an. »Ich muss hier raus«, lalle ich. Ich stehe auf und gehe ins Bett, zum x-ten Mal.

Wasser ist hier teurer als Alkohol, sofern ich welches kaufen wollte. Die Schlange vor der Dusche ist länger als vor der Bar. Und wenn ich zu tanzen versuche, habe ich einfach keine Energie mehr. An Schlaf ist nicht zu denken, außer natürlich, man ist hackedicht. Unser Zelt steht auch viel zu nah an der härtesten Bühne, wo die Musik bis drei Uhr morgens dröhnt.

Ich hatte hedonistische Ferien erwartet, in denen es sozial akzeptiert ist, schon beim Frühstück zu trinken – groovy! Wo keiner Hemmungen an den Tag legt und alle genauso viel trinken würden wie ich. Stattdessen bin ich auf einer Art neoapokalyptischem Thunderdome-Festival gelandet, bei dem du keine Chance hast, dich von den Anstrengungen des Vortags zu erholen, bevor man sich wieder ins Getümmel stürzt.

Ich bin nicht einmal zu den rudimentärsten Formen von Selbstfürsorge fähig. Mein absoluter Tiefpunkt steht kurz bevor. All meine etwas verantwortungsbewussteren Freunde, die mich normalerweise dazu anhalten, zu essen, Wasser zu trinken oder mich zu waschen, haben die Selbstfürsorge ebenfalls in den Wind geschossen. Wir sind an diesem Wochenende alle total fertig – nicht nur ich. Statt Frühstück bietet man mir Ketamin an.

In drei Tagen esse ich genau zwei Sandwiches. Und ich trinke maximal zwei Liter Wasser. Alkohol aber kippe ich in unvorstellbaren Mengen in mich rein und nehme jede Droge, die mir ein freundlicher Mensch anbietet, damit es mir wieder »besser geht«.

Auf dem Weg nach Hause bin ich voller Schlamm und summe im Chor mit dem tomatenroten Auto. Ich bitte meinen Freund, an der nächsten Parkbucht zu halten, damit ich kotzen kann. »Wir sind auf der verdammten Autobahn!«, schreit er. »Verflucht noch mal, Cath, du warst das ganze Wochenende über ein einziger Albtraum. Nächstes Mal lasse ich dich zu Hause.«

Bitte ja, denke ich. Dort hätte ich es warm und trocken. Ich würde nicht verschmuddeln und wäre mit meinem Wein allein.

Festival sternhagelnüchtern

Juli 2017

Mein erstes nüchternes Festival – das Boardmasters – erlebte ich mit vier Jahren. (Meine Nüchternjahre, verstehen Sie? In Erdlingsjahren bin ich 37.)

Das Boardmasters ist, finde ich, ein guter Ort, um trocken ein Festival zu feiern. Es ist eine Kombination aus Livemusik und Surf- oder Skateboard-Wettbewerben an der Küste von Cornwall. Die Bühne wird »The Point« genannt und passt überhaupt nicht ins Bild. Als hätte man sie für eine Postkarte über die Landschaft aus Sand und Wellen gephotoshoppt.

Festivals sind wirklich toll – und zwar nicht wegen Alkohol und Drogen. Tatsächlich wählt man sie danach aus, welche Künstler auftreten und welche Musik man hören möchte. Man fährt hin, genießt die Show und muss keine Vorkehrungen treffen, damit man sich mit irgendetwas zuschütten kann. Wer hätte das gedacht?

Ich wässere mich strategisch. Eine Ein-Liter-Flasche Wasser bringt mich über den Tag. Ich gehe einmal zur Bar und einmal zur Toilette. Ich muss mich nicht für Biere anstellen, die aus dem

Plastikbecher schwappen. Und mich dann in die Schlange einreihen, um mich in einem ekligen Dixi-Klo zu erleichtern. Und das wiederholt sich. Nüchtern bringe ich täglich etwa 30 Minuten in der Schlange zu, nicht drei Stunden wie früher.

Ich winke einem Typen im Trainingsanzug zu, der sich in einem rotierenden Käfig auf dem Van, wo es die alkoholischen Getränke gibt, Achtzigerjahre-like einen abtanzt. Ich glaube nicht, dass ich heute das Tanzbein schwingen werde. Meine Freunde sind keine Tänzer, also werden wir vermutlich nur am Rand des Moshpits stehen und zugucken.

Aber dann treten The Vaccines auf. Mein Lieblingssong »Melody Calling« platzt fröhlich aus den Lautsprechern wie die Stripperin aus der Überraschungstorte. Ich kann mir nicht helfen, ich mische mich unter das tanzende Volk und hüpfe herum wie verrückt. Meine Freunde gucken leicht verlegen zu, schütteln den Kopf und lachen.

Aber ein paar Teenager machen den Pogo mit mir. Interessanterweise sind die Teens hier nicht betrunken. Wussten Sie, dass die jungen Leute sich heute kaum noch volllaufen lassen? Die Generation Z beeindruckt mich.

Noch eine Überraschung: Wenn Sie nicht all Ihr Geld ausgeben, um sich zuzudröhnen, kann man hier wunderbar einkaufen. Für sieben Pfund erwerbe ich fetzige Levi-Shorts aus den Siebzigern. Wir verspeisen zum Abendessen Austern mit Chili und Zitronensaft. Dazu viel frisches Brot. Und das Ganze kostet mal gerade einen Zehner. Wir sehen uns alle Bands an, die wir sehen wollten, und entdecken so manche, die wir noch nicht kannten.

Als hätten wir eine alternative Festivaldimension entdeckt, von deren Existenz ich nichts ahnte. Wir sitzen vor der Bühne auf Heuballen und lauschen einer Trip-Hop-Band, als die Wolken über der Horseshoe Bay sich pink färben. Da merke ich: Das war ein absolut vollkommener Tag. Dass ich nicht mehr trinke, hat mir überhaupt nichts genommen. Ich habe vielmehr einiges hinzugewonnen.

Am nächsten Morgen laufe ich auf dem Sand und sehe zu, wie die Sonne korallenfarbene Streifen darauf malt. Ich gelange zu einer grasbestandenen Halbinsel, auf der der Wind alle Büsche platt gedrückt hat.

Immer noch schwer atmend vom Laufen, sause ich an einer Hotelterrasse vorbei, auf der Jay Kay von den Jamiroquai sein Frühstück einnimmt. Er trägt einen riesigen Hut, und das vor neun Uhr morgens. Ein Frontmann der Extraklasse. Der Rest der Band verlässt das Buffet und schließt sich ihm an. Sie halten Gläser mit frisch gepresstem O-Saft und winzige Croissants in den Händen. Und alle tragen verrückte Kopfbedeckungen. Ich lächle ihnen zu.

Ich liebe Festivals.

Ist Alkohol eine Stütze für Eltern?

Ich habe keine Kinder, aber trinkende Eltern haben mir ihre Geschichten erzählt. Was mir daran am meisten auffällt: Irgendwie geht jeder davon aus, dass man das Trinken reduzieren kann und wird, wenn man ein Kind bekommt. Die Wirklichkeit sieht anders aus: Das Elterndasein kann das Trinken noch verstärken. So schön diese Erfahrung sein mag, sie ist gleichzeitig eine Zeit, in der die Kacke am Dampfen ist (mitunter buchstäblich). Und so kann eine sich ausbildende Abhängigkeit ihre Klauen in Väter und Mütter schlagen.

Starker Alkoholkonsum und Elterndasein sind zwei Dinge, die die Gesellschaft fördert. Ich war heute in einem Supermarkt und habe einen Strampler gesehen mit dem Aufdruck: »Papa trinkt nur meinetwegen!« Und ein Buch mit dem Titel *Warum Mama blau ist*. Und als Netflix die Ausstrahlung der Serie *Workin' Moms* ankündigte, tat man dies mit einem Stillleben: ein Babyfläschchen neben einer Flasche Wein. Der Marketingslogan »Wein auf den Lippen, Baby auf den Hüften« findet sich heute fast überall. Es heißt, dass das vor zehn Jahren noch nicht so war. Damals erzählte man Eltern noch nicht permanent, sie bräuchten Alkohol, um mit den Belastungen zurechtzukommen. Heute ist das der Fall.

Welche Folgen hat es, dass Alkohol immer wieder als Stütze für Eltern präsentiert wird? Nun, ich habe die Eltern gefragt:

»Dass ich nichts trinke, hat offensichtlich die Geburtstagsparty ihres Sohnes ruiniert«

Harper erzählt:

Ich war auf der Geburtstagsfeier eines Vierjährigen, als das passiert ist. Ich sagte »Nein, danke«, als man mir Wein anbot, und ein ganzer Tisch voller Mütter rief: »Nur den einen Wein! Nur den einen Wein! Nur den einen Wein!« Es war einerseits lustig, andererseits auch nicht. Ich war erst seit wenigen Wochen trocken und hatte ganz offen gesagt, warum ich Nein sage. Ich sagte, Alkohol löse bei mir Ängste aus. Und wenn ich verkatert sei, könne ich mit den Kindern gar nichts anfangen. Aber die Gastgeberin meinte, ich würde die Geburtstagsparty ihres Sohnes ruinieren, wenn ich nichts trinke. Ich wartete, bis der Sprechchor leiser wurde, und ging dann, um mit den Kindern Lego zu spielen. Ich bin jetzt ein Jahr trocken. Und das Lustige ist: Je mehr die Menschen versuchen, mich zum Trinken zu animieren, desto weniger habe ich Lust dazu. Da erwacht die Rebellin in mir. Als ich 13 war, rebellierte ich, indem ich an der Ecke eines Ladens rumhing und wartete, ob ein Erwachsener uns Alkohol besorgen würde. Heute rebelliere ich, indem ich nicht trinke.«

»Mein Erholungsplan für die Zeit nach der Geburt: täglich Wein trinken«

Stella berichtet:

Ich konnte meinen Sohn nicht stillen, was mich schmerzte. Andererseits war es auch eine Erleichterung: Das hieß, dass ich trinken durfte. Ich erklärte ganz offen, dass mein Plan für die Zeit nach der Geburt war, Wein zu trinken. Und zwar würde ich die sechs Wochen nach dem Kaiserschnitt jeden Tag Wein trinken. Da wir ja als Geschenk zur Geburt Champagner erhalten hatten, schien das nur sinnvoll.

Ich trank jede Nacht ungefähr eine Flasche Wein. Heute weiß ich, dass ich in den sechs Monaten nach der Geburt eine postnatale Depression hatte. Offiziell trank ich, um zu feiern, aber ich denke, dass ich mich mit Wein über die ganze Anstrengung und das Adrenalin hinwegzubringen versuchte.

Und ich hatte natürlich die sozialen Medien, alle möglichen Memes und Fernsehmütter auf meiner Seite, während ich trank. Mein Mann ist Krankenpfleger und hat sehr lange Schichten, also schien es nur natürlich, dass ich mich auf den Alkohol als Hilfe für Eltern verließ. Er leistete mir Gesellschaft, tröstete mich und gab mir das Gefühl, nicht isoliert von der Welt da draußen zu sein. Als ich zum Geburtstag eines Einjährigen eine Flasche Wein mitbrachte, sagte meine Freundin: »Wir werden sie nicht jetzt trinken. Ist das in Ordnung? Bist du okay? Du scheinst irgendwie so weit weg.« Ich war total vernebelt. Das lag an der postnatalen Depression.

Erst als mein Sohn drei wurde, wurde mir klar, dass ich ein Problem hatte. Er war fünf, als ich mit dem Trinken aufhörte. Jetzt bin ich seit 18 Monaten trocken. In der Rückschau wünschte ich mir, ich hätte meiner Hausärztin die Wahrheit gesagt. Oder wenigstens einen Teil davon. Aber ich wollte nicht, dass mich jemand zum Aufhören anhielt. Bei allen gesellschaftlichen Anlässen trank ich Club Soda. Das half. Ein Jahr lang postete ich jeden Tag. Ich werde meinem Sohn beibringen, dass Trinken keineswegs das neue Normal ist. Es ist ganz in Ordnung, wenn jemand nicht trinken will.

»Wir machen das Marketing für sie gleich mit, wenn wir sagen, es sei ›wein Uhr‹, oder dass wir ›Traubensaft für Mamas‹ brauchen«

Alice meint:

Es ist 04:30 Uhr morgens. Ich bin seit zwei Uhr früh auf. Die Gründe dafür? Meine jüngste Tochter (die autistisch ist und Lernschwierigkeiten hat) wollte Milch, musste aufs Klo, wollte *Shaun das Schaf* angucken und bat mich, ihrer Lehrerin zu sagen, dass sie zum ersten Mal Marmelade auf Toast gegessen hätte. Sie wolle unbedingt morgen ihren schwarzen Mantel anziehen. Dann wollte sie mehr Milch (was in einen kleinen Kampf ausartete, als ich Nein sagte). Sie musste noch mal aufs Klo, dann wollte sie baden (was in einen großen Kampf ausartete, als ich Nein sagte). Schließlich gab ich nach und ließ sie *Shaun das Schaf* ansehen. Hallo, Shaun!

Ich bin gottverdammt müde.

Die Alkoholindustrie erzählt den Eltern (meist Müttern), dass das Elternsein schwierig sei. Und dass wir uns deswegen Wein und Gin verdient hätten. Sie drängt uns diese lächerlichen, verantwortungslosen und gefährlichen Botschaften auf. Schlimmer noch, wir erledigen das gleich selbst. Wir machen das Marketing für sie gleich mit, wenn wir sagen, es sei »wein Uhr« oder wir bräuchten »Traubensaft für Mamas«.

Hätte ich letzten Abend etwas getrunken, wäre es mir schwergefallen, um zwei Uhr morgens aufzustehen. Ich wäre ungeduldig und boshaft gewesen. Es ist mein Privileg (nicht mein Job), der einzige Mensch zu sein, den meine Tochter jetzt braucht. Ich habe Alkohol keineswegs »verdient«, wenn ich harte Tage hinter mich gebracht habe. Aber ich verdiene es, das Ganze locker angehen zu lassen, den Schlaf nachzuholen und mir vielleicht Essen ins Haus zu bestellen.

Eines möchte ich aber klarstellen: Ich verurteile Eltern nicht, die trinken. Aber ich finde diese verantwortungslosen Medienkampagnen unmöglich, die uns weismachen wollen, dass Wein eine gute Hilfe für Eltern sei. Ich kann mir wirklich keine Situation vorstellen, in die Eltern geraten können, die sich durch Alkohol irgendwie verbessern ließe. Nicht eine! Nicht einmal die Geburtstagspartys der Kinder. Die sollten wirklich zu den Meilensteinen zählen, die man das erste Mal nüchtern hinter sich bringt, wenn man trocken geworden ist.

Als meine Älteste (heute 15) noch ein Kleinkind war, gab es bei solchen Partys gar keinen Alkohol. Bei meiner Jüngsten (heute sechs) war es dann schon üblich. Es ist ganz normal, dass man ein Geschenk mitbringt *und* eine Flasche. Vermutlich dient der Alkohol als soziales Schmiermittel, um über die Fremdheit hinwegzukommen. Den ganzen Small Talk, bei dem die Leute ihre Kinder vergleichen und erzählen, was die Kleinen zum Abendessen bekommen. Wenn es sich nicht gerade um die Geburtstagsfeier einer befreundeten Familie handelt, sage ich einfach, ich könne nicht bleiben.

Unsere Kinder sehen uns schließlich dabei zu. Wasserflaschen mit Slogans, die so tun, als sei Gin drin. Papierbecher voller Wein. Was bringen wir ihnen da bei in puncto Bewältigungsstrategien? »Ein harter Tag in der Schule? Trink ein Gläschen!« Oder: »Was, du hast eine Prüfung? Gönn dir ein Glas Wein.«

Ich habe mit dem Trinken aufgehört, als meine Älteste zwölf war. Dabei gab es eine Zeit, wo sie auf Dinnerpartys meine Weinkellnerin war. Dann wurde ich trocken, und das hat auch ihre Haltung zum Alkohol beeinflusst. Sie hat noch nie getrunken, und sie will nicht mal auf ihrer Hochzeit Alkohol ausschenken lassen.

Und das Elterndasein mit Kater? Das ist echt das Letzte. Ich weiß noch, wie ich eine Windel wechseln wollte und mich übergeben musste. Soll ich das in den sozialen Medien posten?

»Wir versteckten die Weinflaschen im Buggy, wenn wir in den Park zum Trinken gingen«

Laura erzählt:

Vor fast vier Jahren haben mein Mann und ich zwei kleine Mädchen von zwei und vier Jahren adoptiert. Die frühen Traumata, die sie erlebt haben, haben sie geprägt. Da kann das Elterndasein recht hart werden. Mein Mann und ich entspannten uns abends bei einer Flasche Wein. In den ersten 18 Monaten haben wir jeden Tag getrunken. Als der Sommer kam, saßen wir viel im Garten. Dann ging das Trinken schon nachmittags los: Prosecco mit einer gefrorenen Himbeere darin. An vielen Tagen waren wir glücklich, wenn die Mädchen im Bett waren. Dann tranken wir weiter. Am Wochenende fühlte ich mich meist schuldig, weil ich so verkatert war und mit den Mädchen nicht so viel unternehmen konnte, wie ich eigentlich wollte.

Dazu kamen meine neuen »Mami-Freundinnen«. Da war der Ärger vorprogrammiert. Wir trafen uns morgens zum Kaffee, tranken aber mehr Champagnercocktails als Kaffee. Dann fingen wir mit dem Buchklub an, aber das war auch nur eine Ausrede, um öfter miteinander was trinken zu können. Als wir miteinander laufen gehen wollten, endeten wir schließlich immer im Pub. Manchmal trafen wir uns nach der Schule und versteckten die Weinflaschen im Buggy, damit wir im Park einen trinken konnten.

Wein im Pappbecher mit gestreiftem Strohhalm um 15 Uhr nachmittags. Auf unserer gemeinsamen Facebook-Seite posteten wir Meme über Goldfischgläser voller Gin.

Meinen letzten Drink hatte ich bei einem Mama-Barbecue im Sommer. Ich war die Erste, die ging, schon um 22 Uhr abends. Ich stand am nächsten Morgen auf, verbrachte den Nachmittag aber auf dem Sofa. Mir platzte fast der Schädel. »Mama, was sollen wir denn jetzt tun?« Ich fand es schlimm, dass ich nicht mit den Mädels spielen konnte.

Meine Mama-Freundinnen wissen mittlerweile, dass ich nicht mehr trinke. Trotzdem brachte eine mir zum letzten Geburtstag eine Flasche Prosecco mit. »Ich dachte, vielleicht brauchst du doch mal einen Drink.« Sehr merkwürdig.

Ich finde es wunderbar, dass meine Mädchen jetzt sehen, dass ich ein entspanntes Wochenende genieße, statt meinen Hintern nicht vom Sofa hochzukriegen, weil es mir lausig geht. Ich schlafe besser und wache erfrischt auf. Ich finde es toll, dass die Mädchen sehen, dass ich laufen gehe und ihnen bei der Rückkehr ein gesundes Frühstück zubereite. Heute sind sie sechs und acht Jahre alt. Und ich habe nicht mehr das Gefühl, etwas zu brauchen, um mich tiefer entspannen zu können – ich bin einfach tiefenentspannt.

»Ich wurde neugierig aufs Nüchternsein, als meine Kids anfingen, sich für Alkohol zu interessieren«

Freddie berichtet:

Nachdem ich die Kinder bekommen hatte, fing ich an, zu Hause zu trinken, und zwar mehr als je zuvor. Meine Kinder sind heute 15 und 17 Jahre alt. Ich habe an meinem 50. Geburtstag mit dem Trinken aufgehört. Davor habe ich mich immer geschämt, wenn ich die Geduld mit den Kindern verloren hatte und sie zu mir sagten: »Du bist doch nur betrunken.« Ich bin vor ihren Augen hingefallen. Und als ich mit Tom einmal abends ausging, musste er mich stützen, als wir nach Hause kamen.

Ich wurde neugierig aufs Nüchternsein, als meine Kinder anfingen, sich für Alkohol zu interessieren. Heute trinken beide, obwohl sie dafür noch nicht alt genug sind. Aber man stößt einfach überall auf Werbung für Alkohol. In den letzten 15 bis 20 Jahren hat das immer mehr zugenommen. Ich möchte meinen Kindern wirklich zeigen, dass man keinen Alkohol braucht, um zu werden, wer man ist.

Ich bin ganz offen zu ihnen, was den Ärger betrifft, den ich angezettelt habe. Und alles nur, weil ich meistens betrunken war. Mein Sohn vertraut sich mir auch an. Er hat kürzlich in einem Anfall von Eifersucht einen Zaun niedergetreten. Und er erzählte, dass er beinahe – ohne Führerschein – Auto gefahren wäre, es aber dann doch nicht gemacht hat. Ich bin froh, dass er mir diese Dinge sagen kann.

Meine Schwester und ich wurden von unserem Vater großgezogen, weil unsere Mutter psychisch krank und alkoholabhängig war. Sie lag den ganzen Tag im Bett. Abends stand sie dann auf und trank. Wir redeten damals oft über die psychischen Probleme meiner Mutter, aber den Alkohol sprach niemand an. Heute finde ich das eigenartig, aber vielleicht ist das so ein Generationending. Vielleicht wusste mein Vater einfach nicht, wie er das thematisieren sollte.

Zu mir hat damals niemand gesagt: »Du musst nicht trinken.« Niemand sagte mir, es sei völlig normal, sich als Teenager in seiner Haut nicht wohlzufühlen. Darüber rede ich mit meinen Kindern wohl.

Früher war der Freitagabend für mich ein Scheißtag, weil ich da nüchtern bleiben musste, falls ich meine Kinder mit dem Auto abholen sollte. Heute sage ich ihnen, dass ich sie auch mitten in der Nacht abholen komme, wenn sie mich brauchen. Und das kann ich nur, weil ich mittlerweile nüchtern bin.

»Vielleicht schaffst du es jetzt ja, Maß zu halten«, flüstert die Stimme in meinem Kopf

Ich wage mich jetzt mal an eine krasse Aussage. Ich möchte wetten, dass 99 Prozent der Rückfälle oder Ausrutscher – oder wie auch immer man das nennen mag – darauf zurückgehen, dass wir uns fragen: »Vielleicht ist es jetzt ja anders? Vielleicht haben wir inzwischen ja gelernt, maßzuhalten?« Da ist er, der winzige Gollum auf meiner Schulter.

Heute hält dieser »Maßhalten-Gollum« die Klappe. Mein rationales Gehirn im Wachzustand weiß inzwischen ohne jeden Zweifel: Ich habe es in den letzten 21 Jahren ungefähr 3276 Mal mit Maßhalten versucht. (»Was? Das nennst du ›maßhalten‹?«, fragte mich ein Freund mal ungläubig. Ja, mein Lieber: Ich habe es wirklich versucht.) Ich habe es vielleicht in knapp 30 Fällen geschafft (wenn überhaupt). Das mit dem Maßhalten klappt bei mir nicht. Ich würde das auch nicht mehr wollen, denn bewusst verlangt es mich nicht mehr nach Alkohol.

Und doch versucht mein Unbewusstes etwa alle sechs Monate, mich davon zu überzeugen, dass Maßhalten nun eine Option für mich ist. Oder wünschenswert. Während der Pandemie hatte ich da diesen Traum. Ich saß im Flugzeug (im Lockdown ein eher unwahrscheinliches Szenario) und bestellte zwei winzige Flaschen Wein (ein wahrscheinliches Szenario, als ich noch getrunken habe). Und dann ... hörte ich auf (extrem unwahrscheinlich). Wenn ich schlafe, hat mein Unbewusstes die Chance, sich in meinem Gehirn breitzumachen und mir dieses Flugzeugszenario unterzujubeln, bei dem ich nur moderat trinke.

Ich bin zwar extrem leichtgläubig, aber sogar ich weiß, dass das Bullshit ist.

Eine Story kann Ihnen vermutlich verklickern, wie *unfassbar* leichtgläubig ich bin. Dieses Gespräch hatte ich erst gestern, als ich abends in einer Bar saß.

Er: »Gucken Sie nicht hin, aber hinter Ihnen sitzt ein Clown.«
Ich drehe mich um. Er legt eine Hand auf meinen Arm.
Er: »Nicht! Das ist unhöflich. Er sieht aus, als wäre er stinkig. Und er schaut uns an.«
Ich: »Echt jetzt? Was für eine Art Clown?«
Er: »Ein Zirkusclown.«
Ich: »Ist er allein?«
Er: »Scheint so. Er hat ein paar Luftballons dabei.«

An diesem Punkt bin ich den Tränen nahe. Wer mag schon übellaunige Clowns, die einem mit den Augen Löcher in den Rücken bohren? Der Mann neben mir fängt an zu lachen.

Ich rieche, dass da etwas faul ist.

Ich drehe mich um.

Kein Clown.

Ich sag's ja: leichtgläubig.

Doch in derselben Nacht, in der wir kurze und lange Drinks, salzgekrönte Gläser und bauchige Kugelgläser, Wein oder sorbetfarbene Cocktails an uns vorbeischweben sehen, hoch über unseren Köpfen auf Tabletts serviert, gibt es etwas, das ich nie und immer glauben werde: nämlich das, was die Stimme in meinem Kopf sagt: »Hey! Ich glaube, mittlerweile ist es anders. Beim 3277. Mal ist alles anders.« Denn nein, Stimme, Mensch oder Traum: Es ist nicht anders. Ich glaube dir nicht. Ich glaube vielleicht, dass hinter mir ein übellauniger Clown steht, aber das? Nie im Leben!

II

Das sechste Jahr

Was wir nicht heilen können, wiederholen wir

Im sechsten Jahr fühle ich mich endlich bereit, in bislang unbekannte Gewässer vorzustoßen: meine Kindheit. Bislang bin ich immer über die Oberfläche dieses Ozeans gesegelt, ohne je in seine Tiefen vorzustoßen. Wenn ich es tue, ist es beides: anstrengend und erhellend, scheußlich und schön.

Und eines gleich vorweg: In einer Therapie seine Kindheit auseinanderzuklamüsern ist einer der wichtigsten Schritte, wenn nicht der *wichtigste* überhaupt, um langfristig trocken zu bleiben.

Warum? Weil eine schwierige Kindheit heißt, dass Sie im späteren Leben eine um das Siebenfache erhöhte Wahrscheinlichkeit haben, eine Sucht zu entwickeln. Kindheitstraumen sind damit Nummer eins in der Liste der Suchtdispositionen. Unzweifelhaft mehr als jeder andere Faktor. Von allen Einzelfaktoren sind sie die wichtigste Vorhersagevariable.

Wir wissen das, weil die US-amerikanische Gesundheitsbehörde CDC und Kaiser Permanente (ein Unternehmen der Gesundheitsfürsorge mit Sitz in Kalifornien) von 1995 bis 1997 eine Studie an circa 17 000 US-Amerikanern durchführte. Man fand dabei heraus, dass vier oder mehr ACE (ein ausgesprochen schlechtes Akronym, denn in diesem Zusammenhang steht es für Adverse Childhood Experiences oder belastende Kindheitserfahrungen) eben zu dieser siebenfach höheren Wahrscheinlichkeit führen.

»Das ist eine extrem hohe Korrelation«, bestätigt Dr. Marc Lewis. »Als Psychotherapeut würde ich sagen, dass fast jeder

Suchtpatient, den ich je behandelt habe (also etwa 90 Prozent), in der Kindheit oder Jugend ernsthafte Probleme hatte.« Er hält kurz inne, um dann hinzuzufügen: »Wahrscheinlich sind es eher 100 Prozent.«

Wenn wir über belastende Kindheitserfahrungen reden, dann sind damit nicht einzelne, isolierte Ereignisse gemeint. »Es ist sehr schwer, ein Kind perfekt zu erziehen«, meint Dr. Lewis. »Aber hier geht es nicht um unachtsame Eltern. Wir reden hier vom Beschämtwerden, von schmerzhaften und manchmal missbräuchlichen Erfahrungen.

Ich – traumatisiert? Nee!

Sehen wir uns doch kurz den Begriff »Kindheitstrauma« an. Trauma ist ein ziemlich starkes Wort, nicht wahr? Mich erinnert das Wort von der »traumatischen Kindheit« an verschickte Kriegskinder. Oder an ein schwieriges Dasein in einer Blechhütte, in der es durchs Dach tropft, die Kinder keine Schuhe haben und ihre Gemeinschaft vom Krieg zerrissen ist. An verfallene Dörfer und Kinder mit Gewehren.

Für viele Kinder ist dies tatsächlich bittere Realität. Wie kommen wir im Westen also dazu, die Bezeichnung »Trauma« für uns zu beanspruchen, wo wir doch die meiste Zeit ein Heim hatten und genug zu essen oder anzuziehen? Ach, hat Papa dir kein Pony gekauft? Hat Mami dir keinen Zopf geflochten? Gab es bei dir zu Hause keine Drei-Gänge-Menüs? Wie schrecklich!

Hier von »Trauma« zu reden, fühlt sich verdammt nach einem Luxusproblem der reichen Industrieländer an: Mein Daunenkissen war zu weich. Mein mit Spielzeug gefülltes Kinderzimmer überheizt. Mein Gameboy immer zu hell gestellt. Und doch: Selbst wenn Sie alle Privilegien der westlichen Welt genossen haben, können Sie ein Überlebender einer traumatischen Kindheit sein.

»Belastende Kindheitserfahrungen sind *weit* verbreitet und kommen keineswegs nur bei Kindern in Kriegsgebieten vor«, sagt die Psychologin und Neurowissenschaftlerin Judith Grisel. »Eine negative Kindheitserfahrung kann einfach darin bestehen, dass nie genug Geld da war und die Eltern immer gestritten haben. Und dass die Alkoholabhängigkeit zugenommen hat«, fügt Dr. Grisel hinzu, »hat auch viel mit frühkindlichen Traumata zu tun.« Mit einem Unterschied. Die Psychologin denkt, belastende Kindheitserlebnisse und frühes Trinken seien wie Dominosteine. »Diese negativen Erfahrungen führen meist zu frühem Trinken. Die Kinder mit solchen Erlebnissen hatten nicht täglich ein gemeinsames Abendessen mit den Eltern. Sie wurden allein gelassen, hatten zu viele Freiheiten und fangen dann viel zu früh selbst an zu trinken«, erklärt sie. Und wenn dann ein Dominostein nach dem anderen fällt, steht am Ende die Abhängigkeit. Belastende Kindheitserfahrungen – frühes Trinken – und Sucht gehen Hand in Hand. (In einem späteren Kapitel werden wir uns ausführlicher mit dem frühen Trinken beschäftigen.)

Sie wären vermutlich erstaunt, was alles als negative Kindheitserfahrung zählt. Ich jedenfalls war es. Wenn man beschimpft, beleidigt oder gedemütigt wird, ist das ein negatives Erlebnis. Auch das Gefühl, dass die Familie sich nicht um einen kümmert und einen nicht unterstützt. Jeder sexuelle Kontakt zu Menschen, die mehr als fünf Jahre älter sind. Gewalt gegen die eigene Mutter. Oder das Leben mit einem Erwachsenen, der selbst süchtig oder psychisch krank war.

»Der Schmerz verändert sich – er entwickelt sich und geht tiefer«, sagt Dr. Marc Lewis. »Was in der Kindheit als Unsicherheit anfängt, als Frustration und Verwirrung, wird am Ende zu Wut,

Depression, Sucht, Essstörung, Zwangsstörung und so weiter. Diese Anfänge halten den Schmerz fest und werden zu einem kausalen Sprungbrett.«

Am Ende dieser Seite finden Sie einen Link zu einem Fragebogen (in englischer Sprache), mit dessen Hilfe Sie Ihren Punktwert feststellen können.[9] Wie gesagt: Vier oder mehr Punkte bei diesem Fragebogen bedeuten, dass Sie siebenmal eher eine Sucht entwickeln als Menschen, die keine solchen Erfahrungen haben. Und das, *bevor Sie überhaupt zu trinken angefangen haben.* Sehen Sie sich diesen Fragebogen ruhig mal an, wenn Sie neugierig sind. Ich war schockiert, als ich meinen Punktwert berechnet hatte. Vielleicht sind Sie das auch. Aber dazu später.

Wenn der Link aus irgendeinem Grund nicht funktionieren sollte, gehen Sie auf: https://www.ncjfcj.org und suchen Sie dort nach »Finding Your ACE Score«.

Natürlich kann ein Fragebogen von einer Seite nicht alle Nuancen der Vernachlässigung oder des Leids in der Kindheit abdecken:

- Zum Beispiel, wenn das Kind Opfer von Eltern wird, die es als Aushängeschild benutzen, als lebensgroße Puppe. Wenn es zur Geisel einer Tiger- (Pfauen-)Mutter wird. Wenn das chaotische, schmutzige, haarige Auf und Ab der Pubertät keinen Raum findet. Achte auf dein Haar, Liebes.

- Wenn das Kind ein Schlüsselkind ist und nicht mehr beachtet wird, sobald es sämtliche Küchengeräte selbst bedienen kann. Ein Kind, das zum Minierwachsenen erzogen wird, der seine eigenen Tiefkühlmahlzeiten in der Mikrowelle heiß macht.

---

[9] https://tinyurl.com/y3hmoc28

- Wenn der Teenager in seinem Zimmer Schutz sucht vor den Streitereien der Eltern und all die Beschimpfungen mit anhört, bei jedem Scheppern zusammenzuckt, sich umdreht und zu schlafen versucht, obwohl sein Herz rast. Und wenn er dann morgens leise die Treppe hinunterschleicht und das zerbrochene Glas zusammenfegt, das die Eltern im betrunkenen Zustand zerschlagen haben.

- Oder wenn das Kind für die Gefühle seiner Eltern verantwortlich gemacht wird. Man nennt diese Umkehrung der Rollen auch »Parentifizierung«. Solche Kinder haben die zweifelhafte Ehre, für ihre Eltern der einzige Trost zu sein. Dabei sollte es doch umgekehrt sein.

- Verstärkt wird diese Neigung durch ständige Selbstmorddrohungen der Eltern. Die Kinder leben mehr oder weniger auf glühenden Kohlen, sie werden zu *Eltern* ihrer Eltern. Und halten angespannt Ausschau nach neu heraufziehenden dunklen Stimmungen.

- Wenn das Kind zum Vertrauten eines Elternteils wird, der es damit zum Bauern im Spiel mit dem Partner macht. Das Kind erfährt viel zu viel über Untreue, häusliche Gewalt oder andere Übergriffe in der kaputten Ehe der Eltern. Ein Kind ist nicht dazu da, der beste Freund seiner Eltern zu werden und über solche Erwachsenenfragen Bescheid zu wissen.

- Wenn das Kind hört, dass es unerwünscht war, ein Fehler oder noch schlimmer: dass seine Eltern wünschten, es wäre nie geboren worden. Es wächst auf mit der Vorstellung, ewig in der Schuld der Eltern zu stehen, nur weil es auf der Welt ist.

- Wenn ein Teenager keine Privatsphäre hat und ständig auf das leise »Klick« lauschen muss, das ihm signalisiert, dass jemand im Haus sein Telefonat mithört. Wenn das Tagebuch der Jugendlichen gelesen wird. Und er oder sie für seine geheimsten Gedanken oder seine Gespräche bestraft wird.

- Wenn ein Kind geschlagen wird. Und sobald es dieses Thema als Erwachsene anspricht, zu hören bekommt: »Das hat dir doch kein bisschen geschadet!« Heute wissen wir mehr. Wir wissen, dass es unleugbar Schaden anrichtet, wenn das Kind von jemandem, der doppelt so groß ist wie es selbst, ins Gesicht geschlagen wird.

- Wenn jeder Gefühlsausbruch eines Teenagers abgewiegelt wird, weil er oder sie angeblich »zu empfindlich« oder »zu melodramatisch« ist. Auf diese Weise lernt das Kind, seine Bedürfnisse und Wünsche unter den Teppich zu kehren. Wenn es von Anfang an lernt, sich von seinen Wünschen zu distanzieren, und stattdessen die *Wünsche anderer Menschen* zu erfüllen. Das wird der klassische Typ, der es immer allen recht machen will. Und der immer mehr Groll aufbaut, je länger er seine Bedürfnisse unterdrückt.

Kindheitstraumata sind häufig viel subtiler als jene Vorkommnisse, bei denen das Jugendamt eingreift. Eher verletzende Worte als Schlagen mit dem Gürtel. Ein Haus, in dem an Essen nie Mangel herrscht, die Liebe aber inexistent ist. Zerbrochene Eierschalen auf dem Küchenboden und viel zu viele Pflichten für das Kind. Liebe, die nur unter bestimmten Bedingungen gewährt wird.

Belastende Kindheitserfahrungen reißen Löcher, durch die sich die Sucht hereinschleicht. Die Sucht findet die Löcher, hinterlassen von den Nadelstichen kindlicher Tragödien, von den Verletzungen dünnhäutiger Heranwachsender. Daher ist es für das Trockenbleiben so wichtig, dass wir diese Wunden aufdecken und sie nach bestem Vermögen heilen. Sonst wird das Trauma in Spielzeuggröße nie von uns lassen. Denn unter Umständen haben wir den dysfunktionalen Haushalt, in dem wir groß wurden, als Erwachsene nachgebaut. Oder in den Worten der Therapeutin Christine Langley-Obaugh: »Wir wiederholen, was wir nicht heilen können.«

Frühe Belastungen formen uns wie Plastilin

Meine Kindheit war – wie die vieler Menschen – eine wilde Mischung aus Himmel und Hölle. Sie war schlecht und gut. Gut und schlecht.

Bis zum Alter von neun Jahren bin ich eigentlich recht glücklich. In der Schule werde ich gemocht, meine beste Freundin heißt Jane. Ich liebe Ballspiele und klaue meinem Bruder immer öfter sein BMX-Rad. Ich flechte Girlanden aus Gänseblümchen und schreibe an die Care Bears. Die Briefe landen im magischen Postkasten unter meinem Kissen. (Die Care Bears sind meine Mutter, wie sich irgendwann herausstellt.)

Wir leben in einer Sackgasse in Carrickfergus, wo Kinder unbeaufsichtigt sicher spielen können. (Obwohl wir in ständiger Angst vor dem Hund leben, der Connor in den Hintern gebissen hat – eine Art Vorortmythos.) Ich erinnere mich an faule Tage, an denen ich im Garten unter dem Fuchsiabusch saß, an meine erste große Liebe, daran, dass ich immer Lehrers Liebling war, an Ausflüge in den Süßwarenladen meiner Großeltern, an Käse auf Toast und Opa Schlumpf.

Dann lassen meine Eltern sich scheiden. Was an sich noch keine Katastrophe ist, denn ein Kind, das in einer zunehmend verbitterten Umgebung aufwächst, hat es auch nicht leichter als ein Kind, dessen Eltern nicht mehr die gleiche Wohnung teilen. Aber die Scheidung zog eine ganze Reihe anderer unschöner Erlebnisse nach sich.

Unser Haus wird verkauft. Meine Mutter, mein Bruder und ich ziehen für eine Weile nach Belfast. Als ich zehn bin, zieht meine Familie nach England. Mein Vater bleibt in Nordirland, auch all meine Freunde und der Rest der Familie. Der Umzug nach England ist das Gegenteil von dem, was ich mir gewünscht habe. Besonders beeindruckt bin ich von den englischen Polizeistationen, die aussehen, als wären sie Cottages. Und nicht wie Fort Knox. Sie haben Blumenkästen an den Fenstern. Nicht Stacheldraht wie in Nordirland.

Ich habe Probleme, mich an die neue Schule anzupassen. Das liegt auch an meinem starken nordirischen Akzent. Jetzt sagen wir nicht mehr »hier«, wenn die Namen verlesen werden, oder heben die Hand. Nein, hier gibt es Nummern. Und meine Nummer – die 28 – ist vermutlich die schlimmste für ein Kind aus Nordirland. Meine Klassenkameraden äffen mein lang gezogenes »Twennyaahate« nach.

Ich werde häufig gefragt, ob mein Vater Bombenleger ist oder IRA-Mann. Ich bin nicht beliebt. Bei meiner ersten Rauferei auf dem Schulhof versuche ich, die Ehre meines Vaters zu verteidigen. Meine Schulkameraden werden zum Ensemble meiner Albträume. In ihnen dringen sie in unseren Garten ein und klettern die Regenrinne hinauf.

Bald geht es weiter zur Highschool. Wir ziehen wieder um. Diesmal nach Dudley, wo meine Mutter ihren späteren zweiten Ehemann kennenlernt. Wir bewohnen ein wunderbar großes Haus mit einem riesigen Garten in der Nähe eines Parks. Eine echte

Verbesserung im Vergleich zu der früheren winzigen Terrasse. Das Barometer steht auf Sonnenschein.

Leider stellt sich bald heraus, dass mein neuer Stiefvater uns ganz offen hasst. Sein Kind, das uns gelegentlich besucht, wird »Schatz« genannt, mein Bruder und ich sind »die Untermieter«. Man gibt uns deutlich zu verstehen, dass wir ausziehen sollen, sobald wir 18 sind. Ich zähle die Jahre an meinen knubbligen Kinderhänden ab.

Mit 12 Jahren fange ich an zu trinken.

Nach 19 Uhr dürfen wir nicht mehr ins Wohnzimmer, sondern müssen auf unseren Zimmern bleiben. Freunde, die auf die Idee kommen, mir einen spontanen Besuch abzustatten, werden abgekanzelt und angebrüllt. Bald kommt niemand mehr. Mein Stiefvater liest meine Tagebücher. Selbst meine Telefongespräche werden belauscht.

Mit 13 gehe ich mit älteren Freunden in Klubs.

Unser Stiefvater händigt uns getippte Briefe aus, in denen er uns vorwirft, wir würden unseren Untermietervertrag nicht einhalten. Zu viel Butter auf den Messern im Geschirrspüler! Der Lärm mit dem Staubsauger, wenn wir unsere Haushaltspflichten erledigen, während er versucht, den nächsten *Herr der Ringe* zu verfassen.

Mit 14 beginne ich, mit Drogen zu experimentieren.

Als ich 15 bin, jagt er mich durchs Haus, weil ich etwas von seiner Schweinepastete gegessen habe. »Ich hätte dich schon längst schlagen sollen«, schreit er mir hinterher. Ich flüchte mich ins Zimmer meines Bruders und verstecke mich hinter seinem Bett. Mein Bruder verwehrt meinem Stiefvater den Zugang zu mir. Daraufhin setzt meine Mutter ihn vor die Tür. Aber wir haben vier Jahre unter seiner Tyrannei verbracht.

Und die Parallelgeschichte dazu: Als ich elf bin, lernt mein Vater in Nordirland eine zauberhafte Frau namens Ruth kennen. Sie wird meine »zweite Mutter«. Dreimal im Jahr dürfen wir ihn besuchen. Das sind die glücklichsten Tage meines Lebens. Wir machen Schnitzeljagden, erleben wunderbare Weihnachtstage, verbringen mit ihrem Jack Russell Terrier und dem Frisbee ganze Tage am Strand und trinken Eiscreme-Soda. Wir fahren mit dem Caravan nach Donegal, wo wir in der Meerenge schwimmen und Swingball spielen.

Mit zwölf Jahren bitte ich meinen Vater, ob ich nicht zu ihm und Ruth ziehen könnte. Ich flehe ihn an. Ruth sagt Ja, er aber nicht. Ich bin am Boden zerstört. Als ich 15 bin, trennen die beiden sich. Von da an teile ich die Ferien in Nordirland zwischen zwei Elternteilen auf: mit meinem biologischen Elternteil in Belfast (meinem Vater) und mit meinem sinngemäßen Elternteil auf Islandmagee (Ruth).

Zurück in England: Als ich 16 werde, erfolgt ein weiterer Wohnungswechsel. Ich ziehe zu meinem neuen Stiefvater und seiner Familie, bevor meine Mutter es tut, damit ich gleich mit der Oberstufe anfangen kann. Diesmal haben wir Glück. Mein neuer Stiefvater ist der netteste Mann, den ich je kennengelernt habe. Und das trifft auch auf seine Familie zu.

Meine sozialen Ängste sind aber mittlerweile so ausgeprägt, dass es mir schwerfällt, in der Schule Freunde zu finden. Der Aufenthaltsraum voller schlaksiger Teenager ist in etwa so einladend wie eine Bärenhöhle. Ich finde zu einer Gruppe kunstverrückter Kiffer, die die Mittagspause mit Trinken im Wald verbringen. Kontakte knüpfen ohne Alkohol ist mittlerweile undenkbar. Allerdings bin ich auch ein Ober-Nerd. (Ich bringe der Englischlehrerin zusätzliche Essays mit. Sie sagt »Dannnnke!« in einem Tonfall, der signalisiert: »Ich habe genug zu korrigieren.«

Innerhalb weniger Jahre wird man bei der 45-jährigen Ruth zum zweiten Mal Brustkrebs feststellen. Ich verbringe ihr letztes Weihnachtsfest mit ihr und muss zusehen, wie der Krebs sie von innen her auffrisst. Ich bin am Boden zerstört.

So, jetzt wissen Sie (fast) alles. Ihnen ist mittlerweile sicher klar, dass ich nicht die *ganze* Geschichte erzählt habe. Das ist die Version meiner Kindheit, die ich auch im Job immer erzähle. Ich habe die gruseligsten Szenen weggelassen, zu meinem eigenen geistigen Wohl und dem anderer Menschen.

Aber die nicht jugendfreie Version ist auch nicht wesentlich signifikanter oder tragischer. Scheidung, viele Umzüge, bösartige versus wunderbare Stiefeltern, Übergriffe, Drohungen mit körperlicher Gewalt und der Verlust eines (sinngemäßen) Elternteils: Diese Dinge kommen recht häufig vor. Trotzdem lag mein ACE-Wert bei sechs. Womit ich deutlich in der Zone lande, die Sucht siebenmal wahrscheinlicher macht. Und Sie? Wie sieht Ihr Wert aus?

Sucht als zweite Kindheit

Eine belastete Kindheit hat häufig einen paradoxen Effekt. Einerseits werden Sie *viel* zu schnell erwachsen, während andererseits Teile von Ihnen in der Entwicklung zurückbleiben. Sie werden also nie richtig erwachsen. Die Entwicklung verläuft gleichzeitig zu schnell und zu langsam. Ein merkwürdiger Gegensatz.

Man vergleicht Kleinkinder ja gerne mit Trinkern. »7 Gründe, weshalb Kleinkinder wie kleine, betrunkene Erwachsene sind« – das Video hatte auf YouTube zwei Millionen Zuschauer. Drei der genannten Gründe: »Sie schlafen überall ein.« Und: »Sie haben Heißhunger.« Oder: »Sie können ihre Gefühle nicht verbergen.« Es ist lustig: Kleinkinder schlafen ein, und das Gesicht fällt ihnen in den Kuchen. Sie knutschen mit dem Spiegel herum. Und sie zerren einen ganzen Fachboden im Kühlschrank heraus, weil sie unbedingt was essen wollen.

Es gibt also gewisse Parallelen. Aber es ist nicht so, dass sich die Kinder wie Betrunkene gebärden. Überlegen Sie doch mal. Das macht doch keinen Sinn. Es ist eher so, dass die Betrunkenen sich zurückentwickeln und sich benehmen wie ihr Kleinkind-Ich.

Kürzlich fiel es mir wie Schuppen von den Augen, als ich miterlebte, wie eine Kleine ihre Mutter »Ekel« schimpfte, weil diese ihr den Saft wegnahm. Es erinnerte mich daran, wie ich meinen Freund als »Arschloch« beschimpft habe, weil er mir den Cider wegnahm. Denken Sie an ein Kleinkind, das sich im Supermarkt schreiend zu Boden wirft, weil es das *Paw-Patrol*-Magazin nicht bekommt. Ich habe mich mal der Länge nach auf die Straße gelegt, weil ich ein Taxi wollte, statt mit dem Nachtbus nach Hause zu fahren.

Wenn man betrunken ist, ist es irgendwie erlaubt, sich wie ein Kleinkind zu benehmen. Dann erzählen uns die Leute am nächsten Tag, dass wir der wahre Albtraum waren. Würden wir uns allerdings nüchtern so aufführen, würden die Vorwürfe weit heftiger ausfallen.

Ich frage mich manchmal, ob starkes Trinken vielleicht nur ein Weg ist, um sich das zurückzuerobern, was wir nie hatten: eine zweite Kindheit. Versucht unser unzufriedenes inneres Kind etwa, ein Stück seiner Kindheit zurückzuholen, um das man es zuvor betrogen hatte?

Auch das Trockenwerden ist letztlich infantil. Beim Entzug wird man wieder der elterlichen Obhut unterstellt. Man bekommt Aufgaben zugewiesen und die Leute sagen einem, wann und was wir essen sollen. Haben wir den Entzug dann hinter uns, ziehen wir wieder zu Hause ein oder nehmen uns im Job frei. Wir brauchen diese kindhafte Existenz, um in unser Leben zurückzufinden. Aus diesem Grund bin ich zu Beginn des Entzugs ins heimische Nest zurückgekehrt und habe daneben noch unglaublich viele Pixar-Filme angeguckt.

Oft müssen wir zurückgehen, um in diese Phase ganz eintauchen zu können. Und statt uns in Ratespielen zu versuchen, wie ein geordnetes Erwachsenenleben auszusehen hat. Wir schalten zurück, um neu zu lernen, wie wir auf uns aufpassen können, wie wir genug Schlaf bekommen, uns richtig ernähren, Stress ohne Merlot aushalten und nicht unser ganzes Geld in der Welt verteilen wie ein Formel-1-Fahrer den Champagner nach seinem Sieg.

In der Phase der Entwöhnung werden wir endlich richtig erwachsen. Aber um das zu schaffen, müssen wir zurückgehen. Nicht nur körperlich, sondern auch emotional.

Die Arbeit beginnt

Und genau das mache ich. Ich gehe einmal pro Woche zur Therapie[10], bei einer Therapeutin, die viel Erfahrung mit belastenden Kindheitserlebnissen hat. Ich entwickle ein fast zwanghaftes Interesse daran, wie die Kindheit unser Leben als Erwachsene beeinflusst. Ich lese und lerne so viel darüber, wie ich nur auftreiben kann.

Ich lese *Verkörperter Schrecken. Traumaspuren in Gehirn, Geist und Körper und wie man sie heilen kann* von Bessel van der Kolk. Wir speichern also traumatische Kindheitserfahrungen real im Körper ab. Ich verschlinge Alain de Bottons Buch *How to Overcome Your Childhood* und habe auf buchstäblich jeder Seite bahnbrechende Einsichten. Ich fange um 23 Uhr zu lesen an und

---

[10] In Deutschland wird Psychotherapie von der Krankenkasse bezahlt, auch zur Unterstützung der Suchtentwöhnung. Dabei können Sie bei allen Therapeuten fünf probatorische Sitzungen machen (eine Sitzung zur Feststellung, ob ein behandelbares Problem vorliegt, vier weitere, um zu testen, ob einem die Therapeuten liegen). Dann wird Ihre Krankenkasse entscheiden, ob sie die Kosten übernimmt. Die Krankenkasse hilft Ihnen auch, Therapeuten mit speziellen Erfahrungsbereichen zu finden.

kann das Buch gar nicht mehr aus der Hand legen, bis es drei Uhr morgens ist. Dann kaufe ich sofort drei weitere Exemplare für meine Freunde in der Hoffnung, dass sie die gleiche Erweckungserfahrung machen.

Menschen mit negativen Kindheitserfahrungen sind wie Hunde aus dem Tierheim. Doch anders als diese mit ihrer oft rätselhaften Herkunft haben wir das Privileg, unsere pockennarbige Abstammung zu kennen. Wir wissen, wo es wehtut. Glücklicherweise ist das schon die halbe Miete.

Echos und Verknüpfungen

Das Einmaleins der belastenden Kindheitserlebnisse besagt: Wir wiederholen unbewusst eine unerwünschte Kindheit, als läge der böse Blick auf uns:

- Das Kind, das von seinen Eltern schlecht behandelt wurde, behandelt sich als Erwachsener selbst häufig schlecht. Und vielleicht auch andere Menschen.

- Das Kind, das von seinen Eltern beschimpft und angebrüllt wurde, sucht sich als Erwachsener einen Partner, der ihn ebenfalls beschimpft und anbrüllt.

- Kinder, die zusehen müssen, wie ihre Eltern sich mit Alkohol zuschütten oder permanent rauchen, hassen das als Kinder, wiederholen dieses Verhalten aber später selbst.

Es ist entsetzlich unfair – und wir merken es häufig noch nicht mal. Wir reinszenieren ständig das, was wir kennen, auch wenn es uns

Angst eingejagt hat. Sich dies bewusst zu machen und das Echo zu verändern, ist das einzig wirksame Gegenmittel gegen den Fluch.

Ich lerne, dass ein Trauma wie ein weitgespanntes Stromnetz funktioniert. Ein akuter Schwall irgendwo im Netz, weit entfernt, schickt seine Echos bis in unser Heute und triggert eine Reaktion. Was wir als Vierjährige erlebt haben, kann durch diese Art Kurzschluss unser Verhalten noch mit 40 beeinflussen.

Ich fange an, auf meine Impulse, Verhaltensweisen, irrationalen Reaktionen und unlogischen Gedankensprünge achtzugeben. Und entdecke dabei, dass Dinge, die in meinen Augen keinerlei Verbindung hatten, in Wirklichkeit eng verknüpft sind. Mein unwiderstehlicher Drang zum Frühjahrsputz, wenn ich irgendwie in Schwierigkeiten stecke, hat seinen Grund. Ich kann den silbernen Draht verfolgen, der mein heutiges Ich mit dem der elfjährigen Cath verbindet.

Ich kann heute zurücktreten, um das Muster im Ganzen wahrzunehmen. Davor bin ich nur immer im dicksten Schlamassel gelandet, ohne auch nur ansatzweise zu ahnen, wieso. Sobald Sie wissen, warum Sie überreagieren oder Schmerz empfinden oder warum Sie aus zunächst unerfindlichen Gründen die Besteckschublade desinfizieren, können Sie sich mit erwachsenen Mitteln des Kurzschlusses in der Kindheit annehmen.

Empathen – die Kanarienvögel in der Kohlenmine

Ich weiß nicht, ob ich Empathin bin, aber meine Therapeutin meint: ja.

»Es ist, als könnte ich die Gefühle anderer Menschen spüren«, sage ich.

»Wie das?«, hakt sie nach.

»Nun, wenn ich im Zug neben jemandem sitze, der gestresst ist, fühle ich mich auch unter Stress. Das ist, als trügen diese Leute eine dicke Wolke mit sich herum, die mich einhüllt.«

»Geht es Ihnen auch mit geliebten Menschen so oder nur mit Fremden?«

»Mit Menschen, die ich mag, ist das noch stärker. Wenn die Person, die ich liebe, Ärger hat, und ich in ihrer Nähe bin, kann ich mich davon nicht lösen. Es ist, als hätte sie eine Aura um sich, in der ich mich verliere. Selbst wenn ich das Haus mit sonnigen Butterblumen-Gefühlen betrete, überfällt mich das Sturmtief, wenn mein Gegenüber gerade so empfindet.«

»Vielleicht sind Sie Empathin«, meint sie daraufhin.

Ein Empath ist ein Mensch, der die Emotionen anderer aufsaugt. Ihre Freude fühlt, ihren Schmerz, aber auch Stress und Trauer. Menschen mit einer emotional belasteten Kindheit werden häufig Empathen, weil es für Kinder eine nützliche Fähigkeit ist, die Gefühlslage der Erwachsenen rechtzeitig dechiffrieren zu können. Es schützt uns und vermag, uns die Zuneigung der anderen zu sichern, wenn wir nicht nur unsere fünf Sinne beisammenhaben, sondern auch den sechsten Sinn entsprechend schärfen.

Eine Studie aus dem Jahr 2018 zeigt, dass Menschen, die in der Kindheit Traumata erlebt haben, im Vergleich zu Menschen mit einer problemfreien Kindheit als Erwachsene eine »verstärkte Empathie« zeigen. Allerdings eine ganz *besondere* Art der Empathie. »Affektive Empathie« nennt sich das, und die Studie definiert sie als »Fähigkeit, auf den mentalen Zustand eines anderen Menschen mit einer gleichgearteten Emotion zu reagieren«. Kognitive Empathie ist hingegen »die Fähigkeit, die Gedanken und Gefühle anderer zu verstehen«. Diese aber ist bei Menschen mit belastenden Kindheitserfahrungen nicht stärker ausgeprägt.

Empathen sind nicht notwendig höhere Wesen, wenn es darum geht, sich in andere Menschen hineinzuversetzen oder verstandesmäßig zu begreifen, wie der andere sich fühlt. Aber wir können diese Gefühle sehr gut spiegeln, was jedoch dazu führt, dass wir uns diese mitunter »zuziehen«.

Das ist Segen *und* Fluch zugleich, wie unschwer einleuchtet. Als menschliche Antenne für Freude zu fungieren, ist natürlich toll. Auch die Tatsache, dass wir emotional die freudige Erregung anderer nachvollziehen können. Der libanesisch-US-amerikanische Dichter Khalil Gibran schrieb einmal: »Je tiefer die Sorge in dein Dasein schneidet, desto mehr Freude kannst du fassen.« Was eine ganz wunderbare Wahrheit ist. Wenn wir uns aber Aggressionen, Sorgen, Ärger oder Depressionen zuziehen beziehungsweise »fassen«, dann leiden die Empathen.

Natürlich gibt es da auch die Momente, in denen Sie mit dem geliebten Wesen mitfühlen wollen. Sie in ihrer Trauer, ihrer Frustration begleiten, um ihnen da durchzuhelfen. Aber wenn wir ständig die negativen Gefühlszustände anderer (unserer Kollegen zum Beispiel oder gar die Fremder) aufsaugen, wenn wir das weder wollen noch brauchen können, sollten wir lernen, uns weniger durchlässig zu machen.

Aber ich habe da einen Trick. Nehmen wir mal an, ich sitze in meinem Co-Working-Büro neben jemandem, der vor Stress dauernd seufzt. NA TOLL!, denke ich. Jetzt geht's los. Gleich kommt das Gewitter. Und anfangs lasse ich diese Gefühle tatsächlich herein. Ich lasse mich von ihnen überfluten wie von einer Welle. Wenn ich mich für sie öffne, kann sie durch mich hindurchfließen. Danach zieht sie sich immerhin wieder zurück. Allerdings kehrt sie dann auch erneut zurück. Da aber stelle ich mir vor, ich wäre in einer großen Blase, in einer Art Zorb Ball. Statt mich also bis auf die Haut durchnässen zu lassen, bleibe ich an der Oberfläche und damit trocken.

Und wenn ich mit einem geliebten Menschen eine Situation durchlebe, von der ich im Voraus weiß, dass sie vor Negativität nur so sprühen wird, begebe ich mich vorbeugend in meinen Zorb Ball. Anfangs hatte ich das Gefühl, dass ich den anderen damit betrüge, dass ich wenig liebevoll und fürsorglich bin. Heute weiß ich, dass dies eine ganz entscheidende Maßnahme ist, um meine geistige Gesundheit zu schützen. Wir müssen nicht als wandelnde Auffangbehälter für die Emotionen anderer durch die Gegend laufen. Wie eine Wassertonne auf Beinen. Wir können uns in kognitiver Empathie üben, statt als affektive Empathen fremde Gefühle aufzunehmen, ob wir das nun wollen oder nicht.

Wer ist denn heute wütend auf mich?

Neben der »affektiven Empathie« bringen negative Kindheitserfahrungen noch andere psychische Probleme mit sich, zum Beispiel die »erbärmliche Paranoia« (kein klinischer Begriff, sondern von mir erfunden).

Ein Cartoon im *New Yorker* (von Brendan Loper und Ellis Rosen) ließ mich neulich quietschen wie eines dieser Haustierspielzeuge, auf die man so gerne drauftritt. Er trägt den Titel »Wer ist heute sauer auf mich?«. Die Zeichnung zeigt einen Mann, der offensichtlich seinen Familienstammbaum studiert. Er reibt sich fragend das Kinn und überlegt, während er die Gesichter durchgeht: »Emi? Ben? Sam?«

Diese Zeichnung zeigt höchst anschaulich, was in meinem Kopf regelmäßig vorgeht. Alle zwei Wochen erwischt mich die »erbärmliche Paranoia« – und ich frage mich, welches Familienmitglied mich wohl nicht mehr liebt. Eine nicht beantwortete E-Mail löst bei mir eine tiefe Panik aus. Ich fühle mich, als würde ich ins Weltall abdriften, in die Leere, die eigentlich diese Antwort füllen sollte. Dann erzähle ich mir Geschichten, warum diese Person mich wohl nicht mehr leiden kann. Ich stelle mir vor, dass die Beziehung nun endgültig abgebrochen ist. Ich male mir aus, was sie sagt und was ich sage. Ich träume sogar davon. Es ist also *unglaublich entspannend.*

Und dann treffe ich die Person oder sie antwortet auf meine E-Mail oder wir unterhalten uns und ich entdecke, dass alles gut ist. Natürlich. Die Person hatte nur viel um die Ohren. Oder musste sich um andere Dinge kümmern, von denen ich nichts weiß.

Ich bringe dann Entschuldigungen wie: »Es tut mir leid, dass ich dir nicht öfter geschrieben habe, als du dir den Knöchel verstaucht hattest.« Weil ich mir eine unheilvollschwangere Geschichte ausgedacht habe, warum meine Cousine sauer auf mich ist. Und sie schreibt zurück: »Wovon redest du eigentlich, du dumme Nudel?«

Also ist doch alles gut. Ich spüre kurz eine wunderbare Wärme ... und dann finde ich jemand anderen, um den herum ich meine neurotischen Fantasien spinnen kann. »Aber der hasst mich jetzt wirklich? Oder etwa nicht? Vermutlich doch.« Eine Orgie aus Selbsthass und Narzissmus. Mithilfe von kindheitstraumagetriebenen Hormonen.

Es stellt sich heraus, dass ein normaler Mensch so etwas gar nicht macht. Wussten Sie das? Ich nicht. Ein normaler Mensch sucht nicht dauernd im Gesicht seines Gegenübers nach Indizien für verlorene Liebe. Oder glaubt, die Liebe in der Familie würde unvermittelt über Nacht ersterben. Oder denkt, die Eiszeit habe begonnen, wenn man eine SMS ohne Bussis abschickt.

Die Therapie zeigt mir, dass dieses Verhalten häufig ist, wenn wir irgendwann von *irgendwem* (wem auch immer) vermittelt bekommen, dass Liebe in der Familie von Bedingungen abhängt, sodass sie jederzeit entzogen werden kann, weil sie nicht beständig ist und davon abhängt, ob Sie »brav« waren.

Jetzt, wo mir das klar ist, kann ich den Wahnsinn der ständigen »Wer ist heute sauer auf mich?«-Fragerei auf diese Erfahrung beziehen. Ich kann mir die falsche Überzeugung ansehen und sie dann in die Tonne treten. Natürlich kriecht sie da trotzdem irgendwann raus, wie ein verhexter Gegenstand. Also muss ich sie immer und immer wieder hineinstopfen.

In neun von zehn Fällen bedeutet es nicht den Tod der familiären Zuneigung, wenn jemand mal sauer auf Sie ist. Denn familiäre Zuneigung ist bedingungslos, selbst wenn Sie sich noch so idiotisch aufgeführt haben. Familiäre Zuneigung erweist sich gewöhnlich als widerstandsfähig gegen alle möglichen Probleme, gegen Peinlichkeiten und Eiseskälte ebenso wie gegen unerklärliches, plötzliches Tauwetter. In der Liebe herrscht zwar ein ständiges Auf und Ab, aber sie ist immer *da*. Und sie hängt nicht von irgendwelchen Deals ab, von »Gibst du mir, dann geb ich dir«. Die Liebe ist kein Tauschhandel.

Wenn es tatsächlich in manchen Momenten an Liebe fehlen sollte, wenn sie nur unter Bedingungen gewährt wird, so ist das nicht unsere Schuld, sondern die desjenigen, der die Bedingungen stellt. Sehen Sie sich seine Beziehungen zu anderen Menschen an, denn in diesen wird sich das Muster wiederholen. Und schon fühlt sich das Ganze weniger persönlich an. Diese Leute verhalten sich allen gegenüber gleich. Und machen das nicht nur bei zurückgewiesenen, durchgefrorenen Wracks wie uns so. Das zu merken, ist eine Offenbarung.

Knöpfe

Wenn Sie auf bestimmte Dinge eine überschießende Reaktion zeigen, sitzt bei Ihnen an dieser Stelle vermutlich etwas, was ich als »Knöpfe« bezeichne. Der US-amerikanische Autor Michael A. Singer gebraucht in seinem Buch *Die Seele will frei sein. Eine Reise zu sich selbst* die Bezeichnung »Dornen«. Er empfiehlt, dass wir uns mit ihnen entspannen. Buddhisten sprechen hier häufig von »Verwundungen« – und sie raten, die Anhaftung an sie zu lösen. In der trockenen Welt heißen diese Dinge »Trigger«. Hier plädiert man dafür, sich auf das zu konzentrieren, was Sie kontrollieren *können* – Ihre Reaktion darauf. Halten Sie Ihre Seite der Straße sauber. Was auf der *anderen* Seite passiert, ist nicht Ihre Sache.

Meine Lektüre und meine Therapie haben mich auf eine völlig neue Idee gebracht. Ich erstelle eine Karte meiner »Knöpfe«. Ich gebe jedem einzelnen einen Namen. Meine Knöpfe sind: mich verurteilt oder kritisiert zu fühlen (ist ziemlich häufig); wenn ich das Gefühl habe, dass mir jemand sagen will, was ich zu denken oder zu tun habe (ich bin absolut davon überzeugt, dass jeder Mensch tun und denken sollte, was er will, und ich kann andere nicht kontrollieren); und wenn ich das Gefühl habe, dass jemand mich ausnützt (vor allem in puncto unfairer Arbeitsteilung im Büro).

Dann ist da noch: das Gefühl, jemand hetzt mich (Leute, die zu früh kommen und mich antreiben, obwohl sie ja schließlich zu früh sind); wenn man mir nicht genug Zeit/Ruhe für mich lässt (ich bekomme Kopfschmerzen, wenn ich überall das Tippen, Piepen, Klingeln von Handys höre); und wenn ich das Gefühl habe, manipuliert zu werden oder wenn man mir Schuldgefühle einredet (»Du bist nur dann ein guter Mensch, wenn du …«, oder: »Wenn du mich liebtest, würdest du …«).

Was noch besser ist: Ich weiß mittlerweile, wo all diese Knöpfe ihre Wurzeln haben und woher sie ihre Energie beziehen. Wenn jemand auf diese Knöpfe drückt, vielleicht auch noch auf mehr als einen, dann weiß ich, warum mich aufbringt, was diese Person sagt oder tut. Dann werde ich nicht bockig wie ein störrisches Pferd oder lasse routinemäßig bissige Kommentare vom Stapel, sondern habe die Wahl, wie ich reagiere.

Die Knöpfe werden nämlich ständig gedrückt, aber das heißt nicht, dass die Person, die das tut, sich negativ verhält. So ist einfach das Leben, Baby. Auf die Knöpfe zu achten, ist meine Aufgabe. Und wie ich reagiere, hängt ganz von mir ab.

Ich bin kein Spielzeug. Ich habe zwar Knöpfe, aber ich bestimme, wie ich reagiere, wenn jemand sie drückt. Sie sind auch kein Spielzeug. Wir sind Menschen und wir bestimmen unsere Reaktionen, ganz egal, was der Knöpfedrücker gesagt oder getan hat. Als fühlende Wesen (statt keifende Furien) verfügen wir über das, was ich gerne »die Gabe der goldenen Pause« nenne.

Wie sehen Ihre Knöpfe aus? Wenn wir sie benennen, eine Karte anlegen und sie zu ihren Ursprüngen zurückverfolgen, haben wir Macht über sie. Unsere Bocksprünge und unsere stereotypen Reaktionen werden damit unwahrscheinlicher.

Ein Rucksack voller Steine

Triggerwarnung: Hier – auf Seite 180 bis 184 – geht es um Erfahrungen von sexuellem Missbrauch.[11]

Viele Menschen schleppen auf diese Weise den einen oder anderen Stein mit sich herum. Manche aber haben den ganzen Rucksack voller Steine. Wir können durchs Leben gehen, ohne diesen je auszupacken. Die Steine stehen für Ereignisse in unserer Kindheit, in denen wir von Erwachsenen sexualisiert wurden.

Ich werde hier nicht über meine Steine berichten. Ein Mensch, selbst einer, der sich öffentlich über persönliche Dinge äußert und unbedingt an die Heilkraft dieser Worte glaubt, muss etwas für sich behalten können. Alles offenzulegen? »Oh, auf dem Weg liegt Wahnsinn!«, wie König Lear sagt.[12] Aber ich werde Ihnen von einem kleinen Stein erzählen.

Ich bin etwa zehn Jahre alt und ein Mann mit Bart passt auf mich auf. Ich kenne ihn. Ich fühle mich wohl mit ihm. Mein Bruder ist im Bett. Der Bärtige lässt mich länger aufbleiben, hat aber meinen Bruder zu Bett geschickt. Ha, lieber Bruder! Ich darf mehr als du!

Der Bärtige legt einen Film über Adam und Eva ein. Die beiden sind nackt. Wow! Der Film ist eigentlich erst ab 15 Jahren freigegeben. Ich weiß, dass es unartig ist, diesen Film anzusehen. Mein winziger Körper ist angespannt angesichts all der Hinterteile und Nippel.

---

[11] Menschen, die in Deutschland leben und sexuellen Missbrauch erfahren haben, können sich an das Hilfetelefon der Unabhängigen Beauftragten für Fragen des sexuellen Missbrauchs wenden: 0800/22 55 530. Auf der Website der Organisation finden Sie auch einen Link zur Onlineberatung: https://www.hilfe-portal-missbrauch.de/startseite. Und die Möglichkeit, Beratungsstellen in Ihrer Nähe zu finden.

[12] William Shakespeare, König Lear, III, 4, 21, in: Sämtliche Dramen – Tragödien, München 1969, S. 714.

Doch als der Bärtige vorschlägt, wir sollten unsere Kleider ausziehen wie Adam und Eva, schrillen bei mir die Alarmglocken. »Nein«, sage ich. »Ich will das nicht.« Ich rücke deutlich von ihm ab. Er lässt es. Er bedrängt mich nicht. Aber ich werde diese Szene und das Gefühl nie vergessen. Wie die Augen eines erwachsenen Mannes zum ersten Mal über meinen Körper gleiten.

Ich habe das nie jemandem erzählt. Warum? Weil der Bärtige mich von Anfang an Stillschweigen hat schwören lassen, schon als er das Video in den Rekorder schob. »Ich bekomme sonst Ärger, weil ich dich einen Film habe anschauen lassen, der erst ab 15 freigegeben ist«, sagte er. »Das muss also unser kleines Geheimnis bleiben. Schwörst du mir das?« Ich nicke feierlich mit meinem Lockenköpfchen. Ich lege die Hand aufs Herz und bin hin und weg davon, dass ich einen solchen Film angucken darf. Das ist echt Glamour!

Ich dachte, wenn ich etwas erzähle, was mit diesem Film zu tun hat (»Papa, der Typ gestern hat vorgeschlagen, dass wir uns nackt ausziehen«), würde ich selbst Ärger kriegen. Also ließ ich es bleiben. Ich wollte ja auch keine Petze sein. Mein kleiner Kopf ordnete das ein unter: »Spaß bei Filmen für 15-Jährige: so gut wie gar nicht!« Tatsächlich hatte es mir nicht gefallen.

Zwei Dinge treffen auf sämtliche Menschen zu, mit denen ich je über sexuellen Missbrauch gesprochen habe. Erstens: Alle denken, dass sie daran selbst schuld sind. Sie halten sich für »schlecht bis ins Mark«, obwohl sie noch klein waren. Zweitens: Viele Menschen, mit denen ich geredet habe, erzählten *tatsächlich* einem verantwortlichen Erwachsenen davon. Entweder glaubte man ihnen nicht (»Was du dir wieder einbildest!«; »Du bist eine echte Drama-Queen!«). Oder man warf ihnen vor, den Täter ermutigt zu haben.

Das ist oft dann der Fall, wenn ein Familienmitglied beteiligt war (was bei mir nie zutraf). Wenn die Belästigung von einem

Angehörigen ausgeht, ist der Drang, das Ganze zu verschleiern, erstaunlich verbreitet.

Daher muss das betroffene Kind nicht selten den Stein ganz alleine schultern, weil der verantwortliche Erwachsene nicht zulässt, dass es die Belastung mit ihm teilt. Es ist ja leicht, einem Kind zu sagen: »Das hast du nur geträumt.« Oder: »Du übertreibst.« Um das Erlebnis danach unter den familienbewahrenden Teppich zu kehren.

Als ob ein Neunjähriger je Geschichten über einen 50-Jährigen übertreiben würde, der sich zu ihm ins Bett legt und seinen Körper gegen den des Kindes presst. Oder darüber Fantasien entwickeln würde, die es mit der Wirklichkeit verwechselt.

Häufig ist es der Unglaube – das *Du hast dir das eingebildet* oder *Du bist selbst schuld* –, der ein winziges Loch in die winzige Seele reißt. Manchmal mehr als die Tat selbst. Denn wenn du diesen Stein einem Erwachsenen gibst, dem du vertraust, und der lehnt ihn ab oder verwendet ihn als Waffe gegen dich, dann bist du ein kleiner Mensch, der sich durch und durch schutzlos fühlt.

Wenn Sie sich in dem Gesagten wiederfinden, tut mir das zutiefst leid. Ich kann Ihnen diesen Stein nicht abnehmen, aber ich kann ihn eine Weile zusammen mit Ihnen halten. Ich glaube Ihnen. Und *selbstverständlich* tragen Sie daran nicht die geringste Schuld. Kein Kind sollte sich je verantwortlich fühlen für die Taten eines Erwachsenen.

Eltern sein für uns selbst

Viele Überlebende kindlicher Traumata haben in ihrem Kopf eine Stimme, die Therapeuten als »kritische Elterninstanz« bezeichnen. Häufig ist dies ein Echo der Eltern, aber sie kann auch einem Lehrer, einem Großelternteil oder einer anderen Bezugsperson gehören. Diese scharfzüngige Stimme labert uns jedes Mal voll, wenn wir etwas »falsch« gemacht haben. Sie sagt uns, dass wir faul sind, dumm, selbstsüchtig und natürlich eine Dumpfbacke, die zu nichts zu gebrauchen ist.

Häufig denken wir, wir bräuchten diese bissige Stimme der »kritischen Elterninstanz«, um unsere Aufgaben gebacken zu bekommen, auf dem richtigen Weg zu bleiben oder ein guter Mensch zu sein. Ich hatte eine besondere Vorliebe für das »Du bist ja so faul«-Narrativ entwickelt. Ich dachte immer, das würde mich motivieren. Und ich bildete mir ein, dass ich ohne diese Stimme nichts auf die Reihe bekäme.

Ich war ziemlich erstaunt, als ich entdeckte, dass ich *viel mehr schaffte*, wenn ich diese Stimme ersetzte durch ein ermutigendes »Komm, Kleines, du kannst das!«. Aber das war ja eigentlich klar. Ich weiß nicht, warum mich das so überraschte. Positive Verstärkung ist stets wirkungsvoller. Das weiß man heutzutage. Es steht schließlich in allen erhältlichen Elternratgebern. Und das gilt auch für die Momente, in denen Sie sich selbst Vater oder Mutter sind.

Wenn es uns nach einem Drink verlangt, brüllt uns der kritische Elternteil an: »Sei doch nicht so dämlich!« Oder: »Hast du denn gar nichts gelernt?« Es ist vielleicht sinnvoller, wenn wir mit dem Anteil unseres Selbst, der einen Drink möchte, so reden wie mit einem Kleinkind, das mitten im Winter im Einhorn-Badeanzug und Glitzersandalen zum Supermarkt gehen möchte. »Das ist keine so gute Idee, Liebes.« Und: »Das ist nicht unbedingt das Beste für dich.« Liebevoll und fürsorglich statt ungeduldig und missmutig.

Ich warf mir also den Mantel der »liebevollen Elterninstanz« um und ging zurück in das Zimmer, in dem die zwölfjährige Cath sitzt und glaubt, dass alle Menschen sie hassen, weil sie nicht liebenswert ist. Und ich drücke sie so richtig fest. Ich sage ihr, dass sie es durchaus wert ist, geliebt zu werden, auch wenn sie sich mal doof aufführt. Ich versichere ihr, dass alles in Ordnung kommt. Es wird noch einige Zeit dauern, bis es so weit ist. Sie wird in der Flasche Trost suchen und sich immer irgendwie wertlos fühlen. *Aber am Ende, Spätzchen, wird alles wirklich gut.*

Ironischerweise war es einer meiner wichtigsten Schritte als Elternteil meiner selbst, die Therapie aufzugeben. Ich bin sechs Monate lang jede Woche hingegangen. Nach jeder Sitzung hatte ich einen Therapie-Kater. Ich fühlte mich 24 Stunden lang matt, traurig, ja am Rande der Verzweiflung. Dann rappelte ich mich wieder auf und fühlte mich leichter. Aber mein Therapie-Kater bedeutete nicht, dass die Therapie nicht anschlug. Ganz im Gegenteil: Er ging darauf zurück, dass sie *wirkte*. Ich packte all meine Steine aus und zeigte sie jemandem. Zum ersten Mal. Das war natürlich anstrengend.

Dann aber stieg ich aus. Ich wollte nicht ständig weiter in den tintenschwarzen Tiefen der Kindheitstraumata bleiben. Wer sich selbst Vater oder Mutter ist, weiß, wann er aufhören muss, wann es genug ist, wann es Zeit ist, wieder in die sonnigeren Ebenen aufzutauchen. Ich hätte dort nicht ständig weiterleben können. Es war einfach zu intensiv. Wenn ich neue persönliche Herausforderungen zu bewältigen habe, werde ich wieder in Therapie gehen, aber meine Kindheit darf jetzt ruhen. Ihr unterstützender Elternteil wird wissen, wann es Zeit dafür ist, wenn Sie ihn erst einmal kennengelernt haben.

Eine traumatische Kindheit lässt sich nicht »reparieren«. Es gibt da keinen Knopf zum Löschen. Wir waren dort, wir haben das T-Shirt bekommen, Kids. Aber wir können unsere Zukunft ändern. Weil wir eben keine Kinder mehr sind. Wir sind jetzt groß.

Und das Schönste daran ist: Dass wir uns mit unseren belastenden Kindheitserfahrungen auseinandergesetzt haben, mit unseren Schaltkreisen, unserem Netzwerk, unseren Knöpfen, versetzt uns vielleicht in die Lage, besser lieben zu können. Nicht nur uns selbst, sondern auch andere.

Randbemerkungen zum Nüchtern-Flirten

Bars und Nachtklubs sind lebende, atmende Tinder/Grindr, zu denen wir keinen Zugang mehr haben, zumindest nicht zu der Zeit, in der die Leute langsam handgreiflich werden. Früher mussten wir nicht nach rechts wischen. Wir mussten einfach nur richtig aussehen.

Wir mussten keine 310 Botschaften austauschen und vor dem eigentlichen Treffen einen Telefonanruf wagen, um zu prüfen, ob der andere kein gemeingefährlicher Irrer ist. Wir haben Menschen einfach kennengelernt. Das digitale Feuerwerk zeigt dir ein Match an? Nee. Früher hat die bloße Nähe ein Feuerwerk im Bauch getriggert, und sei es nur in der Unterwäsche.

Wenn Sie nüchtern sind und nicht mehr 20 Stunden wöchentlich im Zwielicht der Bars zubringen und so gut wie keine Zeit beim Nachtklub-Fummeln in 3-D, ist es ungleich schwieriger, sich zu treffen, zu flirten und jemanden aufzureißen. (Und wie sich das in Zeiten von COVID-19 gestaltet, darüber will ich gar nicht erst reden.)

Als ich noch trank, schloss ich jede Woche Bekanntschaft mit Dutzenden potenzieller Verehrer. Die ich dann unter so vielsagenden Namen wie »Typ aus dem Red Lion« oder »Seltsamer Kerl aus dem Zug« im Handy abspeicherte. Kürzlich habe ich eine Suche über meine Textnachrichten laufen lassen und siehe da: Sie förderte einen Thread von Nachrichten zutage, der unter »Molekül-Typ« abgespeichert war. Scheiße, dachte ich, geht das jetzt wieder los?

Ich startete den Thread, als würde ich mit einer Handgranate umgehen. Vielleicht entpuppte er sich ja als ein Geist aus vergangenen Clubbing-Tagen. Aber nein. Jemand, von dem ich einen Kunstdruck gekauft hatte, wollte ihn liefern. Unglaublich solide, kein bisschen liederlich.

Aber wenn Sie sich mal erlauben, auf andere Art zu flirten, sozusagen vom anderen Ende her wie die Scheidenmuschel (die von den für die Fortbewegung von Fischen geltenden Gesetzen ausgenommen ist und sich daher nicht nur in der Horizontalen, sondern auch vertikal bewegen kann), werden Sie bald feststellen, dass es eine Menge anderer Fische gibt, die es genauso machen. Die potenziellen Partner in der Schlange beim Bäcker ansprechen. Oder im Co-Working-Büro. Oder im Park.

In der trockenen Welt lernen wir, sternhagelnüchtern zu flirten. Und je kühner Sie dabei werden, desto weniger müssen Sie auf Apps zurückgreifen. Je älter ich werde (und nach ungefähr 156 Internet-Dates), desto klarer wird mir, dass Apps uns häufig mit Menschen in Kontakt bringen, die sich wirklich nicht treffen sollten.

Wenn diese Person auf der anderen Straßenseite wohnt und Sie sich trotzdem nie getroffen haben wie zwei Parallelen, die sich eventuell nur im Unendlichen schneiden, dann *hat das vielleicht seinen Sinn*. Vielleicht mögen Sie und diese andere Person einfach unterschiedliche Leute und unterschiedliche Dinge. Vielleicht ist er ja eher der »Typ, der bei einem Gig schnell mal rausgeht, um einen Joint durchzuziehen«. Während Sie zum Typus »Spinning und dann Brunch« gehören. Ich bin der festen Überzeugung, dass Menschen, die sich organisch treffen, durch Freunde von Freunden, im Klettercenter oder bei einer Vernissage, grundsätzlich besser zusammenpassen.

Warum? Weil das weniger nach Torschlusspanik-Kauf aussieht. »Schnell, das Licht geht an. Greif dir den nächsten verfügbaren

Körper.« Den man nur aufgrund von Body-Mass-Index und hohen Wangenknochen ausgesucht hat. Und nicht nach Attributen, die bleiben, wie Witz oder Mumm. Und nicht, weil Sie schon »viel investiert« haben, weil Sie mit diesem gottverlassenen Menschen bereits vier Stunden lang Textbotschaften ausgetauscht haben und Sie verzweifelt versuchen, ihn trotzdem irgendwie anziehend zu finden, obwohl Sie das im Normalfall nie tun würden.

Und zu guter Letzt, liebe Freunde: Nüchternsein heißt vielleicht, weniger Verehrer zu haben. Doch die Matches, die Sie nicht alkoholisiert kennenlernen, sind den anderen deutlich überlegen. Weil die Chemie nicht durch Äthanol gesteuert wird. Und die Party im Höschen nicht von Sauvignon blanc.

Kids: Alkohol unter 21 heißt höheres Suchtrisiko

Mit 14 brachte ich den Abend in der Mitte des Kreisverkehrs von Wolverhampton zu.

An einem Abend gehe ich mit meiner Freundin Cerys in den Dorchester Nightclub, kurz »The Dorch«. Dieses ist sozusagen eine Art Zwischenhalt für jugendliche Missetaten. Alles, was Sie dafür tun müssen, ist, zweimal roboterhaft ein Geburtsdatum herunterzurasseln, das sich anhört, als wären sie etwas älter als 18. (Etwas von »18« zu erzählen, ist Quatsch. Jeder weiß das. Am besten ist 19.) Und dann ein unrechtmäßig erworbenes Studententicket vorzuzeigen oder einen gefälschten Uni-Bibliotheksausweis.

Obwohl wir jünger sind als die meisten hier (unsere Titten sehen noch aus, als hätte uns eine Biene gestochen, und Hüften sind quasi nicht existent), haben Cerys und ich nie ein Problem mit dem Reinkommen. Der Türsteher steht auf mich, was das Ganze leichter macht. (Tatsächlich bin ich schon mit 13 ins Dorch gegangen. Mit 16 macht der Türsteher klar, dass er jetzt endlich mal eine Gegenleistung erwartet, also hole ich ihm in seinem getunten Manta auf dem Parkplatz einen runter. Wie romantisch!)

Mit 14 werfen Cerys und ich uns in unsere geblümten Kleidchen und legen Rimmel-Lippenstift, Farbe »Heather Shimmer«, auf. Dann dieseln wir uns mit Körperspray (White Musk) ein, platzieren unsere Nasenpiercings und schütteln das Geld für zwei Buskarten aus meinem silbernen Sparschwein.

Meiner Mutter sagen wir, wir würden ins Kino gehen, und schleichen dann, so leise wie es in unseren kirschroten Doc Martens eben geht, über das Flachdach vor meinem Fenster. Wir lassen uns runter, stehen im Park und verkneifen uns das Kichern (was nur bedingt gelingt). Wir stapfen durch den stockfinsteren Park (Sicherheit geht schließlich vor!) zur Haltestelle der Buslinie 1.

Eine Literflasche White-Lightning-Cider später stolzieren wir herum wie das fünfte und sechste Mitglied der Indie-Band Sleeper. Wir nicken mit dem Kopf zu The Stone Roses, hüpfen herum zu House of Pain und schreien bei The Levellers laut mit, dass es keinen anderen Weg gäbe. Und bringen all die Möchtegern-Evan-Dandos dazu, uns Drinks auszugeben.

Natürlich verpassen wir den letzten Bus nach Hause. Und eine Taxifahrt für 20 Pfund heim nach Dudley ist für unser Budget ungefähr so machbar wie der Kauf eines Learjet. Da stehen wir also an der kahlen Bushaltestelle und müssen überlegen, wie wir eine fünfstündige Wartezeit überstehen, bis der erste Bus am Morgen geht.

Eine Weile stehen wir in einer Telefonzelle und debattieren, wen wir um zwei Uhr morgens anrufen könnten, ohne Ärger zu bekommen. Hmmm. Niemanden. Wir können unsere Eltern nicht anrufen, weil es sonst einen Atomkrieg gäbe, der sich über unsere 14-jährigen Häupter entlädt. All unsere Freunde schlafen längst. Und Mobiltelefone haben zu jener Zeit nur Rapper oder CEOs mit dicken BMWs. Wir haben also keine direkte Verbindung zu den Freunden.

Glücklicherweise ist es eine warme britische Sommernacht, die alle dazu verführt, ihre T-Shirts zu lupfen und die Titten zu bräunen. Die Luft vor dem Chicken Licken ist warm vom Grill, auch der Bürgersteig fühlt sich warm an. Einen Haken aber gibt es. Wolverhampton ist nach Mitternacht in etwa so sicher wie das Männergefängnis Wormwood Scrubs. Wir werden vielleicht nicht frieren, aber möglicherweise bringt uns jemand um.

Ein Wahnsinnsabenteuer. Ich bin ganz hin und weg.

»Ich hab's«, rufe ich aus. Ich zeige auf einen Kreisverkehr, in dessen Mitte ein paar struppige Büsche stehen. »Verstecken wir uns doch dort.« (Als Plan war das halb idiotisch, halb naiv. Andererseits ... wie viele Serienmörder, Pädophile oder schwertschwingende Samurai-Spinner nehmen schon die Abkürzung durch einen Kreisverkehr, weil sich da möglicherweise zwei Teenies verstecken? Eben!)

Mit unseren letzten 50 Pence kaufen wir in der rund um die Uhr offenen Tankstelle ein Weißbrot und verkriechen uns für die Nacht im Kreisverkehr. Umrundet von Verkehr, bestrahlt von hellem, durch die Büsche gedämpften Licht läuft da gar nichts mit der autonomen sensorischen Meridianreaktion (ASMR). Wir brechen Stücke vom Brot ab und stopfen es uns in den Mund, als wären wir zu groß geratene Entchen.

Diese Nacht war vermutlich das beste Campingerlebnis, das ich je hatte. (Was die Leute am Campen finden, werde ich nie begreifen.) Und doch waren wir noch Kinder. Wirkliche Kinder. Wenn ich heute eine 14-Jährige sehe, sehe ich Knie, Ellbogen und

Hormone, die gegen die letzten Reste der Kindlichkeit ankämpfen. Und dann fällt mir ein, was ich in deren Alter schon alles angestellt habe. Allein der Gedanke, was uns in jener Nacht hätte alles passieren können, lässt mir das Blut in den Adern gefrieren.

Eine bahnbrechende US-Studie aus dem Jahr 1998 fand heraus, dass Menschen, die mit 15 oder noch jünger zu trinken anfangen, eine um das Vierfache erhöhte Wahrscheinlichkeit haben, eine Sucht zu entwickeln, als Leute, die sich damit Zeit lassen, bis sie 21 sind. (Aber wer bitte fängt erst mit 21 zu trinken an?!? Doch es gibt solche Menschen. Ich bin mir da völlig *sicher*.)

Wie unrealistisch die 21 Jahre auch sein mögen, so vernünftig klingen doch die 18 Jahre, oder? Tatsache ist: Der Prozentsatz der Suchttrinker reduziert sich mit jedem Jahr, in dem die Teenies nicht trinken beziehungsweise keine Drogen nehmen, um vier bis fünf Prozent. Heißt es in der Studie. Ein Teenie, der erst mit 18 zu trinken anfängt statt mit 14, hat eine um 20 Prozent *reduzierte Wahrscheinlichkeit*, eine Sucht zu entwickeln. Die Chance würde ich heute nützen.

»Die Daten sind kristallklar, wo es um das frühe Trinken und die Suchtwahrscheinlichkeit geht«, sagt Dr. Judith Grisel. Und ich will wissen, warum das so ist. »Jüngere Menschen lernen schneller, und das gilt auch für die Sucht. Ja, das Gehirn ›erlernt‹ die Sucht, auch wenn wir mit Lernen immer positive Dinge assoziieren«, so Dr. Grisel. »Je früher wir anfangen, desto mehr lassen wir uns darauf ein, ob es nun um eine Fremdsprache geht, um ein Instrument oder eine Sportart. Wenn ein Kind früh beginnt, Drogen zu nehmen, ist das Gehirn noch sehr plastisch und formbar«, erklärt sie. »Und desto wahrscheinlicher ist es, dass es sie auf eine Weise benutzt, die in die Sucht führt. Mit 15 besitzt unser Gehirn eine höhere Neuroplastizität als mit 18.«

Der Grund dafür, dass manche Jugendliche schon früher trinken, sind einmal mehr belastende Kindheitserfahrungen. Erinnern Sie sich noch? Die Psychologin und Neurologin meinte ja, dass solche Erfahrungen und früher Substanzgebrauch sozusagen Zwillinge sind. Fast nicht auseinanderzuhalten? Ja, genau darum geht es.

»Ein Trauma ist häufig der Katalysator fürs Trinken im Teenageralter«, fährt Dr. Grisel fort. »Das führt dann zur späteren Abhängigkeit. In meinen Augen ist es präziser zu sagen, dass früher Substanzgebrauch der aussagekräftigste Vorhersagefaktor für eine spätere Sucht ist. Selbst wenn die Daten auf belastende Kindheitserfahrungen verweisen.« Höchst in-ter-essant.

Trinkertraining

Dass ich so früh Bekanntschaft mit dem Alkohol machte, lässt mich vielleicht recht wild erscheinen, aber tatsächlich war ich, verglichen mit den Leuten, mit denen ich so abhing, ziemlich brav. Alle diese Leute kamen aus wohlhabenden, privilegierten Familien. Aber trotz unserer duftkerzenvernebelten Mittelschichtheime waren wir Missetäter. Mit 13 war unsere Trinkerkarriere schon in vollem Gang: *Smells Like Teen Spirit* sang Kurt Cobain.

Mit 14 gingen wir in Nachtklubs ein und aus. Alle Mädels dateten Kleinganoven, die dealten. Das war einfach so. Wir trugen T-Shirts von den Smashing Pumpkins und Vans, lasen John Donne und Jane Austen. Und wir rissen uns den Arsch auf, um nicht nur Einsen zu bekommen, sondern eine Eins plus. Haben das Teenager in den Neunzigern so gemacht? Ich weiß es nicht.

Ich habe gesehen, wie Kinder unter zehn Jahren von Papa einen Schluck Bier bekommen haben. Oder zu Weihnachten einen

Fingerhut Gin Fizz oder Baileys. Wir bringen unseren Kindern das Trinken bei. Wir nehmen einfach an, dass sie sowieso trinken würden. Und ich habe mitbekommen, wie Leute, die über 18 sind und nicht trinken, von ihren Eltern blöd angequatscht werden. (In Irland, wo das Saufen ja weitverbreitet ist.) »Mach dich mal locker! Trink ein Bier!«

Wie andere auch, habe ich dieses Trinkertraining für Jugendliche mitgemacht. Mit 27 war ich zu Gast bei einer Familienfeier in einem süßen irischen Cottage mit offenem Kamin, Schüreisen und unglaublichen Geschichten. Die 15-jährige Tochter meiner entfernten Cousine war auch da, mit einer Freundin. Die beiden fragten mich aus über das Journalistendasein bei Hochglanzmagazinen und machten große Augen, als ich ihnen von Fotoshootings, freiem Eintritt und Anfragen von A-Listen-Presseagenten erzählte.

»Ich hole mir einen Drink? Wollt ihr auch was?«, sagte ich nach etwa einer halben Stunde. »Ach nein, wir bleiben bei der Limo, wir sind ja erst 15«, meinte daraufhin die Freundin. »Ich kann euch ein bisschen Cider reinkippen, wenn ihr das möchtet«, antwortete ich und zwinkerte ihnen verschwörerisch zu, ganz das coole ältere Chick. Ich benebelte sie mit ganzen drei Limo-Ciders und schwärmte ihnen vor, wie toll das Trinken sei.

Die Freundin kotzte draußen. Ihr Vater nahm sie und die Tochter meiner Cousine ins Gebet und wollte wissen, was sie getrunken hätten. Ich sah, wie sein flammender Blick mich traf. *Oh, oh, das ist schiefgegangen.* Der Mann schleifte mich vor die Tür und hielt mir eine Standpauke, die ich nie vergessen werde.

Da stand ich nun, in dem romantisch frostverzuckerten Garten und schürzte die Lippen wie ein zu Unrecht gescholtenes Kind, während er mir Sachen an den Kopf warf wie »verantwortungslose Erwachsene« oder »schlechtes Beispiel«. Die Worte quollen in weißen Wölkchen heraus und blieben anklagend zwischen uns hängen. Ich starrte die Wölkchen an, um ihm nicht ins Gesicht sehen zu müssen.

Die Ironie am Ganzen aber war: Wir hatten an jenem Abend beide ganz schön was gekippt, nicht nur ich. Teenagern Drinks schmackhaft zu machen, ist völlig klar falsch. Aber indem wir uns regelmäßig betrinken, senden wir eine gar nicht mal so unterschwellige Botschaft: Das ist es, was Erwachsene tun, wenn sie Spaß haben wollen. Daran denke ich häufig: Wie oft ich für die jungen Leute in meiner riesigen irischen Familie zum betrunkenen Anti-Helden wurde. Viel zu oft jedenfalls.

Teenies auf Null-Alkohol-Kurs

Aber die Zukunft zeigt so manchen Silberstreif am Horizont. Dass Teenies nicht mehr trinken, ist immer häufiger eine Schlagzeile wert: »Teentotalling« nennt man das in England. 2018 ergab eine Befragung von 10 000 18- bis 24-Jährigen ein Faktum, das in der gesamten Presse Schlagzeilen machte. Fast ein Drittel – nämlich ganze 29 Prozent – gaben an, dass sie nicht trinken. (Im Jahr 2005 waren es 18 Prozent.)

Eine Studie der National Union of Students ergab, dass nicht nur viele junge Leute nicht trinken, sie haben sogar *noch nie* getrunken. Ein Fünftel der Studienanfänger hat noch keinen einzigen Tropfen Alkohol getrunken. Das ändert allerdings nichts an der Tatsache, dass 70 Prozent von ihnen das Gefühl haben, zum Trinken gedrängt zu werden.

70 Prozent – das ist alarmierend, aber doch eine Verbesserung. Als ich noch studiert habe, wären es vermutlich 99 Prozent gewesen. Unsere Freizeit haben wir ausschließlich in Kneipen zu-

gebracht. (Über Nachtklubs wurde damals nicht debattiert. Wir verbrachten sowieso jede Nacht im Klub.) Da gab es die Frenzys, Beer Pongs, VodBull- oder Fever-Nächte. Was sich alles anhört wie Krankheiten, für die man Anfang des 20. Jahrhunderts jemanden noch in eine Zwangsjacke gesteckt oder Blutegel auf den Rücken gesetzt hätte.

Hätte ich bei diesen Partys, bei denen das Bier 99 Pence kostete, mal gesagt, dass ich nichts trinke, hätten meine Kommilitonen mich vermutlich auf einen Zahnarztstuhl geschnallt und mich mit schnapsversetztem Cider abgefüllt. Und natürlich hätte ich es umgekehrt genauso gemacht.

Aber ich wollte mehr über die Teens herausfinden, die nicht trinken. Also fragte ich frühe Nichttrinker: die Generation Z, im Alter von 18 bis 24 Jahren. Ich wollte wissen: Warum trinkt ein Drittel von euch nicht? Und ist das okay oder nimmt der Druck der Gleichaltrigen zu?

Was mir am meisten auffiel: Die Generation Z meinte, es sei für sie schwer, Freunde zu finden, die nicht trinken. »Diese Statistik gibt meine Erfahrungen nicht wieder«, erzählte mir die 21-jährige Ella. »Manchmal frage ich mich, ob es eine Korrelation zwischen dem Nichttrinken und den Antworten auf solche Fragen gibt ...«

Sie stößt immer wieder auf Gegenwind, weil sie in jungen Jahren aufgehört hat zu trinken. »Wenn ich nichts trinke, höre ich meistens: ›Du hast doch noch dein ganzes Leben vor dir. Glaubst du nicht, du verpasst was?‹ Ironischerweise verpasse ich doch eher was, wenn ich mich an nichts erinnern kann!«, sagt sie und lacht.

Aber es gibt auch Positives zu berichten. »Meine Eltern, die beide über 50 sind, haben nie richtig viel getrunken, so wie ich das getan habe. Daher begreifen sie nicht, dass ich nüchtern bleiben will. Meine früheren WG-Genossinnen (um die 20 oder Anfang 30) haben mich da eher verstanden. Aber mittlerweile gibt es ja Online-Communitys für Nüchterne. Das ist toll, um Leute kennenzulernen. Am liebsten mag ich Sober & Social oder die Sober Girl Society.«

Viele nüchterne junge Leute haben ihre Eltern trinken sehen und wollen schon deshalb nicht das gleiche Schicksal erleiden. Das traf auf den 24-jährigen Rob zu. »Ich konnte den Guinness-Geruch meines Vaters und die Weinfahne meiner Mutter nicht ertragen. Mit 16 hatte ich über Alkohol absolut nichts Gutes gehört, also blieb ich dabei. Heute bin ich Anfang 20 und werde es wohl nie ausprobieren. Das anderen zu erklären, ist meist schwierig, weil ich ja keinen ›richtigen‹ Grund dafür habe. (Ich finde auch nicht, dass ich so einen brauche.) Ich bin einfach nicht daran interessiert.«

Wie Ella hat auch die 18-jährige Becky die Erfahrung gemacht, dass sie von Altersgenossen eher verstanden wird als von der Elterngeneration. »Bei meinem ersten nüchternen Weihnachtsfest besuchte ich eine Kinovorstellung und hing mit Freunden herum. Ich fühlte mich so unglaublich stark. Anfangs war ich nervös. Aber sobald ich erklärte, warum ich nicht trinke (Angst, auch vor dem Kontrollverlust, Reue und Scham), waren meine Freunde sehr verständnisvoll. Den meisten ging es ohnehin ähnlich.«

Die 19-jährige Leona hatte da schon mehr Ärger, aber sie sagt, dass das Positive überwiege. »Ich bin nun ein Jahr trocken, nachdem ich immer wieder in Situationen geriet, die bestenfalls peinlich, schlimmstenfalls wirklich gefährlich waren«, erzählt sie. »Es kann recht schwierig sein, an der Uni nüchtern neue Freunde zu finden. Manche meiner Altersgenossen lachen, fragen, warum ich nichts trinke, und sagen mir, ich solle es doch ruhig probieren. Es kann verdammt einsam werden, wenn alle anderen trinken. Und alles, was du willst, ist ein Plauderstündchen im Café. Meine geistige Gesundheit hat sich um das Zehnfache verbessert. Außerdem habe ich wunderbare Menschen an meiner Seite, die mich unterstützen.«

Teddybärs Champagnerfrühstück

Ich habe gute Neuigkeiten für all meine Generation-Z-Fallstudien: Die verstärkte Neuroplastizität bei den jugendlichen Trinkern hat auch ihr Gutes, meint Dr. Grisel. »Das Risiko, eine Sucht zu entwickeln, ist umso höher, je jünger sie anfangen. Aber sie erholen sich auch schneller, wenn sie Anfang 20 zu trinken aufhören. Das Gehirn entwickelt sich nach dem 21. Lebensjahr langsamer, aber es ist erst mit 25 wirklich ausgereift«, fügt sie hinzu. Da das Gehirn vor dem 25. Lebensjahr also immer noch sehr »plastisch« ist, haben es die jungen Leute, die aufhören wollen, laut der Psychologin und Neurologin tendenziell leichter. Diese Helden und Heldinnen, die früh aufhören, liegen damit also goldrichtig.

Zu guter Letzt noch dies: Tun Sie mir doch bitte einen Gefallen, wenn Sie nächstes Mal auf Facebook auf ein Bild stoßen, wie jemand einem Neunjährigen Alkohol zu trinken gibt. Wenn die Person ein Bild von sich und dem Kleinen bei einem Champagnerfrühstück postet, mit alten Gläsern und Teddybären als Gäste: Liken Sie so etwas nicht. Verteilen Sie keine Herzchen. Und keine Kommentare wie »Ach, wie süß«. Schreiben Sie auch nicht, dass sie das Foto rausnehmen sollen, denn damit verärgern Sie die Leute bloß.

Wenn Sie die Person gut kennen, können Sie ja nächstes Mal ganz unverbindlich einfließen lassen, dass Trinken in jungen Jahren später häufig zur Sucht führt. Vielleicht kommt es ja zur Erleuchtung. Wir brauchen einfach mehr Bewusstheit in dieser Hinsicht. Keine *Verurteilung*. Bewusstheit!

»Was ist da schon dabei?!«, heißt es dann meistens. »Die Flüssigkeit im Champagnerglas war Wasser.« Aber tun wir so, »als ob« es Champagner wäre, wenn wir mit unseren Kleinkindern anstoßen, vermitteln wir ihnen eine Botschaft: »Eines Tages, mein Liebling, wirst du auch Champagner trinken. Und du wirst glücklich sein, ist dieser Tag erst mal da!« Auf diese Weise verankern wir die Verbindung von Alkohol und Belohnung sehr früh in ihrem Gehirn. Und beschleunigen damit den Einstieg ins Trinken.

Alkohol ist ein rauchender Colt. Bei jungen Menschen bewirkt er einen frühzeitigen Tod. Eine Studie der WHO von 2016 stellte fest, dass Alkohol für einen von vier Todesfällen bei 16- bis 24-Jährigen verantwortlich ist.

»Besonders gefährlich ist der Abend, an dem man legal zu Alkohol greifen darf – mit 18 in Großbritannien, mit 21 in den USA. Die Leute stellen dann vor diesen jungen Menschen ein Glas nach dem anderen hin, weil sie nett sein möchten«, sagt Prof. David Nutt. »Da Kinder tun, was Sie tun, nicht, was Sie sagen, sollten Sie nicht ausgerechnet die Person sein, die ihnen einen Drink spendiert.«

Warum in aller Welt ermutigen wir unsere Kinder, zu Trinkern heranzuwachsen, und geben ihnen sogar Alkohol, wenn sie noch nicht volljährig sind? Trotz all dieser eindeutigen Daten? Wie wäre es, wenn wir ihnen beibrächten, auf gesellschaftlichen Events *nicht zu trinken*? Der *Druck zum Trinken* ist von anderer Seite schon hoch genug.

Eleanor, eine Leserin meiner Bücher, erzählte mir folgende Geschichte: Sie und ihr Mann trinken nicht mehr, also haben sie auch nie Alkohol im Haus. »Dann fragen die Leute immer, ob ich keine Angst hätte, dass meine Kinder mal alkoholabhängig werden, weil sie den Umgang mit Alkohol nie gelernt hätten!«

Was für eine verdrehte Logik! Hier geht man davon aus, dass nur Trinker gegen die Sucht gewappnet sind. Tatsächlich ist das Gegenteil der Fall. Ein Zuhause, in dem Alkohol jederzeit zur Verfügung steht, macht einen frühen Einstieg viel *wahrscheinlicher*.

Jugendliche können Alkohol nicht einfach so kaufen. Und Fremde tun das höchst selten für sie. (Heutzutage, in den Neunzigern war das noch anders.) Wenn also kein Alkohol vorhanden ist, warten sie vielleicht, bis sie wenigstens ungefähr im richtigen Alter sind. (Wenn sie überhaupt mit dem Trinken anfangen.) Logisch ist somit, dass Eleanor und ihr Mann das Risiko, ihre Kinder zu Suchttrinkern zu machen, massiv senken.

»Die Leute sagen dann: ›Aber bei euch ist Alkohol einfach nicht normal‹«, fügt Eleanor hinzu. »Aber genau das möchte ich auch nicht. Wenn ich mit meinen Kindern über Alkohol spreche, behandle ich ihn wie jede andere Droge. Ich erzähle ihnen, was er dem Gehirn antut und dass er süchtig macht. Ich stehe nicht mit erhobenem Zeigefinger da und sage: ›Du sollst nicht trinken!‹ Aber ich bringe ihnen eben auch nicht bei, dass das Trinken ein notwendiger Initiationsritus ist.«

Warum sagt man Schwangeren immer noch »Ein Glas schadet doch nicht«?

Es überrascht mich keineswegs, dass vier von zehn Britinnen selbst während der Schwangerschaft trinken. Ich hätte es jedenfalls getan, wäre ich in meiner Trinkerzeit schwanger geworden. Und der Großteil der Gesellschaft hätte mich dazu ermutigt.

Erst kürzlich war ich auf einer Party für eine werdende Mutter und sah, wie die anwesenden Frauen die Schwangere zum Trinken förmlich überredeten. Irgendwann gab sie nach und nippte widerwillig an einem Glas Sauvignon blanc, das sie nie wollte.

Bis vor wenigen Jahren dachte man sogar, dass ein oder zwei Drinks einer Schwangeren nicht schaden würden. Heute geht man vonseiten des britischen Gesundheitssystems auf der Grundlage neuester Daten davon aus, dass es am sichersten ist, keinen Tropfen zu trinken, um das Risiko für das Kind maximal zu reduzieren.

2017 wurde im *British Medical Journal* eine Studie veröffentlicht, die zeigte, dass »der Konsum von bis zu vier Einheiten Alkohol pro Woche während der Schwangerschaft das Risiko, ein sehr kleines Baby zu bekommen, um acht Prozent erhöhen würde – verglichen mit einer Mutter, die keinerlei Alkohol getrunken hat. Es wurde auch ein Zusammenhang festgestellt zwischen Alkohol und dem erhöhten Risiko für eine Frühgeburt, aber dieser war nicht ganz eindeutig.«

Daher der Rat: Null Alkohol ist am allerbesten. Doch immer noch redet man werdenden Müttern ein, dass ein Glas bestimmt nicht schaden würde. Vielleicht sollte der Gesundheitsminister mal eine Kampagne starten, die klarmacht, wie die Empfehlung lautet – und zwar nicht nur für die Schwangeren, sondern auch für ihr Umfeld.

Widersprüchliche Botschaften

Im Herbst 2017 geisterten plötzlich Meldungen durch den Blätterwald, die der neuen Richtlinie des Gesundheitssystems zu widersprechen schienen. Selbst der korrekte, gewöhnlich so vorsichtige *Guardian* schrieb: »Experten sagen: Es gibt keine eindeutigen Belege, dass geringer Alkoholkonsum in der Schwangerschaft schädlich ist!«

Es stellte sich heraus, dass es in der Studie der University of Bristol hieß, es gebe dafür keine Belege. Nicht, es gebe Belege, dass dem nicht so ist. Man wollte damit zu mehr Forschungsarbeiten anregen. »Unsere umfassende Überprüfung ergab, dass dieses spezielle Thema nicht gründlich genug untersucht wird, wenn überhaupt.« Das war das Fazit, das der Studienleiter im *British Medical Journal* veröffentlichte.

Und das dann in der Presse vollkommen verzerrt wurde. Zum Klickköder umgedeutet. Lasen schwangere Frauen nur die Schlagzeile und die ersten Sätze, konnten sie den Eindruck gewinnen, dass es ihrem Baby nicht schadet, wenn sie geringe Mengen Alkohol trinken.

Eine verantwortungsvolle Schlagzeile hätte so ausgesehen: »Experten fordern Untersuchung, ob Trinken in geringem Umfang in der Schwangerschaft schadet.« Das hätte *korrekt* zusammengefasst, was die Studie aussagte. Aber so wäre die Klickrate vermutlich gesunken.

Die Presse sollte sich auf eine verantwortungsbewusste Berichterstattung konzentrieren, statt die Fakten zu opfern, um mehr Traffic auf Websites zu generieren. Wir als Gesellschaft sollten Schwangere darin bestärken, nicht zu trinken, statt weiter Drinks zu kippen.

Ich habe keine Kinder und war auch nie schwanger, also habe ich ein paar Schwangere sowie Mütter gebeten, mir von ihren Erfahrungen rund ums Trinken beziehungsweise Nichttrinken zu berichten. Ich wollte wissen, was man ihnen geraten hatte und ob Druck auf sie ausgeübt wurde.

> »Ich hatte den Eindruck, die anderen Mütter fühlten sich durch mein Nichttrinken verurteilt«

Holly erzählt:

Während ich mein drittes Kind bekam, ging ich im sechsten Monat mit ein paar Kolleginnen zum Mittagessen. Ich bestellte mir einen Softdrink. »Ach, trinkst du denn nichts? Bella hat während der Schwangerschaft schon getrunken«, sagte eine Frau. Sie zeigte auf Bella, die während ihrer Schwangerschaft zu jedem Mittagessen zwei Mimosa-Cocktails trank. Ich sagte nur: »Nein danke.« Und dann kam von ihr: »Aber die Ärzte sind der Ansicht, das sei in Ordnung. Schließlich gab ich andere Gründe für mein Nichttrinken an, zum Beispiel: »Ich habe Kopfweh.« Oder: »Ich bin zu müde.« Es schien einfach nicht ausreichend zu sein, dass in mir ein kleiner Mensch heranwuchs.

Ich sagte nie etwas zu den Frauen, die weitergetrunken haben. Ich wollte nicht, dass sie sich von mir verurteilt fühlten. Ich persönlich genoss es, nicht zu trinken, weil ich schwanger war. Damit war die innere Debatte, ob Alkohol oder nicht, ein für alle Mal vom Tisch.

Als ich stillte, ging das mit dem Druck weiter. Eine Freundin erzählte mir, sie hätte, während sie stillte, keine Zwiebeln essen können, drängte mir aber ständig Champagner auf und meinte: »In der Stillzeit ist das schon in Ordnung, schließlich ist der Alkohol ohnehin in deinem System.« Ich nahm ein paar Schlucke, um einen Konflikt zu vermeiden und das Thema vom Tisch zu haben.

Inzwischen bin ich seit zwei Jahren nüchtern, und ich habe meinen Freunden immer noch nicht erzählt, dass ich nicht mehr trinke. Ich fürchte mich davor. Und dabei fühle ich mich eine Million Mal wohler als vorher. Als ich noch trank, war ich reizbar, und jedes Wochenende war eine Qual. Ich schnauzte ständig die Kinder an, sie sollten sich beeilen und ins Bett gehen, nur damit ich mir abends noch einen Drink eingießen konnte. Jetzt bin ich viel ruhiger.

»Eine Hebamme empfahl mir das Trinken während der Schwangerschaft«

Caroline berichtet:

Ich bin zum ersten Mal Mutter und habe mit dem Trinken schon 18 Monate vor der Schwangerschaft aufgehört. Es hat mich überrascht, wie sehr das Trinken in der Schwangerschaft plötzlich in Mode war. Ich habe ein Buch gelesen, in dem sich ein ganzes Kapitel nur mit der Frage beschäftigte, wie man den Eindruck aufrechterhalten könne, man würde während der ersten drei Schwangerschaftsmonate trinken.

Viele empfahlen, eine Flasche Champagner in die Krankenhaustasche zu packen. Ich hörte den Podcast einer Hebamme, die meinte, es wäre gut, während der Wehen zwei Gläser Wein zu trinken, um sich besser entspannen zu können. Ihre Argumentation: Die bei der Geburt verabreichten Pethidine seien ein Opioid. Schlimmer könne Alkohol auch nicht sein.

Bei vier von fünf Treffen meiner Geburtsvorbereitungsgruppe war Alkohol ein Thema – wie sehr die Mütter ihn vermissen und wie sie sich darauf freuen, wieder trinken zu können. Ich sagte: »Mir fehlt es, auf dem Bauch liegen zu können.« Da meinte eine andere: »Mir fehlt der Wein einfach total.« Ihr Gesicht verzog sich sehnsüchtig. Hier empfinde ich wirklich Mitgefühl. Mir wäre es sicher genauso ergangen, hätte ich vorher nicht ganz mit dem Alkohol aufgehört.

Nie hatte man mich gefragt, ob ich das Trinken in der Schwangerschaft vermisst hätte. Daher musste ich auch nie sagen: »Ich trinke nicht.« Lieber bemerkte ich gar nichts. Ich möchte nicht, dass sich jemand dafür verurteilt fühlt. Wenn sich jemand dafür interessiert, wie das so ist, dann würde ich schon etwas sagen.

Das Erste, was unsere Stillberaterin uns mit auf den Weg gab, war: »Ja, Sie dürfen Alkohol trinken.« Aber wo ist denn da die Logik? Wenn alles, was ich esse oder trinke, sich auch in meiner Milch wiederfindet, Koffein beispielsweise, wieso dann nicht auch der Alkohol?

Ich freue mich, dass ich eine alkoholfreie Mutter bin. Die Autorin Annie Grace sagte mal, sie hätte zwei Babys großgezogen, während sie noch trank, und die schlaflosen Nächte seien schrecklich gewesen. Ihre jüngste Tochter habe sie bekommen, da sei sie trocken gewesen – und sie hätte die Nächte durchaus wegstecken können. Das ist doch eine echte Erleichterung!

»Es quält mich immer noch, dass ich als Schwangere mal zwei Gläser Alkohol getrunken habe«

Katie vertraut mir an:

Acht Monate nachdem mein Sohn Seb zur Welt kam, bemerkten wir ungewöhnliche Verhaltensweisen. Er hielt immer die Arme im Ellbogen angewinkelt hoch. Ärzte nennen das die »Siegerhaltung«. Wir fanden das irgendwie niedlich. Ein oder zwei Monate später machte er das auch, wenn er in seinem Hochstuhl saß. Er griff nach dem Essen, dann aber gingen automatisch die Ärmchen wieder nach oben.

Also ging ich mit ihm zur Kinderärztin. Eine ihrer ersten Fragen war: »Haben Sie während der Schwangerschaft Alkohol konsumiert?« Ich log und verneinte. Sie meinte, die Armbewegung und die Scherenbewegung der Beine wiesen auf eine Zerebralparese hin.

Ich hörte kaum hin, weil ich dauernd dachte: Ich bin dafür verantwortlich. Das war der Alkohol. Es war hammerhart. Seb war mein zweites Kind, also war ich während der Schwangerschaft gleichgültiger als beim ersten Mal. Es sagten ja auch immer alle, dass ein Glas nicht schade. Oder: »Ein Glas Wein während der Schwangerschaft ist, als würdest du deinem Baby einen Tropfen Wein in einem Swimmingpool geben.«

Ich weiß ja, dass das Unsinn ist, aber ich wollte halt auch mal wieder ein Glas Champagner trinken. Also hörte ich auf die Person, die meinte, das wäre doch gar kein Problem. Einmal hatte ich sogar zwei Gläser geleert, und die waren auch noch ziemlich groß. Dieser Augenblick spielt sich jetzt permanent in meinem Gehirn ab, wie in einer Dauerschleife.

Wir brachten Seb zu einem Professor in einem Kinderkrankenhaus, um eine zweite Meinung einzuholen. Auch er fragte: »Haben Sie während der Schwangerschaft Alkohol getrunken?« Und das war keineswegs eine Frage unter 50 anderen. Es war eine von sechs. Wieder log ich, denn die Wahrheit würde Sebs Zustand ja nicht verändern.

Der zweite Arzt gelangte zu dem gleichen Schluss wie die Kinderärztin: Zerebralparese. Glücklicherweise haben wir sie früh genug bemerkt. Nach einem Jahr täglicher intensiver Physiotherapie geht es Seb jetzt gut.

Über die Schuldgefühle, die ich in diesem Jahr empfand, kam ich nie richtig hinweg. Es war eine ständige, eine schreckliche Angst, aufgrund derer ich noch mehr trank. Bis sich mir die Frage aufdrängte: »Warum schütte ich all das Zeug in mich hinein, wo es doch potenziell für die Behinderung meines Sohnes verantwortlich ist?«

Ich werde nie hundertprozentig wissen, ob es der Alkohol war, der Sebs Zerebralparese verursacht hat. Wenn ich heute höre, wie Leute einer Schwangeren sagen, dass »ein Glas nicht schade«, würde ich am liebsten losschreien und meine Geschichte von den Dächern posaunen. Ein Glas sind all die Schuldgefühle und das »Was wäre, wenn …« nicht wert, das daraus folgen kann. Neun Monate sind im Großen und Ganzen doch keine lange Zeit.

Sturzbetrunken versus sternhagelnüchtern

Ein sturzbetrunkener Sommer

Juni 2004

Es klopft. Puh! Ich rolle mich aus dem Bett, ziehe mir den Morgenmantel über (wieso ist der nass?) und gehe an die Tür.

Das Zimmermädchen des Hotels steht davor, unverschämt strahlend und sauber. »Guten Morgen, Madam! Ihre Kleider, Madam. Aus Zimmer 125.«

Die Kinnlade klappt mir herunter, während sie mir eine Plastiktüte überreicht. Darin die Sachen, die ich letzte Nacht getragen habe, aber die sind jetzt voller Sand. Ich versuche, etwas zu sagen, bekomme aber nur ein raues Quieken heraus.

»Einen schönen Tag …«, wünscht mir das Zimmermädchen, aber da habe ich schon die Tür zugeknallt. Ich schäme mich so sehr, ich kann mir jetzt nicht diese netten Worte anhören. Mein Herz ist mir in die Hose gerutscht, schneller als jeder Aufzug.

Ich setze mich auf eine Ecke des Betts. Die Kleidertasche halte ich auf dem Schoß. Ich taste meine Haare ab. Sie sind voller Salz. Ich überlege angestrengt.

Also, mein Urlaubsbegleiter und ich haben ein paar Cocktails getrunken. So weit ist alles noch klar. Dann bin ich auf ein Team französischer Läufer zugewankt, die auch in unserem Hotel abgestiegen sind. Ich hatte sie beim Lauftraining am Strand beobachtet. Davon würde ich mir gern eine Scheibe abschneiden, hatte ich beim Zusehen gedacht. Also sitze ich als Nächstes beim Läuferteam und trinke. Ohne meinen Begleiter. Aha.

Was ist dann passiert? Ein paar Flashbacks stürmen auf mich ein, als würde man eine Dunkelkammer mit Blitzlicht zu erhellen versuchen. Flashback: Trinkspiel »Ich habe nie ...« Flashback: lautes Gelächter. Flashback: Ich spiele Poker in ihrem Zimmer. Flashback: Ich versuche, sie dazu zu bringen, um Geld zu spielen. Flashback: Ich komme einem der Jungs namens Erik näher. Flashback: Ich spüre Eriks harten Läuferschenkel, der sich gegen meinen Oberschenkel presst.

Und dann. Flashback um Flashback – diese Erinnerungssequenz ist stärker. Um zwei Uhr morgens finden ich und fünf Männer, dass es eine prima Idee sei, alles bis auf unsere Slips abzulegen und uns in den Indischen Ozean zu stürzen, vorbei an der ratlosen Hotelwache, die etwas in ein Walkie-Talkie spricht und schließlich beschließt, uns kindischen Westlern den Spaß zu lassen.

Wir schwimmen hinaus zu einer mit einer Plane abgedeckten Jacht, klettern klatschnass an Deck und starren den sternenbestandenen Himmel an. »Ja. Supersache, das«, sage ich zu mir, als Erik nach meiner Hand tastet.

Wir schwimmen zurück, kichernd wie die Kinder, und da spüre ich es. Das ist es, was ich von dieser und anderen Nächten will. Das Dazugehören. Das Zusammensein. Ich gehöre zu diesem Läuferteam und sie zu mir. Jetzt, nach dieser gemeinsamen nächtlichen Schwimmaktion. Ich wünsche mir, dass dieser Zauber nie vergeht. Ich weiß, dass der Morgen ihn brechen wird. So etwas gibt es einfach nur in der Nacht.

Danach flasht es nur noch einmal: ich und Erik unter der Dusche, nackt. Wir küssen uns. Das ist alles. Mehr passiert da nicht. Ich kann nur annehmen, dass dies sein Morgenmantel ist, der nass an mir hängt. Und dass ich sein Zimmer ohne meine Kleider verlassen habe.

Den restlichen Tag stelle ich mir vor, wie sich das Hotelpersonal über mich das Maul zerreißt, wie man sich die Geschichte erzählt, dass ich um zwei Uhr nachts schwimmen ging und dass diese nassen, sandigen Klamotten (so eine Schlampe!) mir gehören. In Wirklichkeit schert sie das vermutlich kein bisschen. Sie haben schließlich ihre Arbeit zu erledigen. Die Mätzchen einer verwöhnten Britin interessieren sie vermutlich nicht.

Ich überlege und überlege, aber mehr Erinnerungen kann ich nicht zusammenkramen. Ich habe genau acht Puzzlestücke von letzter Nacht, dabei sollten es doch locker 30 sein.

Am Abend wasche ich mit der Hand den Sand aus meinen Kleidern. Und ich finde eine jetzt nasse Notiz. Von Erik.

»Letzte Nacht war unvergesslich.«

Ein sternhagelnüchterner Sommer

Juli 2020

Endlich werden Gruppentreffen im Freien von der britischen Regierung wieder erlaubt. Ich hätte nie gedacht, dass ich mal so einen Satz schreiben werde. Es fühlt sich total nach Orwells düsteren Zukunftsvisionen an, aber dies sind noch fremdere Länder, in denen wir aktuell leben. (Ich frage mich oft, wie wir den Sommer 2020 in Großbritannien erfahren hätten, hätte man uns vom Silvesterabend 2019 dorthin teleportiert.)

Ein Mann, den ich mag, hat mich zum Picknick am Strand eingeladen. Ich bin nervös. Ich setze einen Fuß vor den anderen und flüstere mir zu: »Nur hinkommen. Nur hinkommen. Nur hinkommen.« Ich weiß, dass das Davor die schwierigste Zeit ist. Sobald ich dann da bin, ist alles perfekt.

Ich lerne eine neue Freundin kennen: Heather. Wir essen Veggie-Burger. Jemand verstaucht sich beim Stand-up-Paddeln den Knöchel. Auch mit dieser Person werde ich mich anfreunden. Wir lachen viel. Wir diskutieren Tattoos. Ich und der Mann, den ich mag, tauschen scheue, vorsichtige Blicke aus.

Und dann passiert es. Die Sonne sticht durch die Wolken, der Grill stößt nach geröstetem Paprika duftende Wolken aus. Und unser Radio spielt »The Boys Of Summer« von Don Henley. Spitze! Wir drehen auf.

Jeder verfällt in andächtige Stille, während das melodramatische Gitarrensolo aus den Achtzigern ertönt. Ein Dauerbrenner. Die Menschen schließen die Augen. Wiegen sich zum Takt der Musik. Und als der Leadsänger einsetzt, singen drei von uns mit und wedeln mit den Fingern in der Luft herum.

»Nobody on the road/Nobody on the beach/I feel it in the air/ The summer's out of reach.« Jemand steht auf und dreht sich um sich selbst.

Da ist es! Dieser Moment! Dieses Zusammengehörigkeitsgefühl. Als wären wir ein Clan. Das ich 20 Jahre lang ohne Alkohol für unmöglich hielt.

Später verabschiede ich mich von dem Mann, den ich mag. Die anderen spüren, dass sich da was entwickelt, und lassen uns allein. Am nächsten Tag schreiben wir uns. In der Woche darauf das erste Date. Es wird noch sechs Wochen dauern, bevor er mich zum ersten Mal nackt sieht. Und zwei Monate, bevor wir miteinander schlafen.

Das Beste aber ist: Ich kann mich an jeden einzelnen Moment erinnern.

Brennende Frage: Ist Sucht vererbbar?

Dr. Julia Lewis: »Es gibt bestimmte Gene, die das Risiko, eine Sucht zu entwickeln, verstärken. Das hat mit den Stoffwechselschritten von Alkohol zu tun oder mit den neuronalen Pfaden im Gehirn, die der Alkohol beeinflusst. Aber so schwarz und weiß ist das Ganze nicht. Da gibt es diese klassischen Adoptionsstudien, bei denen Kinder von alkoholabhängigen Vätern in Familien groß werden, in denen niemand ein Alkoholsuchtproblem hat. Im Allgemeinen ist es im Vergleich zu Kindern ohne ›Alkoholikererbe‹ zwei- bis dreimal wahrscheinlicher, dass diese Kinder eine Alkoholabhängigkeit entwickeln. Doch das war keineswegs *immer* der Fall. Die Beeinflussung durch die Gene steht nicht von vornherein fest. Die Gene sorgen nur manchmal dafür, dass die Waage in die eine oder andere Richtung ausschlägt.«

Dr. David Nutt: »Manche Elemente sind vererbbar. Es gibt genetische Faktoren, die Sie anfälliger machen, wie zum Beispiel Impulsivität, Angst oder Empfänglichkeit für Belohnungen. Das zeigen Untersuchungen mit eineiigen Zwillingen.«

Dr. Marc Lewis: »Nein, Sucht ist nicht vererbbar, aber es gibt Persönlichkeitsmerkmale, die vererbbar sind und die für Sucht empfänglich machen. So machen Ängste und Introversion für Sucht anfällig, aber auch die gegenteilige Veranlagung, also ein risikofreudiges und impulsives Verhalten.«

Dr. Judith Grisel: »Es gibt da vieles, was wir noch nicht wissen. Wir gehen im Moment davon aus, dass das Risiko zur Hälfte auf genetische Faktoren zurückgeht. Angststörungen beispielsweise, die teilweise vererbt werden. Wer sich leicht langweilt, greift schneller zu Marihuana. Ängstlichen Menschen hingegen hilft Alkohol besser. Bis er anfängt, das Problem zu verschärfen. Auch wie viel Alkohol man verträgt, wird von den Genen bestimmt. Wer nichts verträgt, kann Alkohol nicht so gut verstoffwechseln wie andere Menschen. Diese Leute schützt ihr Körper vor der Sucht. Das hängt mit einem bestimmten Protein am Rezeptor zusammen. Viel zu vertragen – und keine schlimmen Kater zu bekommen – scheint auf den ersten Blick gut zu sein. Tatsächlich weist dies auf eine mögliche spätere Sucht hin.«

Ist es für Männer schwieriger, trocken zu werden?

Auch wenn die feministische Bewegung in jüngster Zeit den Whisky Sour als bedenkliches Erkennungszeichen erobert hat, galt es Jahrzehnte, ja Jahrhunderte lang als Ausweis starker Männlichkeit, viel zu trinken.

Neben der »toxischen« Männlichkeit gibt es auch die »alkoholvergiftete« Männlichkeit – der ganze Schwachsinn, wonach nur der, der einen Liter Bier auf einmal trinken kann, ein echter Macho ist. Oder dass man einen Maßkrug in einem Zug leeren und ihn dann auf dem Kopf balancieren sollte. Selbst wenn man im Pub ein halbes Lager bestellt, sieht man sich als »Weichei« oder »Mädchen« beschimpft. Erst recht, wenn man *gar kein* Bier trinkt. Es ist schwer genug, trocken zu werden, selbst wenn diese positive Lebensentscheidung nicht als Beleidigung für dein Geschlecht hingestellt wird. Das ist einfach nur binärer Bullshit.

Ich denke, dieser Gruppenzwang macht es Männern schwerer, trocken zu werden. Also habe ich mal nachgefragt:

> Als jüngerer Mann war es an sich schon ein Sport, sich zu betrinken. Ganze Freundschaften entstehen rund ums Trinken. Die Geschichten, die wir Männer teilen, rund um Trinkgewohnheiten, Sex oder beides. Das schreibt die Gewohnheit, die ganze Kultur fort.
>
> Daniel

> Aufgrund der Männlichkeitsbilder fühlt man sich als nüchterner Mann in einer Gruppe Gleichaltriger schon mal schwach. Es ist auch am Arbeitsplatz schwierig, vor allem für mich, der ich Soldat bin. Dort hat das soziale, das äußerlich sichtbare Selbst sehr

viel mit Autorität und Identität zu tun. Wenn du diese Zweifel und Ängste vor dem Ändern der eigenen Identität überwinden willst, ist das, als würdest du ins Eiswasser springen. Ein Kälteschock. Aber es ist der Mühe wert. Das Überraschendste ist eigentlich, wie viele Menschen dir helfen wollen, wenn du ihnen Bescheid sagst. Neun von zehn Männern stehen hinter dir und spielen fair, weil sie tief drin wissen, dass das eine echte Herausforderung ist.

Thomas

Ich habe viel trinken eigentlich immer eher mit Kreativität in Verbindung gebracht als mit männlichem Draufgängertum. Ich trank, weil der Großteil meiner schöpferischen Helden das auch tat. Hemingway und Kerouac zum Beispiel. Es war ein Kaninchenloch im Wunderland, in das ich mich da täglich hinunterließ, weil ich auch König sein wollte, Genie, Weiser. Ich habe mich Jahrzehnte dort versteckt. Erst jetzt, wo ich merke, dass meine Tage auf Erden gezählt sind, habe ich den Mut gefunden, für mich selbst zu denken. Das Schlimmste aber ist mein Partner, der unsere Abende in der Weinbar vermisst, wo wir uns eine Flasche Roten gegönnt haben. Mich aus dieser Erfahrung zu verabschieden, hat von mir viel Mut gefordert.

Ben

Für mich war es eine große Hilfe, als alkoholfreies Bier plötzlich auch in Kneipen, Restaurants und im Fußballstadion verfügbar war. Sobald ich ein alkoholfreies Bier in der Hand hatte, wurden die bissigen Kommentare gleich weniger und hörten irgendwann ganz auf. Ich würde wirklich sagen: Ohne alkoholfreies Bier hätte ich das Trockenwerden vielleicht nie geschafft. Außerdem habe ich ein paar toxische Freundschaften beendet, und jetzt bin ich nur mit Menschen zusammen, die mich unterstützen.

Caleb

Als Heteromann, der Sport liebt, ist fast alles, was ich gerne tue, irgendwie mit Alkohol verbunden. Golfen, Sportbars, Fußball gucken, Softball spielen und so weiter. Je mehr Jungs da sind, umso stärker wird der Druck. Die Gruppe will Zusammenhalt erzeugen, indem man sich über Nichttrinker lustig macht und die Schützengrabengeschichten vom Saufen erzählt. Für mich war es einfacher (und schöner), die Finger ganz vom Trinken zu lassen, als nur ein bisschen was zu trinken.

Eric

Echtes Verlangen versus schwierige Emotionen

Eine der Fragen, die mir am häufigsten gestellt werden, ist: »Spüren Sie immer noch ein Verlangen nach Alkohol?« Und die Antwort ist: »Nein. Tue ich nicht.« Mich verlangt es danach ungefähr so sehr, wie ein Überlebender nach einem Krokodilangriff sich wünscht, bei Kerzenschein mit einem Alligator zu dinieren. Nichtsdestotrotz spüre ich weiterhin den *Drang*. Das Jucken. Die Zuckungen. Diesen allgemein bekannten Drang, aus meiner Haut auszubrechen und eine schnelle Lösung zu suchen. Auf der Überholspur. Einen Knopf, mit dem ich unangenehme Gefühle einfach abstellen kann.

Andere Menschen, die schon lange in der nüchternen Welt leben, sehen dies vielleicht noch als Verlangen. Vor allem, wenn sie gelernt haben, dass jedes unangenehme Gefühl ein Verlangen ist. Was immer dich glücklich macht, mein Lieber. Unterschiedliche Meinungen und Sichtweisen sind unser Geburtsrecht.

Für mich persönlich aber gilt: Wenn ich nicht jedes unangenehme Gefühl als Verlangen betrachte, fühle ich mich vor dem Alkohol sicherer. Ich achte genau auf dieses Verlangen, aber ich erkenne den Unterschied zwischen Verlangen und unangenehmer Emotion. Und ich benenne diese als das, was sie sind: Angst. Ärger. Frust. Verzweiflung. Unsicherheit. Eifersucht. Furcht. Ich habe diese Gefühle 21 Jahre lang mit Alkohol bekämpft, aber das heißt nicht, dass die Empfindung das Verlangen ist.

Diese Gefühle sind universell. Jeder Mensch hat sie. Es gibt sie seit den Anfangstagen der Menschheit. Seit wir Bilder von Feuern und Büffeln auf Felswände gemalt haben, haben wir versucht, mit ihnen fertigzuwerden. Menschen werden immer versuchen, zu trinken, zu rauchen, sich einen Joint reinzuziehen, zu vögeln, zu spielen, zu shoppen, zu essen, nicht zu essen, um sich so von der zugrunde liegenden Empfindung freizukaufen.

Manchmal besteht das Gefühl aber tatsächlich in einem Verlangen nach Alkohol. Ich habe das in den ersten Jahren des Trockenseins ständig erlebt. Sie erkennen das Verlangen, weil es 2-D ist: kindisch und ungefähr so rational und subtil wie ein Zeichentrickfilm. Es haut Sie mit dem Hammer auf den Kopf und schreit: »Gib es mir! Jetzt!« Es nimmt Sie ganz irrational in den Schwitzkasten. Homer gegen Lisa Simpson. Krümelmonster gegen Big Bird. Scrappy-Doo gegen Daphne. Das ist Ihr Kurzfrist-Selbst, das mit dem Langfrist-Selbst im Clinch liegt. Und das Geheimnis liegt natürlich darin, dass Ihr Langfrist-Selbst bei diesem Tauziehen gewinnen muss. Aber wenn Sie das wissen, sind Sie ohnehin schon erfolgreich trocken geworden.

Eine liebe Freundin von mir hat für diese Situationen ein Motto entwickelt: »Was würde die Morgen-Eve wohl davon halten?« Durch diese simple, aber effektive Frage hat sie ihrem Langfrist-Selbst mehr Kraft geschenkt. Sie hat ihren präfrontalen Kortex online geschickt, statt sich von der urtümlichen, emotionsgesteuerten Amygdala herumdirigieren zu lassen. Ihre innere Lisa überwand ihren inneren Homer. (Alter ist nicht gleich Weisheit.) Genial!

Vor Kurzem habe ich auf der wunderschönen »Humans of New York«-Website des US-amerikanischen Fotografen und Bloggers Brandon Stanton ein tolles Interview mit einer Frau entdeckt. Sie meinte, wenn sie ihr Leben noch mal leben könnte, würde sie weniger Party machen, denn: »Es gibt zwei Selbst. Das Kurzfrist-Selbst und das Langfrist-Selbst. Und wenn Sie immer nur Ihrem Kurzfrist-Selbst treu sind, geht Ihr Langfrist-Selbst zugrunde.«

Und wann ist es nun ein unangenehmes Gefühl?

Zu Beginn meiner trockenen Zeit war es tatsächlich das Richtige für mich, dass ich, wann immer ich etwas verspürte, das sich nach Verlangen anfühlte, nach außen ging: Ich schrieb anderen Leuten, traf mich mit jemandem oder ging zu einer Gruppensitzung (auch online). Aber heute? Ich bleibe bei dem Gefühl und warte, bis es vorübergeht. Wenn sich nicht etwas wirklich Schlimmes in mir zusammenbraut, kann ich eigenständig mit meinen Emotionen umgehen.

Natürlich hatte ich Hilfe, als ich diese Technik erlernte. Das Achtsamkeitstraining hat mich gelehrt, Emotionen zu entwaffnen, indem ich sie benenne. Und meine Therapeutin brachte mir bei, wie ich unangenehme Empfindungen in Größe, Form und Lage im Körper orten konnte. Meine Angst vor dem Verlassenwerden fühlt sich an wie ein grauer Stein in der Magengrube. Meine Angst ist irgendwie kratzig, wie Sodbrennen und Übelkeit.

Der Großteil meiner unangenehmen Gefühle meldet sich im Bauchraum. Man hat die »Schmetterlinge im Bauch« beziehungsweise das »Bauchgefühl« ja lange für metaphorisch gehalten. Eine irgendwie blumige Art, etwas zu beschreiben, was sich eigentlich im Gehirn abspielt. Heute wissen wir, dass solche Gefühle tatsächlich im Gehirn *und* im Bauchraum angesiedelt sind. Emotionen in der Amygdala wirken sich auf unseren Bauch aus und umgekehrt.

Im Großen und Ganzen suche ich heute keinen Trost mehr von außen. Ich kann einen schlechten Tag haben – sogar mehrere schlechte Tage –, ohne dass ich jemandem Bescheid sagen muss. Ich *brauche* das nicht mehr. Meine Gefühle, meine Stimmungen sind einzig meine Verantwortung. Außerdem ist es weder für Freunde noch für Familie besonders lustig, wenn wir uns nur dann melden, wenn uns negative Emotionen am Wickel haben.

Ich hatte erst kürzlich einen Anfall lodernder Eifersucht, was meinen Partner angeht. Das Gefühl waberte durch mich hindurch wie ein Waldbrand. Es war durch und durch irrational. »Ich glaube, das ist die Kehrseite der Medaille für Leute, die eine lebhafte Fantasie haben«, erzählte mir neulich ein befreundeter Schriftsteller. »Wir sind Kreative. Wir können uns alles Mögliche vorstellen, auch dass unser Partner jemand anderen vögelt.« Oh ja. Ich male mir verruchte Gespräche oder Looks aus oder Situationen voller Romantik, wenn es doch nur ganz simpel um einen platonischen Kaffee geht … Früher hätte ich mich auf meinen Partner gestürzt, hätte die Arme verschränkt und darauf gewartet, dass er mir das Gefühl wieder nimmt. *Ich bin eifersüchtig. Bring das für mich in Ordnung.* Heute weiß ich: Meine irrationale Eifersucht hat mit meinem Gegenüber nichts zu tun. Sie ist allein meine Sache. Mit der ich umzugehen lernen muss, wenn ich laufe, weine, brülle, schreibe. Bis sie fort ist. (Und tatsächlich hat sie sich nach ein paar Tagen gelegt.)

Wenn Emotionen nicht vergehen, wenn sie sich nicht auflösen, suche ich mir Unterstützung, entweder bei jemandem, den ich gernhabe, oder bei professionellen Helfern. Aber das hebe ich mir für die Momente auf, in denen ich meine Gefühle nicht selbst in Ordnung bringen kann. Nur höchst selten konfrontiere ich damit die Person, um die es geht. Denn das ist selten das Richtige. »Ich fühle mich von dir vernachlässigt.« – Schätzchen, er ist einfach beschäftigt. »Ich habe das Gefühl, du liebst mich nicht mehr.« – Gibt es dafür tatsächlich Belege?

Buddhisten gehen davon aus, dass die Fähigkeit, mit der Aufmerksamkeit bei etwas zu bleiben, die Flamme ist, in der wir geschmiedet worden sind. Der einzige Weg heraus ist es, mittendurch zu gehen. Dieses *Hindurchgehen* gelernt zu haben, ohne nach außen zu gehen, ist ein unglaublich starkes Gefühl.

Die schrecklichen Zwillinge: Alkohol und Kokain

Innen. Wohnzimmer. Highgate. Geisterstunde.

Catherine Gray und ihre Vorgesetzte (Chefin) haben sich in Soho besoffen und zu Karaoke-Songs ins Mikro gebrüllt. (Klartext: Sie jaulen a cappella und produzieren dabei Töne, die man zur Folter von Kriegsverbrechern verwenden könnte.)

Jetzt saufen beide weiter im schicken Stadthaus der Chefin, weil sie immer noch nicht genug haben. Die Chefin robbt über den Seidenteppich und holt ein reich verziertes Behältnis in der Farbe von Enteneiern vom Regal. Verdammt, sieht hier alles aus, als würde es 1000 Pfund kosten?

Die Chefin öffnet das Kästchen. Perlen, Roségold und Opale fallen aus den Fächern und winden sich umeinander wie bei einer exklusiven Juwelenorgie.

Chefin: »Willst du was?«

Sie hat ein Geheimfach in dem Kästchen geöffnet, ein Drogenverlies, in dem mindestens drei Gramm Kokain liegen. Daneben liegt eine kleine silberne Schaufel, die aussieht, als würde der Butler der *Sylvanian Families* damit den Schnee aus der Einfahrt zum Palast schaufeln.

Catherine: »Hmm. Ich weiß nicht. Ich kenne mich mit Koks nicht aus. Ich habe es höchstens fünfmal genommen. Beim letzten Mal habe ich den ganzen nächsten Tag geheult.«

Chefin: »Aber es ist guter Stoff.«

Catherine: »Okay. Zeigst du mir, wie's geht?«

Chefin holt einen zusammengerollten 50-Pfund-Schein aus einem Fach weiter oben. Sie führt das Ganze vor. Catherine macht es nach.

Eine Stunde später.

Catherine und Chefin liegen im Bett der Chefin.

Catherine: »Ich glaube, du bist meine beste Freundin.«

Chefin seufzt, als wolle sie sagen: »Was für eine Anfängerin.«

Chefin: »Das ist nur das Koks. Es lässt dich glauben, dass du Leute liebst, die du gar nicht magst.«

Pause.

Catherine: »Nein, ehrlich. Du bist meine beste Freundin. Können wir noch ein Löffelchen nehmen?«

Chefin: »Nein, Cath. Schlaf jetzt.«

Es wird noch besser. Am nächsten Morgen bin ich fix und alle. Ich frage meine Chefin: »Müssen wir heute wirklich ins Büro? Können wir nicht den einen Tag auslassen?« Das ist ungefähr so, als würden Sie das Finanzamt fragen, ob Sie wirklich Ihre gesamten Einkünfte angeben *müssen*. Kann ich nicht was weglassen? Das, was ich bar bekommen habe? Das geht doch in Ordnung, oder?

Ich habe nur etwa zehnmal Koks genommen, aber beim letzten Mal habe ich es geschafft. Ich habe mir geschworen, das Zeug nie wieder zu nehmen. Ich spürte förmlich, wie sich die Schlingen der Riesenschlange lockerten. Am nächsten Tag will man immer noch mehr. Und der Drang fühlte sich noch dämonischer, noch finsterer an als mein Verlangen nach Alkohol.

Und ich habe mir das nicht eingebildet. Eine Studie aus dem Jahr 2015 (neben anderen) stellte fest, dass es das Verlangen nach Kokain verstärkt, wenn man dazu noch trinkt. »Im Durchschnitt erreicht es seinen Höhepunkt 15 Minuten nach dem Konsum des Alkohols«, hieß es da. Ach du Schande.

Ich bin wirklich froh, dass ich mich nie auf Kokain eingelassen habe, weil ich des Öfteren gehört habe: Starke Trinker nutzen Kokain, um wieder zu Verstand zu kommen, vernünftig auszusehen und weitertrinken zu können. Soll ich Ihnen was sagen? Ich bin glücklich, dass mir das zu jener Zeit nicht bekannt war. Hätte ich es gewusst, hätte ich mir vermutlich massenhaft Koks in die Nase geschaufelt mit dieser hübschen kleinen sylvanianischen Schaufel.

»Interessanterweise war in den Neunzigerjahren, als die isländische Regierung Alkohol rund um die Uhr erlaubte, ein klarer Anstieg beim Amphetamingebrauch zu verzeichnen«, sagt Prof. David Nutt.

»Wenn man trinkt, fühlt sich das Kokain tatsächlich so an, als würde es uns munter machen. In Wirklichkeit aber sind Sie genauso ruhig wie hellwach«, meint Dr. Judith Grisel. »Sie sind betrunken, aber gleichzeitig klar im Kopf.«

Und dann geht es erst richtig los: Roadrunner auf Koks. »Sie halten nachts länger durch, weil Sie ja ein Aufputschmittel konsumiert haben«, erklärt sie weiter. »Das ist der gleiche Upper- und Downer-Effekt wie bei Speedballs (eine Mischung aus Heroin und Kokain). Das Heroin dämpft, das Kokain regt an.«

Wer zusätzlich zu Alkohol Kokain konsumiert, verliert eine gewisse natürliche Schutzwirkung, die normalerweise gegeben wäre: a) gegen maximale Trunkenheit – Ihre Freunde, die Sie vom Trinken abhalten, oder die Kneipe, die Ihnen keinen Alkohol mehr ausschenkt; b) Sie haben nicht mehr genug Geld, um sich weiter volllaufen zu lassen, selbst wenn man Ihnen Alkohol ausschenken würde; c) Sie schlafen ein, verlieren das Bewusstsein. Diese Bremsen haben einen verdammt guten Grund: Sie sorgen dafür, dass Sie Ihren Wagen nicht in betrunkenem Zustand gegen einen Baum fahren.

Die schrecklichen Zwillinge Kokain und Alkohol gebären sozusagen ein neues Ungeheuer. »Kokain und Alkohol werden im Körper zu einem neuen Stoff umgebaut: Cocaethylene (CE)«, führt Prof. David Nutt aus. »CE ist eine länger wirksame Form von Kokain, die Stunden im Körper verbleibt, nicht nur Minuten.« Dadurch ist der Stoff schädlicher für das Herz.

Und es gibt noch weitere »gute« Nachrichten. »Das Duo macht das Kokain auch tödlicher«, sagt Dr. Grisel. »Es gibt Belege, dass Sie, wenn Sie im betrunkenen Zustand Kokain nehmen, mit höherer Wahrscheinlichkeit sterben, als würden Sie nur Koks konsumieren. Diese Kombination verstärkt auch die Suchtgefahr, weil der Körper dem Trinken normalerweise eine natürliche Grenze setzt. Kokain ist ein Weg, wie Sie weiter Party machen können, auch nachdem diese natürliche Grenze längst erreicht ist. In dieser Hinsicht ist es extrem gefährlich.«

Wenn Sie sich großzügig mit Kokain vollgepumpt haben, fahren Sie quasi ein Auto ohne Bremse. Sie sind weiterhin total besoffen, aber nicht mehr schläfrig. Sie sausen mit wildem Blick herum, drehen völlig durch und wollen nur noch mehr Chaos. Und das Ganze kostet Sie dann gut und gerne mal 200 Pfund (230 Euro) pro Nacht. Und Sie haben mit den Leuten zu tun, die den Lieferservice für die Drogenbarone übernehmen. Oder mit den Drogenbaronen selbst.

SUPER!

Das ist gewissermaßen das illegale Gegenstück zu dem Wodka-Red-Bull-Trend, der die Nation in den späten Neunzigern erschütterte. Mit Koks sind Sie selbst um zwei Uhr morgens so wach, dass Sie Stielaugen haben wie die Ren- und Stimpy-Figuren. Doch Ihre logischen Fähigkeiten legen sich um 22 Uhr schon schlafen.

Ihr übliches betrunkenes Ich würde bei der Party längst auf dem Sofa liegen und schlafen, selbst wenn der Bass die Couch zum Beben bringt. Aber Ihr vollgekokstes und betrunkenes Ich schreit nach mehr Drogen und will Strip-Poker spielen. Dabei müssen Sie in sechs Stunden im Job sein.

Ganz ehrlich: Ich glaube, wenn ich in meiner Trinkerzeit schon gewusst hätte, wie Kokain auf den Alkoholkonsum wirkt, und genügend Geld gehabt hätte, um mir damit die Nase vollzublasen, wäre ich heute vermutlich tot. An all jene, die es geschafft haben oder noch dabei sind, diese grausame Sucht nach den schrecklichen Zwillingen abzulegen: Ich ziehe vor Ihnen einen ganzen Hutladen. Denn ich habe vor Ihnen den allerhöchsten R-E-S-P-E-K-T.

Ich überlasse das Mikro jetzt einigen Lesern, die unter den schrecklichen Zwillingen gelitten haben. Sie werden uns erzählen, wie das war.

Gruppenerfahrung mit den schrecklichen Zwillingen

Kokain hat mir Zeit verschafft, um noch mehr trinken zu können und viele Dinge zu tun, die ich normalerweise nicht hätte machen können. Ich dachte immer, niemand hätte gemerkt, dass ich rausschlich, um Koks zu ziehen. Jetzt, wo ich nüchtern bin, frage ich mich, wie das jemand hätte übersehen können. Ich habe beides abgelegt. Wenn ich je wieder mit einem der Zwillinge anfangen würde, wären es wohl wirklich bald wieder beide.

Scarlett

Bier und Koks sind bei fußballbegeisterten Männern recht verbreitet. Man wird zum Sklaven der Toilettenkabine. Ich kann gar nicht sagen, wie oft ich da saß und darauf wartete, dass jemand den Handtrockner benutzte, damit ich die Line ziehen konnte, ohne Verdacht zu erregen. Nachdem ich mit dem Trinken aufgehört habe, war es gar nicht mehr so schwer, auch das Koks zu lassen. Seltsamerweise habe ich immer noch lebhafte Träume, in denen ich mir Koks reinziehe. Vermutlich, weil es im Hirn mehr Dopamin freisetzt.

Sam

Erst nachdem ich das Koks aufgegeben habe, wurde mir klar, dass es mich zur Trinkmaschine gemacht hatte. Ich konnte tagelang trinken, ohne einen Blackout zu haben. Sobald das Kokain weg war, wurde mir plötzlich klar, welche Mengen ich getrunken habe. Das hätte gereicht, um einen Elefanten zu betäuben. Ich bin das Koks relativ leicht losgeworden, weil ich in eine andere Stadt gezogen bin, wo ich keine »Verbindungen« hatte. Der Alkohol hingegen war ja an jeder Straßenecke zu haben.

Caitlin

Ich ging meist in die Kneipe mit der Absicht, nur ja kein Koks zu nehmen. Nur ein paar Biere. Bis zum dritten Bier konnte ich das Kokain auch locker ablehnen. Nach dem vierten aber dachte ich mir: Na, was soll's! Um sechs Uhr früh am nächsten Morgen sitzt du dann in der Küche von irgendjemandem und redest Stuss mit Leuten, die du nicht kennst. Mein Problem war, dass ich auf einer Offshore-Plattform Schicht arbeitete und immer volle 14 Tage frei hatte. Das war wie eine einzige gigantische Freitagnacht.

Darren

Mich verlangt es nie nach Koks, außer ich habe Alkohol intus. Und da reicht schon ein kleines bisschen. Danach tat ich alles, um an das Pulver zu kommen. Koks war für mich etwas, mit dem ich eine gute Zeit haben konnte. Aber das hält nur etwa zehn Minuten an. Den Rest der Zeit will man immer nur noch mehr Koks. Der einzige Weg, das abzustellen, ist, sich zum Schlafen zu zwingen. Was natürlich auch nie klappt. Du bist einfach tagelang wach. Ein Albtraum.

Molly

Ich habe nie ohne Koks getrunken. Und ich habe kein Koks genommen, ohne zu trinken. Ohne Alkohol war das Koks zu intensiv. Davon bekam ich Angst. Ohne das Koks wiederum fühlte ich mich schmuddelig und deprimiert. Ich habe mich zugeschüttet, weil ich ja wusste, dass das Koks mich wieder rausholt. Allerdings habe ich ganz schön was angestellt mit dieser Mischung aus hemmungslos (Alkohol) und dem »Ich kann tun, was immer ich will«-Selbstvertrauen (Koks). Ich wurde während einer Sauftour sexuell missbraucht, setzte meinen Wagen gegen die Wand (blieb selbst aber unverletzt), wachte häufig im Bett fremder Menschen auf und habe eine Menge Schulden angehäuft. Als ich einen psychotischen Schub bekam, hörte ich auf: eine schlimme Zeit, für die ich heute aber dankbar bin.

Luna

Kokain belügt dich. Es lässt dich glauben, dass du total nüchtern bist und alles unter Kontrolle hast. In Wirklichkeit bist du davon weit entfernt. Ich habe mir grundsätzlich schon Drogen besorgt, bevor ich mein erstes Glas Wein trank.

Harpreet

Ich habe meinen Kokainkonsum versteckt. Alkohol war also die »Show«, die ich abzog. Kokain sorgte dafür, dass ich weniger trinken musste, um high zu sein. Und ich nahm es gegen den Kater. Ich habe es im Job genommen, damit ich fit blieb. Beim Entzug war mein Verlangen nach Koks schlimmer als das nach Alkohol. Der Ausstieg aus dem Kokain war die Hölle. Aber ich habe mit beidem gleichzeitig aufgehört. Es ist also schwer zu sagen, was wirklich schlimmer war. Aber ich bin dennoch unglaublich froh, dass Koks illegal ist!

Zoe

Wenn ich betrunken war, besorgte ich mir Kokain, damit meine Stimmung besser wurde und ich weitertrinken konnte. Das Resultat war, dass ich mich hyperaktiv und übersexualisiert verhalten habe. Und absolut jedem meine intimsten Erfahrungen auf die Nase gebunden habe. Kurz gesagt: Ich habe mich wie ein totales Arschloch benommen, aber ich fand das super.

Georgina

Mit beidem aufzuhören ist wie dieses schreckliche Gefühl im Bauch, das uns befällt, wenn wir etwas wirklich total falsch gemacht haben – und dieses Gefühl dauert fünf Tage. Es ist gnadenlos. Ich bin so froh, dass ich das nie wieder aushalten muss.

Keira

Sturzbetrunkenes versus sternhagelnüchternes Hundesitting

Es wurde schon viele Male gesagt, einfach deshalb, weil es wahr ist: Das Trinken macht uns zu Detektiven. Am Morgen danach müssen wir wie Bluthunde nach Hinweisen suchen, um herauszufinden, was letzte Nacht passiert ist.

Ich kenne Leute, die morgens ihre Stoßstange auf Blut oder Haare untersucht haben, wenn sie betrunken nach Hause gefahren waren. (Einer Freundin in den USA gefror das Blut in den Adern, als sie beides entdeckte. Später fiel ihr ein, dass sie ein Tier überfahren hatte.)

Wir nehmen all unseren Mut zusammen (bitte nicht!), wenn wir unsere Anruflisten durchgehen, unsere SMS-Historie und unsere E-Mails. Eine andere Freundin löschte grundsätzlich alles, was sie betrunken geschrieben hatte, als wolle sie ihr nüchternes Selbst vor der Erkenntnis schützen, wie ihr betrunkenes Selbst war.

Der schlimmste Detektivmorgen, den ich je erlebt habe? Als ich dachte, ich hätte einen Hund getötet, auf den ich aufpassen sollte.

Sturzbetrunkenes Hundesitting

April 2013

Zehn Uhr vormittags. Ich bin total am Ende, aber immerhin wach. Irgendein Trottel singt im Erdgeschoss. Um diese Uhrzeit! Die Geräusche dazu lassen vermuten, dass jemand die Fenster putzt oder etwas ähnlich Gesundes macht. Hoffentlich fällst du aus dem Fenster, denke ich und häufe mittelalterliche Flüche auf sein unschuldiges Haupt.

Ich liege auf der Seite, die Augen geschlossen. Ich will weiterschlafen, denn ich sage mir, dass mehr Schlaf den Kater lindert. Schließlich gebe ich auf und öffne die Augen. Auf der vergilbten Bettdecke sitzt mir ein Floh gegenüber und nimmt mich in Augenschein. Er hüpft herum wie ein Kobold. Ich zerdrücke ihn mit einem Finger, sein Blut (das hat er vermutlich von mir) hinterlässt einen roten Stern auf der Bettdecke, die ich unbedingt waschen muss.

Er stammt vom Jack Russell Terrier meines Freundes. Der Floh, meine ich. Ich rufe den Hund, der bei mir im Bett schlafen darf, hauptsächlich, um mich zu trösten. Jedenfalls nicht, damit er es schöner hat. »Smudge. SMUDGE!« Wo zur Hölle ist Smudge abgeblieben? Ich richte mich auf und wanke in die Küche.

Smudge ist nicht im Wohnzimmer, nicht in der Küche, nicht in dem kleinen Zimmer. Ich finde seine Leine. Aber kein Smudge. Panik steigt in mir auf. Sie versengt meinen Rachen wie Sodbrennen. Fieberhaft suche ich in meinen Erinnerungen nach einer Erklärung.

Ich habe Smudge mit in die Weinbar am Ende der Straße genommen. In diesem verschlafenen Dorf am Fluss, in das ich nur gezogen bin, weil ich dachte, dass das fehlende Nachtleben meinen Alkoholkonsum reduzieren würde. Was nicht funktioniert hat. Ich trinke jetzt nur öfter zu Hause. (Später erfahre ich, dass man dies eine »geografische Lösung« nennt: Man zieht an einen anderen Ort, weil man hofft, dass so auch das Trinken aufhört.)

Ich erinnere mich noch, wie Smudge mit großen schokobraunen Augen zu mir aufsah. Wie er ein wenig winselte, weil er von diesem schrecklichen Ort wegwollte, an dem die Leute immer nur lauter und trampeliger wurden. Aber meine Freundin Emma und ich tranken einen Wein nach dem anderen.

Ich weiß noch, wie ich ihn auf dem Barhocker auf den Schoß nahm, während ich mich mit Fremden unterhielt, lange nachdem Emma gegangen war. Als ich auf die Toilette ging, drückte ich ihn einem Fremden in die Hand. Ein anderer Fremder folgte mir auf die Toilette, weil er dachte, ich wäre mit von der Partie. Ich habe ihn rausgedrängt.

Und dann – nichts. Ich weiß nicht mehr, wie ich die Bar verlassen habe, ob ich mit Smudge nach Hause kam oder ob der Fremde Smudge immer noch hatte oder ob der Hund überfahren worden war und ich tränenreich seinen armen, zerquetschten Körper von der Leine befreit hatte.

Eine volle halbe Stunde lang bilde ich mir ein, ich hätte irgendwie Smudge getötet. Die Tränen laufen mir über die Wangen. Und dann erwacht mein von Fingerabdrücken und Zigarettenasche verschmiertes Telefon zum Leben. Es ist mein Freund, der für ein Wochenende außerhalb ist.

»Meine Mutter hat mich eben angerufen«, sagt er. »Sie ist gerade von ihrer Schwester nach Hause gekommen. Hast du Smudge gestern bei ihr abgeliefert? Er hat die Tapete angepinkelt. Warum hast du das nur gemacht?«

In einem absurden Versuch, Smudge vor meinem betrunkenen Ich zu schützen, habe ich wohl den Schlüssel zur Wohnung benutzt und Smudge bei der Mutter meines Freundes abgestellt, als ich völlig von der Rolle war. Ich kann mich daran nicht einmal ansatzweise erinnern.

Smudge lebt also, aber das ist nicht mein Verdienst. Die Erinnerung daran, dass ich ihn beinahe getötet hätte, indem ich mich volllaufen ließ und mich nicht um das hilflose Tier in meiner Obhut gekümmert habe, gehört zu den schlimmsten Erfahrungen meiner Trinkerlaufbahn. Smudge liebte mich auch danach noch (wie Hunde das tun, selbst wenn man sie beschämend schlecht behandelt). Aber wenn ich ihn heute abhole, zuckt er immer leicht zusammen.

Und jedes Mal, wenn er in meinen Armen ruht, denke ich: Ich hätte dich beschützen sollen und hab's vermasselt. Es tut mir leid, Kumpel.

Sternhagelnüchternes Hundesitting

November 2020

Mittlerweile hüte ich insgesamt sechs Hunde, manchmal nur einen Abend, manchmal gute zwei Wochen.
    Die beiden Cockerspaniel Barney und Ruby. Floyd, den Becapoo (Bedlington Terrier–Cavapoo-Mischling; Floyd macht sich seine eigenen Regeln). Pina, eine griechische Rettungshündin. Pablo, den arbeitenden Cocker. Archie, den Zwergdackel. Oh, und noch zwei Katzen – Cyril und Lola.
    Ich habe von zwei Leuten die Schlüssel an meinem Schlüsselbrett hängen. Man vertraut mir ganze Häuser an und natürlich die zugehörigen Familientiere.
    Und jetzt bin ich so weit: Ich bin bereit. Ich mache Pläne rund um einen Welpen. Ich weiß, dass es mich nicht stört, Hundekacke aufzusammeln. Oder morgens um sechs Gassi zu gehen. Oder den zitternden Hund an mich zu drücken. Oder 39 Mal nacheinander einen Ball zu werfen. Ich habe auch schon mal den Anus eines Hundes mit Creme behandelt, weil er Ausschlag hatte.
    Ich weiß, dass ich eine ausgezeichnete Hundemama abgebe. Und danach? Wer weiß? Ich bleibe offen für alles. Ich kann mir endlich selbst trauen und andere trauen mir. Ich kann tun, was jede Elternschaft fordert: bedingungslose Liebe und Fürsorge.
    Und natürlich weiß ich, dass ich auch das dritte Gebot der Elternschaft beherrsche – lockerlassen.

Neun Dinge, die ich gelernt habe, wo es um die Liebe zu Schluckspechten geht

Ganz klar: Solange ich mich noch volllaufen ließ, waren die meisten meiner Freunde recht trinkfest. Mäßige Trinker rückten Stück für Stück von mir ab und tasteten hinter sich nach Holzpflock und Weihwasser. *Du wärst mein Tod. Hinfort!*
Und Null-Alkohol-Leute? Vergessen Sie's! Für bekennende Abstinenzler war ich ein Albtraum. Ich weiß noch, wie ich mal zu einem potenziellen Kumpel sagte: »Ach nein, du trinkst nichts? Das ist zu schade. Einen Moment lang dachte ich, wir könnten Freunde sein.«

Also umgab ich mich im Allgemeinen mit anderen sattelfesten Trinkern. Jetzt aber bin ich nüchtern. Das Merkwürdige ist nur: Ich fühle mich immer noch zu den Nachteulen hingezogen. Den Party Animals. Die meisten meiner Freunde, die ich in den letzten sieben Jahren kennengelernt habe, sind entweder Ex-Trinker oder praktizierende Partylöwen.

Viele haben sich ins Privatleben zurückgezogen, manche aber feiern immer noch bis in die frühen Morgenstunden. Full Speed hinein ins Kaninchenloch, dem Hasen mit der Uhr hinterher. Und ab geht's nach unten, wie weit, weiß kein Mensch.

Warum? Ganz einfach. Ich bin wie sie. Und ich mag sie, ob sie nun auf meiner Seite des Vorhangs leben oder nicht. Das führt natürlich zu so mancher interessanten Herausforderung. Zu ganz eigenen Problemen. Und Lektionen.

1. Trinker fühlen sich von mir verurteilt

Keinen interessiert, wie oft ich es auch wiederhole: »Ich habe mich 21 Jahre lang sinnlos betrunken. Ich wäre die Letzte, die jemanden deshalb verurteilt.« Sie fühlen sich aber verurteilt. So wie ich, als ich noch trank.

Neulich spazierte ich am Balkon von zwei Freunden vorbei. Ich winkte überschwänglich wie der Dorfidiot. Sie winkten zurück und deuteten auf einen Krug mit eisgekühlter Flüssigkeit. »Das ist ein Softdrink!«, riefen sie mir zu. Ich streckte die Daumen nach oben. In Wirklichkeit aber hätte ich gerne zurückgebrüllt: »Na und? Was interessiert mich das!«

Es ist nicht meine Sache, was die Leute im Glas haben. Tu doch, was dir Spaß macht.

2. Zwischen dem Bild in der Öffentlichkeit und dem Privatleben klaffen Abgründe

»Wie schrecklich! Da kannst du ja keinen Wein mehr trinken!«, schrie eine Freundin mir über den Tisch hinweg zu, als wir uns nach dem Trockenwerden zum ersten Mal trafen. Später erzählte sie mir, sie wünsche sich, sie könnte damit aufhören, weil sie es eigentlich schlimm fände.

Wenn man zum Trinken gedrängt wird, jagt mir dies eine Gänsehaut ein. Vor allem, wenn es dabei um einen frischgebackenen Trockenen geht. Aber mittlerweile bringe ich Mitgefühl auf. Denn früher war ich genauso. Ich weiß noch, wie ich den Abstinenzversuch einer Kollegin torpedierte, indem ich sie zu einem Chenin blanc überredete. Und wie ich giftig über eine nicht betrunkene Tänzerin lästerte: »Wie eine Giraffe, die Schlittschuh läuft.« Sie sah gar nicht schlecht aus, aber sie flößte *mir* ein mieses Gefühl ein. Es ist erstaunlich, wie viele, die heute trocken sind, einen früher zum Trinken gedrängt haben.

Heute akzeptiere ich, dass zwischen dem, was Menschen mir privat erzählen, und dem, was sie in der Öffentlichkeit sagen, ein Abgrund klafft. Weil ich weiß, dass sie im hellen Licht einer Bar zwar sagen: »Mensch, du bist so eine Spaßbremse.« Aber in ihren dunklen vier Wänden sind sie es, denen das Trinken keinen Spaß mehr macht.

Daher: viel, viel Mitgefühl.

3. Sorgen sind witzlos

Sich über eine andere Person Sorgen zu machen, fühlt sich gut an. Wie ein Schutzzauber. Als würde man ihnen einen Talisman umhängen, der sie vor Schaden bewahrt. Bedauerlicherweise ist das nicht so. Mein Vater sagte immer, Sorgen seien eine Meditation über »Scheiße, die schiefgehen kann«. Und das stimmt. Eine durch und durch nutzlose, sirenenhafte Meditation über potenzielle Katastrophen. Was absolut nichts dazu beiträgt, sie zu verhindern.

Sie können *die Leute* nicht ändern. Alles, was Sie beeinflussen können, ist *Ihre Reaktion auf diese Menschen*. Wenn jene ins Bett gegangen sind, können Sie auf Zehenspitzen ins Wohnzimmer schleichen und die Kerzen löschen, die sie auszublasen vergessen haben. Sie in die stabile Seitenlage bringen, wenn sie das Bewusstsein verloren haben. Und ihnen aus dem Weg gehen, wenn sie einen in der Krone haben.

Ich habe schon mal Möbel vor meine Zimmertür gewuchtet, als ich mit einer starken Trinkerin zusammenlebte. Ich lag im Bett und hörte, wie fremde Männer um drei Uhr morgens ins Wohnzimmer geführt wurden. (»Aber die sind aus Chelsea«, sagte meine Mitbewohnerin am nächsten Tag, als würde eine schicke Postleitzahl jemanden daran hindern, sich als Psychopath herauszustellen.) Ich verstehe das ja. Wenn Sie betrunken sind, scheint es eine gute Idee, Fremde (neue Freunde!) mit nach Hause zu bringen. Wenn man nüchtern ist, findet man so etwas verrückt.

Ich konnte sie nicht ändern. Aber ich konnte Möbel vor meine Tür rücken. Und das tat ich dann auch.

4. Ex-Trinker sind tolle Kater-Kumpels

Ich unterstütze die Leute nicht beim Trinken. Ich tue nicht mehr so, als würde es mir gefallen, wenn meine Freunde sich sechs Stunden lang das Hirn wegsaufen. Ich kaufe besoffenen Freunden keine Drinks. Ich begleite sie nicht in einen anderen (zweifelhaften) Klub. Und ich hänge nicht mit ihnen herum, wenn ich die gleiche Frage gerade dreimal nacheinander beantwortet habe.

Ich gebe ihnen gerne einen Tee aus, hole ihnen etwas zu essen oder biete an, sie in meinem Taxi mitzunehmen. Ich erkläre ihnen freundlich, dass wir dieses Gespräch schon geführt haben und dass ich jetzt nach Hause müsse.

Am nächsten Tag aber bin ich eine mitfühlende und hilfsbereite Kater-Kumpeline. Ich bringe Menschen, die ich liebe, Smoothies ans Bett. Ich massiere ihnen den Rücken und gebe ihnen Ibuprofen. Ich rede langsam und bewege mich langsam. Ich mache ihnen eine Paprika-Pilz-Frittata, wenn sie sie vertragen. Ich kenne die Finsternis, die sich jetzt wie ein Fangnetz um sie gelegt hat. Ich möchte sie erhellen, wenn ich kann. Ein wenig Licht ins Zimmer bringen.

Meine Freunde wissen, dass ich ihnen nicht helfe, sich einen Kater zuzulegen. Aber ich tue alles, um ihn für sie zu verscheuchen.

5. Was mit der SMS am Morgen danach gemeint ist

Ich weiß alles über diese SMS am Morgen danach. Diese fröhlich tuenden Botschaften, die ich meinen Freunden textete: »Was war denn letzte Nacht? Ich bin mit einem Happy-Meal-Spielzeug in der Hand aufgewacht. Ich nehme mal an, wir waren bei Mc D? Haben wir jetzt Hausverbot?«

Das scheint vielleicht ganz okay. Eine sachliche Reminiszenz an den Abend davor. Aber ich saß auf Kohlen, bis die Antwort kam. Wenn ich halb erleichtert, halb ängstlich das Telefon beim ersten Piepsen an mich riss, um das Urteil zu lesen. Denn was ich eigentlich hatte sagen wollen, war: »Ich bin voller Angst aufgewacht. Ich kann mich an nichts erinnern. Ist alles in Ordnung mit uns?«

Ich weiß über die eigentliche Bedeutung solcher SMS Bescheid. Daher antworte ich darauf immer schnell und liebevoll.

6. Was es heißt, wenn man einen Kater leugnet

Ich habe das immer gemacht. Sie nicht? Weil ich dachte, wenn ich zugäbe, dass ich vom Kater innerlich tot war, dann würde bestimmt jemand versuchen, mich vom Trinken abzubringen. Dann würde die Trinkerpolizei aufkreuzen und mir meinen »Spaß« verderben. Also saß ich da, offensichtlich verkatert, und tat so, als wäre alles bestens.

Wie zum Hohn hat der Mensch, der zugibt, verkatert und daher völlig erschlagen, ausgelutscht und fertig zu sein, der bleich dahockt wie ein Häufchen Elend, statt alles mit aufgesetzter Fröhlichkeit, Make-up und noch mehr Alkohol zu überspielen, ein besseres Verhältnis zum Alkohol.

Das Netteste, was Sie für den Betreffenden dann tun können, ist, ihn nicht zu outen. Einmal bin ich auf der Straße einer Freundin begegnet, die einen brutalen Kater hatte. Ich wusste das, weil ich die Instagram-Storys um zwei Uhr früh gelesen hatte. Sie zitterte wie ein Chihuahua. »Ich habe Fahrstunde. Das macht mich total nervös«, sagte sie. Ich wusste Bescheid. Und sagte nichts.

7. Radikale Ehrlichkeit versus liebevolle Strenge

Wenn mich meine Schluckspecht-Freunde fragen: »War ich schlimm drauf?«, oder: »Muss ich mich bei jemandem entschuldigen?«, sage ich die Wahrheit. Ich überzuckere die Kacke nicht. Denn in der Rückschau wünsche ich mir, dass man auch meine Eskapaden nicht überzuckert hätte.

Ich glaube nicht an liebevolle Strenge. Ich habe sie immer wieder erfahren und sie hat mir nichts gebracht. Außer dass mein Selbstwertgefühl, das ohnehin schon auf Minimalniveau war, völlig in den Keller rasselte.

Radikale Ehrlichkeit aber hat mir geholfen. Ich habe mich mal bei meiner besten Freundin beschwert, dass ich es satthätte, wenn alle Leute mich immer Sprit-Hexe oder Böser Nikolaus nannten. »Warum sehen die nicht, was sonst noch an mir dran ist?«, jammerte ich. »Das Laufen, das Schreiben, das ... du weißt schon, all das *andere*?« (Mehr *anderes* gab es nicht, denn mein wichtigstes Hobby war das Trinken.)

Mit einem Ausdruck von völligem Entnervtsein drehte sie sich zu mir um und sagte mutig: »Wenn du möchtest, dass sie etwas anderes in dir sehen, dann musst du ihnen auch etwas anderes zeigen.« Das hat in meinem Kopf wirklich einen Schalter umgelegt.

Disclaimer: Das sollten Sie nur tun, wenn *Ihre Freunde* Ihr Trinkverhalten wirklich thematisieren. Also gedulden Sie sich. Dann fällt vielleicht der Satz: »Wie bin ich, wenn ich betrunken bin?« Dann können Sie sie an der Hand nehmen und ihnen die Wahrheit sagen: »Ich mag dich lieber, wenn du nüchtern bist. Dann bist du die bessere Version deiner selbst. Dein nüchternes Ich ist absolute spitze.«

8. Interventionen wirken gewöhnlich nicht

Häufig stellt man mir die Frage: »Was kann ich tun, um meiner Schwester/meinem Bruder/meiner Mutter/meinem besten Freund/ meinem Partner zu helfen, trocken zu werden?« Von der gerade angesprochenen radikalen Ehrlichkeit mal abgesehen, lautet meine Antwort immer: »Wenn man dich nicht um Hilfe gebeten hat, mein Lieber, dann kannst du gar nichts tun.« Null. Nada. Niente.
Das ist herzzerreißend, aber meiner Ansicht nach im Normalfall wahr. Sie können anderen Menschen den Weg zum Trockensein aufzeigen, aber Sie können sie nicht dazu bringen, ihn auch einzuschlagen. Interventionen, wie man das in der Psychologie nennt, bringen Menschen mitunter dazu, in den Entzug zu gehen. Aber sie treiben den Betroffenen auch häufig in eine Reha, für die er noch nicht bereit ist. Und damit setzt man meist nur den mühsamen Teufelskreis von Entzug-Rückfall-Entzug-Rückfall in Gang.
Eine Erkenntnis entwickelt sich häufiger aus einem Wimpernschlag als aus einem Knall. Ich hatte wirklich viele bittere betrunkene Momente. Die meisten Leute, die das mitbekamen, dachten wohl: Dieses Mal wird sie es sicher merken. Es kann doch nicht sein, dass sie es *nicht* weiß.«
Zum Beispiel, als ich mir nach meiner Geburtstagsparty einen Teil des Vorderzahns ausschlug, weil ich gegen eine Tür rannte.
Oder als ich eines Freitagmorgens in einer luxuriösen Badewanne mit Löwenfüßchen aufwachte, in einem Fünfsternehotel

in Soho. Im Schlafzimmer schnarchten zwei Typen, die ich nicht kannte. (Um neun Uhr deckte ich mich bei Topshop mit neuen Klamotten ein, weil meine voller Rotweinflecken waren. Und ich musste schließlich zur Arbeit.)

Oder als mein damaliger Freund mich bewusstlos auf der Türschwelle liegend fand.

Aber nein, bei keiner dieser Gelegenheiten dämmerte es mir. Wenn die Einsicht ausbleibt – obwohl der Trinker ständig mit den negativen Folgen seines Trinkens konfrontiert ist –, denken viele, dass sich das Aha-Erlebnis nie einstellen wird. In Wirklichkeit aber baut es sich unsichtbar im Innenleben auf. Aber niemand – und nichts – kann diesen Prozess beschleunigen.

Meine Mutter und mein Vater versuchten einmal, bei mir eine solche Intervention zu machen. Im Januar 2013. Sie schickten mir handgeschriebene Briefe, die beide am selben Tag ankamen. Beide schrieben, dass ich ihrer Ansicht nach mit dem Trinken aufhören sollte.

Ich riss die Umschläge auf. Ich war stocksauer. Ich war noch nicht so weit. Und ich würde erst *bereit sein*, als ich später in dem Jahr um Hilfe bat. Das ließ sich nicht vorantreiben. Wenn überhaupt, dann hat diese gemeinsame Intervention meine Bitte um Hilfe eher verzögert. *Ich zeige es ihnen.* Das war es, was ich dachte. Ich stemmte mich noch mehr gegen die Erkenntnis, etwas ändern zu müssen.

Es gibt nicht den einen magischen Satz, der im Trinker den Wunsch entstehen lässt, aufzuhören. *Ach, du hast ja recht. So habe ich das noch nie betrachtet!* Und kein Entzugsprogramm auf der ganzen Welt bringt jemanden dazu, clean zu bleiben, sobald er die Klinik wieder verlassen hat. Außer, diese Person kam in die Klinik, weil sie es selbst satthatte, »ständig unter Übelkeit und Müdigkeit zu leiden«. Anders geht es nicht.

9. Helfen Sie, wenn Sie darum gebeten werden, aber machen Sie sich frei von allen Erwartungen

Wenn ein Trinker um Hilfe bittet: Hurra! Jetzt können Sie so richtig glänzen. Versorgen Sie diese Person mit Büchern, reden Sie mit ihr, bieten Sie an, sie zu einem Antialkoholiker-Treffen (gleich welcher Couleur) zu begleiten. Sehen Sie sich zusammen Dokumentarfilme an. Schicken Sie der Person Links zu guten Podcasts oder Blogs, die ihr gefallen könnten.

Eines aber sollten Sie im Hinterkopf behalten: Im Ernstfall ist die einzige Person, die diesem Menschen helfen kann, sie selbst. Oder wie die US-amerikanische Autorin Laura McKowen, die ebenfalls ausgestiegen ist, schreibt: »Wir schaffen das nicht alleine, aber nur wir können es schaffen.« Wahre Worte.

Viele Menschen, die ich mag, haben mich um Unterstützung beim Trockenwerden gebeten. Und ich habe sie ihnen nicht verweigert. Ohne dabei auf ein bestimmtes Ergebnis zu schielen. Denn das Resultat ist allein deren Sache, nicht meine. Ich kann diesen Schritt nicht für den anderen machen, selbst wenn ich das manchmal liebend gerne täte.

Und auch Sie können einen geliebten Menschen nicht vom Alkohol wegbringen, und wenn Sie es noch so gerne täten. Uns an Dinge zu hängen, die wir nicht kontrollieren können, ist die Schnellstraße zum Irrsinn. Tun Sie, was Ihnen möglich ist – und treten Sie dann einen Schritt zurück.

Nicht mein Zirkus, nicht meine Affen.

Unbekannt

Wann Sie sich zurückziehen sollten

Manchmal ist Ihre einzige Alternative der Rückzug. Wenn Sie noch nicht mal das Ende Ihres Halteseils sehen, geschweige denn sich daran hochziehen können.

Nach vier Jahren Abstinenz waren tatsächlich einige Trinkkumpane von früher aus meinem Leben verschwunden. Aber alles in allem hatte ich dieselben Freunde wie vorher, als ich noch trank. Darauf war ich wirklich stolz.

Allerdings hatte ich mich auch massiv verändert. Das gilt vermutlich auch für Sie, wenn Sie auf dem Weg in die trockene Welt sind. Heute kenne ich etwa vier Fünftel meiner Freunde noch von früher. Einige Freundschaften aber musste ich loslassen. Denn wir haben uns nicht nur verändert, wir haben uns vielmehr in verschiedene Richtungen entwickelt.

Da war der Freund, der ständig MDMA zu Partys mitbrachte und mich drängte, doch was zu nehmen, um »locker zu werden«. Die Freundin, die mich zu ihrer Geburtstagsparty einlud und dann wieder auslud, weil sie sich »richtig besaufen« wollte. Und die Freundin, mit der ich seit Jahren im Clinch lag, weil sie mir einmal an den Kopf geworfen hatte, dass sie »nie so übel drauf sein würde wie ich«. Dabei trank sie da schon mehr, als ich es je getan hatte.

Im Umgang mit diesen drei Freunden empfand ich mich zusehends als Heuchlerin, wenn ich ohne zusammenzuzucken zusah, wie sie meine handbemalte Lieblingstasse als Aschenbecher benutzten, weil »ich das ja früher auch getan habe«. Ich führte ihren Hund aus, wenn sie bis ein Uhr mittags schliefen. Setzte mich mit ihnen ins Auto, wenn sie betrunken gefahren sind. Blieb cool, wenn sie mich nach eineinhalb Flaschen in die Ecke manövrierten und mir einen verrückten politischen Diskurs aufdrängten. Entschuldigte mich beim Taxifahrer, wenn sie ihn beschuldigten, den »langen Weg« genommen zu haben.

Ich hielt diese Freundschaften noch drei, fünf oder sechs Jahre aufrecht, nachdem ich trocken geworden war. Ich sagte mir, das sei mein Karma. Ein Preis, von dem ich das Gefühl hatte, ihn zahlen zu müssen. Was bildete ich mir ein, *sie* nervig zu finden, wo ich doch früher auch so war? Sie waren doch nur mein altes Selbst! Die Menschen, die mich liebten, hatten mir gegenüber ja genauso empfunden, oder? Ja, genau.

Bis ich wirklich nicht mehr konnte. Zuzusehen, wie die Sucht sie immer stärker in ihren Klauen hatte, war traurig, frustrierend und kostete mich Kraft. Wir hatten nichts mehr gemeinsam. Und ich wollte nicht mehr hinter vorgehaltener Hand zuschauen. Selbst wenn ich früher genauso war.

Auch Sie müssen nicht zuschauen. Sie können sich herausnehmen. Wenn Sie wirklich genug haben. Es ist keine Heuchelei, wenn Sie sich liebevoll verabschieden. Denn folgende drei Dinge können gleichzeitig wahr sein:

1. Ich liebe dich.

2. Ich fühle mit dir.

3. Ich kann mit dir nicht mehr zusammen sein.

Ein wenig bekannter Vorteil des Trockenseins: erhöhte Fruchtbarkeit

Ich war mir nie sicher, ob ich Kinder will. Und dann erwachten meine Eierstöcke, als ich gerade mal 39 war. Danke, ihr Eierstöcke. Ein bisschen spät, findet ihr nicht? Ihr hättet mir das früher sagen können.

Interessanterweise geschah dieses Erwachen im selben Jahr, als ich finanziell wieder sicheren Boden unter den Füßen hatte. Vermutlich kein Zufall. Wer weiß, ob ich fähig wäre, eigene Kinder zu haben? Meine Nachforschungen ergaben, dass das Abnehmen der Fruchtbarkeit zwischen 35 und 40 maßlos übertrieben wird. Also könnte ich vermutlich immer noch Kinder bekommen. Und wenn ich nicht kann, bin ich auch offen für andere Möglichkeiten: Adoption, Eizellenspende, Leihmutterschaft, eine süße Fellchen-Familie.

Als meine Eierstöcke erwacht waren, entdeckte ich etwas Faszinierendes. Wer nüchtern ist – oder sehr wenig trinkt –, unterstützt damit seine Fruchtbarkeit. Forschungsarbeiten zeigen, dass Abstinenzler und Menschen, die sehr wenig trinken, fruchtbarer sind als Menschen, die regelmäßig Alkohol konsumieren.

Eine dänische Studie begleitete 6120 Frauen zwischen 21 und 45 insgesamt neun Jahre lang. Während dieser Zeit führten die Frauen detailliert Tagebuch über ihren Alkoholkonsum. Sieben von zehn Frauen wurden schwanger. Als man die Tagebücher analysierte, stellte sich heraus, dass schon 250 Milliliter Wein pro Tag die Chancen auf eine Empfängnis um 18 Prozent verringerten. 18 Prozent!

Andere wissenschaftliche Untersuchungen belegten, dass selbst wenig Alkohol sich nachteilig auswirkte. Eine weitere Studie aus Dänemark untersuchte 430 Paare. Wenn die Frau fünf – oder weniger – Drinks pro Woche hatte, war sie weniger fruchtbar.

An der Harvard University untersuchte man die Daten rund um 4729 In-vitro-Fertilisationszyklen. Spannenderweise bezog man in diesem Fall den Alkoholkonsum sowohl von Männern als auch von Frauen ein. (Schon *einigermaßen merkwürdig*, dass dies bei den anderen Studien nicht der Fall war. Als wäre Empfängnis reine Frauensache!)

Bei dieser Untersuchung stellte sich heraus, dass die Chancen auf ein Baby um 21 Prozent sanken, wenn beide Partner sechs oder mehr Einheiten Alkohol pro Woche konsumierten. Umgangssprachlich ausgedrückt heißt das: Wenn ein Paar sich nur eine Flasche Wein pro Woche teilt, sinkt die Möglichkeit einer Empfängnis um ein Fünftel.

»Wenn Sie eine In-vitro-Fertilisation überlegen, würde ich Ihnen raten, schon drei Monate zuvor auf Alkohol ganz zu verzichten!«, rät Tony Rutherford, Präsident der British Fertility Society, in einem Bericht des *Guardian* über diese Resultate.

Interessant, nicht wahr? Noch interessanter ist allerdings, dass ich, bevor ich meine Nachforschungen anzustellen begann, nicht ein einziges Mal davon gehört hatte, dass Trinken unfruchtbar machen kann. Und Sie? Dabei sind einige dieser Studien mehr als 20 Jahre alt. Seufz! Wieder ein Beispiel dafür, wie durch Alkohol verursachte gesundheitliche Schäden unter den Teppich gekehrt werden.

Brennende Frage:
Ist Sucht eine Krankheit?

Dr. David Nutt: »Ja, Sucht ist eine Krankheit. Sie beeinträchtigt bestimmte Funktionen, verkürzt das Leben und hat negative Auswirkungen auf Fähigkeiten, die man beruflich und sozial braucht. Sie hat eine bekannte Ursache (siehe Seite 211), und es existieren Behandlungsmethoden (Zwölf-Schritte-Programm et cetera), die für manche Menschen funktionieren.«

Dr. Marc Lewis: »Nein. Deshalb habe ich ja ein Buch darüber geschrieben (*The Biology of Desire*) mit dem Untertitel *Warum Sucht keine Krankheit ist*. Sucht ist keine Erkrankung des Gehirns, auch wenn sie natürlich das Gehirn verändert.

Synaptische Konfiguration heißt, dass Sie mit jeder Handlung, an die Sie hoch motiviert herangehen, einen synaptischen Superhighway schaffen – sozusagen eine Autobahn im Gehirn. Auf dieser spielt sich dann der Hauptteil der Aktivitäten im Gehirn ab. Das ist das beste Bild, um die Sucht zu erklären.

Synaptische Autobahnen sind die Methode des Gehirns, den Verkehrsfluss zu optimieren. Diese neuronale Anpassung sorgt dafür, dass wir in bestimmten Dingen Experten werden können, zum Beispiel Neurochirurgin oder Konzertmusiker. Bei der Sucht aber führt diese Optimierung – die Tendenz, eine suchterzeugende Substanz oder Aktivität zu nutzen – dazu, dass andere Pfade, die vom Highway wegführen, verschwinden. Alle Seitenwege verkümmern. Ihr Gehirn wird zur Stadt, die nur eine Hauptstraße hat und kein Netz aus kleinen Straßen.

Doch diese Geschichte mit dem Gehirn können wir vergessen, denn wir können es nicht mit neurochirurgischen Mitteln ändern. Wir können nicht direkt auf das Gehirn einwirken. Stattdessen behandelt man Sucht durch zwischenmenschliche Aktivitäten und Methoden, die über einen langen Zeitraum hinweg das Gehirn beeinflussen können.«

Dr. Judith Grisel: »Wenn wir den Begriff ›Krankheit‹ klar definieren könnten, wäre dies ein echter Vorteil. Nehmen wir an, das klarste Merkmal für eine Krankheit sei es, dass sie fortschreitet und chronisch werden kann. Dann ist Sucht meiner Ansicht nach eine Krankheit.«

Dr. Julia Lewis: »Rein technisch betrachtet ist die Sucht keine Krankheit. Politisch aber würde ich sagen, man sollte mit der Sucht umgehen, als wäre sie eine Krankheit, denn immerhin verändert sie den Körper. Das in den USA entwickelte Modell für das Management chronischer Krankheiten lässt sich sehr gut zum Management von Süchten einsetzen. Denn es geht davon aus, dass jemand nicht nach einer einmaligen Behandlung dauerhaft geheilt ist. Wie bei Asthma und Diabetes kann man lange Phasen haben, in denen es einem gut geht. Dann aber kommen kurze Zeiteinheiten, in denen man Unterstützung braucht. Hier ist ein zurückhaltendes Management im Hintergrund wichtig. Tritt dann der Krisenfall ein, müssen Sie die Möglichkeit haben, schnell und problemlos Zugriff auf professionelle Hilfe zu bekommen. Dieses ›Disease Management‹-Modell ist kein Allheilmittel, aber bisher die beste Lösung.«

Die Angst lösen

Gestern sah mich meine Freundin Amanda, wie ich gegen elf Uhr vormittags an ihrem Haus vorbeiging. Sie saß gerade beim Brunch und erzählte mir später: »Du hast so gelassen ausgesehen. Als hättest du den Morgen gerade damit zugebracht, Zitronenwasser zu trinken, Yoga zu machen und zu meditieren.«
»Ha«, sagte ich. »Wenn du wüsstest.«
Denn an jenem Morgen glich mein Innenleben eher Edvard Munchs Gemälde »Der Schrei«, auch wenn ich nach außen hin eher wie Schneewittchen wirkte.

Das liegt an dem breiten Band, das die generalisierte Angststörung (GAS) mit dem Suchttrinken verbindet. Da fast 20 Prozent der Menschen soziale Ängste haben, heißt das: Angsthasen haben ein um das Doppelte erhöhtes Risiko, eine Sucht zu entwickeln.

Alkohol wirkt angstlösend. »Er beseitigt einen unangenehmen Zustand«, meint die Psychologin Dr. Judith Grisel. »Wenn Sie daran gewöhnt sind, etwas gegen Ihre Ängste nehmen zu müssen, werden Sie Alkohol zu schätzen wissen, weil er eben genau das tut. Er wirkt beruhigend und er löst Hemmungen. Wer *weniger* zu Ängsten neigt, neigt auch weniger zum Alkohol. Solche Menschen mögen das vernebelte Gefühl nicht und die Tatsache, dass sie sich nicht mehr klar ausdrücken können. Aber wenn Sie mit Ängsten kämpfen, dann ist Vernebelung genau die richtige Taktik für Sie. Und so wird der Alkohol zum Gegengift für die Angst.«

Jeder Mensch, der trocken geworden ist oder wird, weiß das. Bei uns Angsthasen hält das Gehirn buchstäblich nie die Klappe. Es ist, als hätten wir ein geschwätziges Kleinkind im Kopf, das sich immer wieder Katastrophen ausmalt und absurde Fragen stellt. Wir haben den Alkohol dazu benutzt, uns ins narkoleptische Nichts zu versenken. Und jetzt, wo wir nicht mehr zum Alk greifen, treibt uns das randalierende Kleinkind zur Verzweiflung.

1. Wie Sie den »Halt die Klappe«-Schalter finden

Menschen bringen diese Stimme auf die unterschiedlichsten Weisen zum Schweigen. Es ist höchst individuell, was Ihren Geist zur Ruhe bringt und ihm ein Ventil verschafft.

Versuchen Sie es mal mit dem folgenden Gedankenexperiment. Mir hilft es. Ich sehe die Angst als Energie, als »Selbstheit« wie in *Alice im Wunderland*.[13] Das nervöse Geklimper kann entweder im Tank bleiben und zu Angst versauern. Oder wir lassen es woanders ab. Wir können es dazu verwenden, um unsere Wohnung blitzblank zu halten, um in zehn Minuten zehn E-Mails zu schreiben, um Gedichte zu ersinnen, einige Bahnen zu schwimmen oder mit Wassermalstiften hübsche Karten zu zeichnen.

Die Selbstheit braucht einen Ort, an dem sie sich aufhalten kann. Also gebe ich ihr einen. In letzter Zeit habe ich mich in die laserscharfe Konzentration verliebt, die es beim Klettern braucht. Wenn Sie ohne Sicherung in fünf Meter Höhe an der Wand kleben, werden Sie an nichts anderes denken als daran, wie Sie es vermeiden können *runterzufallen*, glauben Sie mir. Freunde von mir nehmen ihr Meditationskissen buchstäblich überall mit hin. Ich persönlich finde Ruhe im Geist hauptsächlich in der Bewegung.

---

[13] Alice im Wunderland, Berlin 2014, S. 80

2. Tiefseetauchen im Sturm

Was aber, wenn Sie Ihre Angst nicht mit Laufen oder Meditieren oder Putzen oder Schreiben bewältigen können? Wenn sie Sie überfällt, während Sie im Restaurant sitzen, sich der Aufzug schließt oder die Tür zum Besprechungsraum? Sie fühlen sich wie angenagelt, hilflos, und rund um Sie toben die Elemente.

Das ist der Sturm im Kopf. Und das Schlimmste: Je mehr Sie dagegen ankämpfen, desto wütender peitscht er die Wogen auf.

Wie also können Sie lernen, dass Ihr Herz nicht aussetzen wird, Ihre Lungen nicht platzen müssen und Sie sich nicht quer über den Ess- oder Schreibtisch erbrechen werden oder über den Klapptisch im Zug? Wie lernen Sie, darauf zu vertrauen, dass schon alles gut wird, auch wenn Sie das genaue Gegenteil empfinden?

»Jeder von uns kennt Leute, die sozusagen ›Alltagsbuddhas‹ sind«, meint der US-amerikanische Neuropsychologe Dr. Rick Hanson. »Deren Innerstes unerschütterlich gütig und gut gelaunt bleibt, auch wenn es rundgeht.«

Solche Leute verwirren uns. Wir fragen uns, wie sie das nur machen. Dr. Hanson meint, das sei täuschend einfach: »Die wiederholte Verinnerlichung positiver Erfahrungen.« Anders gesagt: Wir tätowieren die positiven Aspekte des Lebens in unser Gehirn. »Wenn wir uns die Essenz positiver Erfahrungen immer wieder einprägen, schaffen wir anhaltende physische Veränderungen in unserem Nervensystem«, erläutert Dr. Hanson.

Er vergleicht diesen unberührbaren Kern von innerem Frieden mit einem Taucher, der seine Ausrüstung dabeihat, während ein Sturm zu toben anfängt. »An der Oberfläche erheben sich meterhohe Wellen«, erzählt er. »Aber nur 15 Meter darunter ist alles friedlich. Wenn Sie den Mumm haben abzutauchen.« Und genau den haben diese Menschen. Wollen wir das nicht alle?

Der Weg in diese Tiefen führt über das »wiederholte positive« Taktgeben, das der Neuropsychologe erwähnte. Wenn Sie nie darauf achten, wann das Wetter gut ist, werden Sie sich einbilden, dass es immer schlecht ist. Wenn alles in Ordnung ist und Sie das wirklich fühlen, es verinnerlichen und zu schätzen wissen, werden Sie auch das Vertrauen entwickeln, dass auf der anderen Seite des grummelnden Abgrunds wieder alles gut wird. Denn dass alles gut ist, ist der Normalzustand.

3. Angst durch Koffein

Ich habe dieses Jahr meinen Koffeinkonsum halbiert und hatte danach – Wahnsinn! – nur noch halb so viel Angst. Wer hätte das gedacht? Was sagen Sie? Sie hätten das gewusst? Und Sie tun es trotzdem nicht? Denn auch ich wusste das natürlich, aber es war mir schnurzpiepegal. Jahrelang.

Koffein verstärkt Ängste, weil der Körper seine Wirkung als Angst interpretiert. »Koffein regt eine ganze Reihe von Empfindungen an: Das Herz schlägt schneller. Der Körper erwärmt sich. Die Atemfrequenz steigt. All diese Dinge passieren auch bei der Angst«, erklärt die US-amerikanische Psychologin Dr. Susan Bowling in einem Interview mit dem Magazin *Health*. »Psychisch ist es für den Geist schwierig, das auseinanderzuhalten, denn Angst und Koffeinreaktion fühlen sich gleich an.«

4. Liebende Güte verströmen

Angst ist im Grunde narzisstisch. Nur dass die Ich-ich-ich-Stimme im Kopf jetzt nicht sagt: »Ich bin ja so großartig«, sondern: »Ich bin ja so sonderbar«. Sie nörgelt an uns rum, weil wir nicht einmal die einfachsten Dinge gebacken bekommen, zum Beispiel zum Mittagessen zu gehen. (»Was ist denn mit dir los?«) Eine Megazicke eben. Sie raunt uns zu, dass wirklich jeder im Restaurant oder in der U-Bahn uns Seitenblicke zuwirft und uns eigenartig findet. In Wirklichkeit hat uns vermutlich noch nicht mal jemand bemerkt. Aber wir sind überzeugt, dass wir mit unserer Verschrobenheit der Mittelpunkt der Welt sind.

Der britische Neurowissenschaftler Chris Frith sagt, das Gehirn hätte da einen Trick. Es lässt uns glauben, dass wir der »Schauspieler im Zentrum des Universums« sind. Viele finden es wundervoll, in ihrem persönlichen Drama die Hauptrolle zu spielen. Für ängstliche Menschen aber ist das der siebte Kreis der Hölle: »Jeder kann mich sehen!« Hirnwichserei eben.

Wie Sie aus dieser Mühle herauskommen? Nun, Sie werfen sich Ihren unsichtbar machenden Tarnumhang über und verkrümeln sich von der Bühne in den Zuschauerraum. Wie? Indem Sie die Aufmerksamkeit auf andere Menschen richten. Und ihnen liebende Güte schicken.

Ich habe dies von der Meditations-App *Buddhify* gelernt. Die Technik ist traditionell buddhistisch. »Möge es dir gut gehen. Mögest du glücklich sein.« Das sage ich innerlich, während ich einen Fremden in der U-Bahn anstarre. Ich schenke der Person ein Glücksbärchen in einem Regenbogen. Manchmal denke ich mir für sie ein Leben aus, als würde ich das Computerspiel »Die Sims« spielen. Ich male mir aus, wo diese Person lebt, was sie gerne tut, wenn sie abends nach Hause kommt, ob sie ein picobello aufgeräumtes Schlafzimmer hat oder ob es dort aussieht wie im Teeniezimmer.

Dann lenke ich meine Aufmerksamkeit auf eine andere Person und überschütte sie mit Regenbogengedanken. Und für einen wunderbaren Moment werde ich für mich selbst unsichtbar. Ich habe mich daran erinnert, dass ich nicht der Mittelpunkt eines verrückten Dramas in der U-Bahn bin.

5. *Sei so frei, es nicht zu tun*

Wenn Sie etwas auf den abschüssigen Weg der Angst katapultiert, und Sie müssen diesen Weg nicht unbedingt gehen: Dann verdammt noch mal machen Sie es auch nicht. Ich habe so ziemlich alles, was ich je betrunken getan habe, auch als nüchterner Mensch gemacht. Mit einer Ausnahme: Karaoke. Als ich das meiner zum Sarkasmus neigenden Verlegerin erzählte, meinte sie, sie würde das Erscheinen meines ersten Buchs mit einer Karaoke-Party feiern. »Und am Ende wirst du ein Lied trällern.«

Ich habe nur einen Versuch unternommen. Ich habe es bis in die U-Bahn geschafft. Als ich aussteigen und in die Karaoke-Bar gehen wollte, konnte ich das nicht. Ich war seit vier Jahren trocken. Und ich habe es nicht hinbekommen. Also habe ich es nicht gemacht. Ich textete meiner Freundin, die das Ganze organisiert hatte, dass ich nicht singen wolle – und da sie auch trocken war und immer noch ist, hatte sie es verstanden. Und dann ging ich nach Hause.

Es ist in Ordnung, wenn du niemals nüchtern Karaoke singst. Niemand sagt, dass wir jetzt als nüchterne Menschen all das tun müssen, was wir als Trinker taten. Bei meiner Singstimme ist Zurückhaltung in dieser Hinsicht ohnehin ein Dienst am Nächsten.

III

Das siebte Jahr

Das siebte Jahr: Um das bitten, was wir brauchen

In jenem Jahr wurde mir klar: Ich bin ein hoffnungsloser Fall, wenn es darum geht, um etwas zu bitten, was ich benötige. Ich weiß nicht, warum das so ist. Nur dass man es mir abgewöhnt hat.

Vielleicht weil ich eine Frau bin und Frauen traditionell beigebracht wird, um die Bedürfnisse anderer zu kreisen. Vielleicht weil ich jahrelang bei Magazinen gearbeitet habe, wo es ständig hieß: »Du darfst froh sein, dass du einen Job hast.« Und wenn du nicht vor deinem Boss auf die Knie gehst, bedeutet das, dass du »zickig« bist.

Als ich noch trank, habe ich meine Bedürfnisse von den Dächern gebrüllt. Und darauf bestanden. »Mehr Drinks«, brüllte ich als durstige Harpyie. »Gib mir 'ne Zigarette«, fauchte ich Fremde an. Ich war eine auf seine Bedürfnisse konzentriertes Gör. Als ich trocken wurde, lernte ich, mehr zu geben, statt zu nehmen.

Ein neues Ich! Wenn ich niedergeschlagen bin, tue ich etwas für jemand anderen. Es gibt eine ganze Reihe wissenschaftlicher Untersuchungen, die belegen, dass das Eintreten für andere – in Güte – bei Depressionen besser funktioniert, als wenn wir etwas für uns selbst tun. Eine Studie von 2008 zeigte, dass Menschen, die anderen ein unerwartetes Geschenk machen, glücklicher waren, als wenn sie das Geld für sich selbst ausgegeben hätten.

Das Helfersyndrom, das uns der Altruismus beschert, schleift sogar die Ecken und Kanten des Entzugs (nehme ich an). Bildgebende Verfahren zeigen, dass gütiges Handeln sich positiv im

Striatum bemerkbar macht (das ist Fakt), in ebenjenem Teil des Gehirns, in dem die Sucht entsteht.

Geben ist also wichtig. Nur dass ich es zu weit getrieben habe. Ich habe viel zu viel von mir selbst gegeben. Ich fing an zu glauben, dass meine Bedürfnisse nicht wichtig sind, dass ich mich nach dem richten müsse, was andere wollen, brauchen, erbitten. Damit ich mein neues »Braves Mädchen«-Seidenkleid behalten durfte. Ich lächelte aufs Stichwort, warf mich in Pose, sagte immer Ja und wirbelte meinen metaphorischen Tambourmajorinnenstab herum. »Bitte vergebt mir!«, tänzelte ich. »Ich tue ja alles, was ihr wollt.«

Bis ich plötzlich merkte, wie sehr ich meine Bedürfnisse vernachlässigt hatte.

Bedürfnisse – die Erste

Meine Freundin und ich fahren nachts nach Hause. Wir waren aus. Ich genüge meiner ausgeprägten Pfefferminzteesucht, indem ich mir aus einer Thermoskanne einen Mehrwegbecher fülle. (Als Beifahrerin, möchte ich nur anmerken.) Der Teebeutel bleibt in der Kanne kleben. Ich vermute, sie ist fast leer. Ich ruckle am Teebeutel, er fliegt durch die Luft und das kochend heiße Wasser aus der Kanne ergießt sich über meinen nackten Oberschenkel. Das tut verdammt weh.

Meine Freundin und ich finden, wegen so einer Kleinigkeit in die Notaufnahme zu fahren, ist wohl ein bisschen übertrieben. Ich will doch keinen Aufstand machen. Ungemein very british! Ich will ja niemandem den Platz wegnehmen, nur weil mein Oberschenkel brennt wie die Hölle.

Am nächsten Tag fühle ich mich schwach. Ich gehe zur Apotheke und will wissen, was man mir für die handtellergroße Verbrennung empfiehlt, dort, wo die Haut Blasen wirft. Der Apotheker sieht sich das an und fragt mich, wieso ich nicht sofort, als es passiert ist, in die Notaufnahme gegangen bin. Er schickt mich augenblicklich ins Krankenhaus. Ich höre fast das »hirnfrei«, das er an meinen Namen dranhängt.

Ich fahre mit dem Taxi hin. Meine Freundin ruft mich an, während ich im Auto sitze. Ich sage ihr, ich könnte heute Nachmittag keine Pläne für das sonntägliche Mittagessen mit ihr machen. Ich sei auf dem Weg in die Notaufnahme.

Freundin: »Aber Liebes! Ich bin gleich im Krankenhaus und warte mit dir. Dann kann ich dich danach wieder nach Hause kutschieren.«

Ich: »Nein, das brauchst du nicht. Ehrlich, mir geht es gut. Du hast ja schließlich auch so einiges zu tun!«

Freundin: »Ich bin da.«

Zum Teufel! Sie will partout kommen. Und ich fühle mich unwohl deshalb, als würde ich ihr den ganzen Sonntagnachmittag verderben.

Aber auf der Fahrt nach Hause wird es noch besser.

Sie: »Hast du Hunger?«

Ich belle praktisch wie ein Hund: »Würstchen?«

Ich: »Ja, ich bin halb verhungert. Ich hatte ja nichts zu Mittag.«

Freundin: »Halten wir doch irgendwo an und nehmen uns was mit. Was hättest du denn gerne?«

Ich: »Was möchtest DU denn?«

Freundin: »Ich bin nicht hungrig. Ich habe ja schon gegessen. Es ist also allein für dich.«

Ich: »Ach, mach dir wegen mir keine Gedanken. Ich bin nicht hungrig.«

Freundin: »Du hast doch gerade gesagt, dass du halb am Verhungern bist, du Spinnerin.«

Ich: »Habe ich das? Nur weil ich dachte, du hättest auch Hunger.«

Freundin: »Aber es ist doch total unwichtig, ob ich hungrig bin. DU HAST Hunger, also halten wir an.«

Ich willige ein, dort, wo es sich am besten machen lässt, eine Tüte Pommes mitzunehmen. Dort, wo wir sowieso parken würden. Vor einem eher üblen Imbiss. Die Vorstellung, dass sie wenden, parken und auf mich warten muss, während ich etwas zu essen besorge, was ich wirklich mag, ist für mich unerträglich.

Als ich die Geschichte meiner Therapeutin erzähle, will sie lange mit mir darüber reden. Und ich erkenne, dass ich, die geknickte Trockene, die rehabilitierte Harpyie, das Pendel zu weit in die andere Richtung habe schwingen lassen: Es ist mir wichtiger, nett zu sein, als meine Bedürfnisse zu erfüllen.

Die Kranichfrau

Ich berichte meiner Freundin Kate von meinen Einsichten über mich und meine Bedürfnisse. Denn Kate ist ein Genie, das mir immer einen Link zu genau der Lektüre schickt, die ich brauche. Dieses Mal ist es ein Essay von CJ Hauser mit dem Titel »The Crane Wife« (Die Kranichfrau), der in der *Paris Review* veröffentlicht wurde.

Eine faszinierende Geschichte. Es geht um eine Frau, die ihre eigenen Bedürfnisse vernachlässigt, statt von ihrem Ehemann deren Erfüllung zu verlangen. Er sagt, er hätte sie geheiratet, weil sie »weder nervig noch bedürftig« gewesen sei. Obwohl sie also bedürfnisfrei wirkt, gibt es Dinge, die sie braucht. Das gilt für uns alle.

»Ich hasse es, dass ich mehr als das von ihm Bekommene brauchte«, schreibt Hauser. »Es gibt für mich nichts Demütigenderes als meine eigenen Wünsche. Nichts, das mich mehr zum Selbsthass treibt als das Gefühl, eine Last zu sein und nicht für mich selbst sorgen zu können.«

»Selbst jetzt vernehme ich die Worte immer noch als beschämend«, fährt Hauser fort. »*Hungrig nach etwas zu sein. Bedürftig.* Das Schlimmste, was eine Frau sein kann. Manchmal sage ich mir immer noch, dass ich doch zufrieden sein soll mit dem, was ich bekomme. Denn wenn es nicht ausreicht, dann, weil ich zu viel will.«

Der Hammer! Kaum habe ich den Artikel einmal gelesen, der meinem »Ich? Ich brauche doch nichts!«-Ich den Spiegel vorhält, lese ich ihn gleich noch mal. Und wieder. Allmählich dämmert mir, dass ich gerade in romantischen Beziehungen hoffnungslos darin bin, um das zu bitten, was ich nötig habe.

Ich habe das coole Girl (nonchalantes französisches Mädchen, dem es scheißegal ist, ob man ihre SMS beantwortet oder nicht) vor langer Zeit durch Exorzismus ausgetrieben. Aber ich sitze immer noch brav da und warte, dass meine Bedürfnisse sich irgendwie erfüllen, obwohl niemand, mit dem ich ausgehe, Gedanken lesen kann.

Ich merke, dass ich Menschen *mehr* respektiere, die um das Gewünschte bitten, als jene, die das nicht tun. »Ich brauche kurz mal 15 Minuten für mich selbst«, sagt mir jemand, in dessen Haus ich übernachte. Ich lächle und sage: »Cool.« Sein Motto ist übrigens: »Sei nützlich, nicht verfügbar.«

»Ich muss zu Hause bleiben und mich ausruhen«, erklärt mir eine Freundin, die sich heute Abend nicht treffen will. *Sie muss zu Hause bleiben und sich ausruhen.* Ich bin baff. Hätte ich das gesagt, hätte ich mich für unverschämt gehalten. Bei jemand anderem zeugt das in meinen Augen von Klasse. Ich frage mich, warum ich das nicht hinbekomme. *Ich muss zu Hause bleiben und mich ausruhen.* Ich übe diesen Satz wieder und wieder im Geiste, wie eine magische Formel. Aber ich spreche sie anderen gegenüber weiterhin nicht aus.

Bedürfnisse – die Zweite

Und dann, wie es das spitzbübische Universum so will, spielt es mir einen Ball zu: Ich muss um etwas bitten, was ich brauche, weil sonst eine aufkeimende Beziehung scheitert.

Ich pflege einen leicht ängstlichen Bindungsstil (vorher: hysterisch). Das heißt: Wenn ich 48 Stunden lang von jemandem, mit dem ich zusammen bin, nichts höre, gehe ich davon aus, dass ich von dieser Person nie mehr etwas hören werde. Ich glaube, die Beziehung ist im Eimer, wobei alles im Lot ist. Ich trauere immer wieder um Beziehungen, die eigentlich ganz normal laufen. Ja, das macht *echt Spaß!*

Einmal höre ich von dem Mann, mit dem ich zusammen bin, vier Tage lang gar nichts. Ich nehme daraufhin an, dass er mich jetzt hasst und wir nicht mehr ein Paar sind. Also benehme ich mich wie eine Erwachsene: Ich beende die Beziehung. Mit einer SMS. »Ich habe das Gefühl, dass du an uns nicht wirklich interessiert bist. Also lassen wir's dabei.« *Wirft die Haare nach hinten – und Abgang.* Als er antwortet, zeigt er sich entsetzt von meiner melodramatischen Beendigung der Beziehung. Folglich treffen wir uns zum Mittagessen.

Ich habe eingeübt, was ich sagen werde. Aber natürlich hat das Bitten um Erfüllung der eigenen Bedürfnisse auch einen Haken. Die Leute können einfach Nein sagen. Und wenn sie das tun, müssen Sie sie gehen lassen. Uff!

Ich: »Es tut mir leid, dass ich Schluss gemacht habe. Das war es eigentlich nicht, was ich wollte.«

Er nickt und lächelt.

Ich: »Ich bin vom ängstlichen Bindungstyp. Ich brauche also zwei Dinge, damit es mir gut geht: Beständigkeit und Kontakt.«

Er rutscht auf dem Stuhl herum.

Ich: »Wir müssen uns nicht jeden Tag unterhalten oder so, aber ich packe es nicht, wenn du dich so lange nicht meldest. Ich möchte an den meisten Tagen Kontakt, auch wenn es nur ein Einzeiler ist.«

Er sagt, das wäre für ihn schon ganz in Ordnung, aber wenn er viel zu tun habe, ginge das nicht, bla, bla, bla. Dann wechseln wir das Thema. Es geht ums Essen. Wir fragen uns, was zum Teufel wohl

Nduja ist. Nun rutsche ich auf dem Stuhl hin und her. Wappne mich. Und gehe zurück in den Ring.

Ich: »Ich möchte noch einmal auf diesen Punkt zurückkommen. Über Beständigkeit und Kontakt.«

Er: »Ähm?« (Er recherchiert auf dem Smartphone, was *Nduja* ist.)

Ich: »Wenn ich diesen regelmäßigen Kontakt nicht haben kann, ist das für mich in Ordnung. Ich werde deshalb nicht wütend, aber ich gehe davon aus, dass wir dann kein Paar mehr sind. Bleiben wir eben einfach Freunde.«

Er legt das Handy weg und sieht mich entgeistert an. Und schließlich sage ich etwas, das ich noch nie zuvor gesagt habe, das ich nicht geplant hatte und das einfach so rausrutscht wie dieser Werbespruch eines Kosmetikkonzerns.

Ich: »Weil ich es wert bin.«

Stille. Die Gabeln klirren. Ich habe das Gefühl, als würde eine Steppenhexe über den Tisch rollen.

Er: »Ja, das bist du.«
Er verspricht, mich von nun an jeden Tag zu kontaktieren, und wenn es nur zehn Minuten übers Telefon sind. Das ist für mich der Anker, den ich brauche. Jetzt, mit 40 Jahren, davon 22 als Erwachsene, habe ich es zum ersten Mal geschafft, direkt und ohne mich zu entschuldigen um das zu bitten, was ich in einer Beziehung benötige. Es stellt sich heraus: Wenn man um das bittet, was man braucht, geben es einem die Leute manchmal einfach so.

Nach ein paar Monaten passiert Folgendes:

Bedürfnisse – die Dritte

Es ist Sonntag, ich bin in meinem Co-Working-Büro. In dieser Woche habe ich jeden Tag gearbeitet. Meine Energiekerze hat nicht nur an beiden Enden gebrannt, es ist de facto nur noch der Docht vorhanden.

Ich lese gerade, als ich merke, dass mein linkes Auge die Zeilen nicht korrekt wahrnimmt. Da ist ein weißes Loch. Als würde ich in die Sonne gucken.

Dann fängt das Licht über mir an, in den Augen zu schmerzen. Mein Kopf zieht sich zusammen wie ein Muskel, als hätte sich eine Python herumgewickelt. Ich gehe in einen dunklen Raum, rolle mich zusammen und schließe zehn Minuten lang die Augen. Dann taste ich mich zu den Toiletten vor und spritze mir Wasser ins Auge.

Eine halbe Stunde später bin ich ganz offiziell entsetzt, dass ich nicht sehen kann. (Ich werde später von einem Augenarzt erfahren, dass dies eine Netzhautmigräne ist. Für den Moment aber kann ich nicht am Computer recherchieren.) Ich muss nicht zweimal darüber nachdenken, was ich tue. Ich rufe meinen Freund an.

»Ich brauche dich. Ich kann nicht richtig sehen und ich habe Angst.«

Er fragt, wo ich bin. Und sagt schließlich: »Ich komme.«

Und dann – Sie werden nicht glauben, was ich gemacht habe. Ich legte einfach auf. Kein Witz! Ich habe ihm nicht überschwänglich gedankt. Ich habe nicht alles Mögliche erklärt. Habe nicht gegurrt: »Du bist der Beste!« Oder ihm gesagt, dass es mir leidtäte, ihn zu stören.

Er kommt, hat eine Sonnenbrille dabei und setzt sich mit mir auf den dunklen Boden. Er umarmt mich, führt mich aus dem Büro. Ich kann immer noch nicht richtig sehen, also setzt er mich ins Auto. Ich trage seine Ray-Ban-Brille und meinen Pulli mit dem rosaroten Panther drauf. Wie eine coole Oma eben. Und dann fährt er mich nach Hause.

Natürlich bedanke ich mich noch. Aber ich entschuldige mich nicht dafür, dass ich seine Hilfe gebraucht habe.
 Für mich war das eine Erleuchtung. Wenn Sie mit dieser Geschichte etwas anfangen können, dann möchte ich Sie ermutigen: Fangen Sie an, um jene Dinge zu bitten, die Sie brauchen. Vielleicht sagt mal jemand Nein. Aber er könnte genauso gut Ja sagen.

*Bis ich auf Entzug gegangen bin,
habe ich nie irgendjemanden um Hilfe gebeten.
Ich wollte die Antwort lieber nicht wissen, als Bitte sagen zu
müssen. Daher war das Reha-Programm für mich so faszinierend.
Dort konfrontiert man Sie so oft, wie es nur geht, damit, dass Sie
jemanden um Erklärungen bitten müssen. Ein Kaffee? Die Maschine
steht dort drüben. Mit allem, was man zum Kaffeemachen braucht.
Ich wusste nicht, wie das geht. Also musste ich jemanden fragen.
Wieder und wieder musste ich um Hilfe bitten.*

Eric Clapton

Sturzbetrunken versus sternhagelnüchtern Schluss machen

Sturzbetrunken Schluss machen

August 2011

Mein Freund weiß, dass ich ihn belüge.

Die Ironie ist: Er glaubt, ich hätte andere Männer. Aber soweit ich mir dessen bewusst bin (abgesehen von den Blackouts), habe ich ihn nie betrogen. (Er ist einer der wenigen Partner, denen ich treu bin.) Aber mit dem Lügen hat er recht.

Solange ich noch trinke, gründet jede Beziehung auf Lügen. Ich tue so, als sei ich erfolgreich. (Obwohl meine Karriere auf dem absteigenden Ast ist.) Als wäre ich gesund (obwohl ich zweimal die Woche den Kater mit Laufen besiege). Als wäre ich ein gut funktionierender Erwachsener (in Wirklichkeit bin ich in den letzten zehn Jahren dreimal wieder bei meinen Eltern eingezogen). Als wäre ich finanziell gut gepolstert (hahaha – warum bin ich wohl zurück ins Nest?) und nett (wenn ich vollgetankt habe, sind meine Worte wie Lanzen).

Dann lernen mich die Herren näher kennen. Und natürlich riecht jeder, der mit mir zusammen ist, die Kolonie Ratten, die in meiner Fake-Wirklichkeit unter den Bodenbrettern hausen. Und die Herren mögen mich da schon deutlich weniger. Oder gar nicht mehr. Das ist ein ewiges Auf und Ab.

Ich bleibe länger auf als er, weil »ich noch fernsehen will«. »Ich stehe so auf diese Show«, lüge ich, kuschle mich auf dem Sofa zusammen und werfe ihm ein Küsschen zu. Kaum ist er im Bett, schließe ich die Tür zum Schlafzimmer und schleiche in die Küche, wo ich mir noch ein Glas eingieße. Ich bleibe nicht auf, um fernzusehen, sondern um zu trinken.

Er bittet mich, unter der Woche nicht zu trinken. Ich tue so, als würde ich das machen, aber natürlich trinke ich heimlich. Ich sitze im briefmarkengroßen Garten meiner Mitbewohnerin in London, rufe ihn an und schwöre, dass ich Tee trinke. Tatsächlich habe ich mir Cider eingegossen. Glücklicherweise war es damals noch schwierig, einen Videocall zu tätigen.

Als ich das Telefon weglege, spüre ich den vorwurfsvollen Blick aus dunklen Fenstern. Ich starre herausfordernd zurück. Die Wahrheit ist: Vermutlich beobachtet mich niemand. Die Leute dort haben ihr eigenes Leben und sind beschäftigt. Ich aber beschäftige mich mit Betrunkenwerden.

Sein Verdacht, dass ich ihn betrüge, erreicht ein Niveau, dass er mich hochnotpeinlichen Befragungen unterzieht, nachdem er mich am Telefon erwischt hat, als ich vor einer Bar eine Zigarette rauche und zu meinem Mitraucher sage: »Psst. Wenn er dich hört, wird er paranoid.« Daraufhin verlässt er mich. Natürlich. So ist mein Leben.

Einige Tage später lade ich ihn zu mir ein. Ich war übers Wochenende allein und habe massiv getrunken, um mich über die Trennung hinwegzutrösten. Ich hole all die leeren Flaschen aus den Verstecken und stelle sie hübsch in der Küche auf, sodass man die Etiketten sieht. Drei Flaschen Wein und vier Flaschen Bier. In zwei Nächten. Ich bin bereit, die Wahrheit zu sagen.

»Das habe ich getrunken«, jammere ich, »in den letzten beiden Nächten. Ganz allein. Ich habe ein Problem und ich brauche

Hilfe.« Er ist der erste Mensch, zu dem ich das sage. Ich erzähle ihm auch von den Selbstmordgedanken.

Er bleibt fünf Minuten lang. Er bietet mir an, die Alkoholikerberatung zu bezahlen. Dann geht er. Ich bettle mehr oder weniger auf Knien, dass er bleiben soll. Ich hänge mich an seine Jacke. Wir werden nie wieder miteinander reden, tauschen nur Botschaften auf Messengerdiensten aus, damit wir uns nicht zufällig beim Geburtstag von Freunden begegnen. Das habe ich nun von meiner Ehrlichkeit, denke ich und trinke weiter. Es wird noch zwei Jahre dauern, bevor ich wieder um Hilfe bitte.

Aber die Ehrlichkeit war eigentlich nicht das Problem. Ich habe die falsche Person um Hilfe gebeten. Wenn Sie Hilfe benötigen, um aus einem tiefen Loch herauszufinden, brauchen Sie jemanden, der schon mal aus diesem Loch gekrochen ist.

Sternhagelnüchtern Schluss machen

August 2019

Mein Freund und ich haben uns getrennt. Wir sehen zwar das Beste im jeweils anderen, bringen aber das Schlimmste in uns zum Vorschein. Nach gut einem Jahr dieser ermüdenden Streit-Versöhnungs-Endlosschleife haben wir gemeinsam beschlossen, es bleiben zu lassen. Herzzerreißend, aber unumgänglich.

Trotzdem wollen wir miteinander nach Frankreich in die Ferien fahren, als letztes Hurra sozusagen. Als wir losziehen wollen, fange ich an, üppig zu kotzen. Ich habe mir eine Lebensmittelvergiftung zugezogen. Vielleicht zum ersten Mal in meinem Leben – so etwas habe ich früher vorgeschützt, wenn ich in Wirklichkeit zu viel getrunken hatte.

Allerdings muss ich meine Wohnung räumen, weil ich sie einem Freund aus Belgien angeboten habe, der zu Besuch kommt. Ich rufe meinen früheren Freund an. »Was soll ich nur machen?«, frage ich. »Bleib dort«, sagt er. »Ich hole dich ab.«

Er fährt zwei Stunden von Hertford nach Brighton, packt die zitternde, stinkende Cath ein und fährt zwei Stunden lang zurück in seine Wohnung. Ich kriege 48 Stunden lang nichts runter. Als mein Magen wieder so weit ist, macht er mir Toast, Suppe und Veggie-Burgers. Er pflegt mich gesund, komponiert für mich einen Song auf der Gitarre. Wir machen kurze Spaziergänge, wenn ich kann. Er lässt mir ein Bad ein. Wir kuscheln und gucken Filme.

Sein Kater sitzt da und starrt mich an, völlig unbeeindruckt von meinem Überfall und wild entschlossen, sich nicht unterkriegen zu lassen, obwohl er mich seit elf Monaten kennt. Er leckt sich die Pfoten. Könnte er reden, würde er wohl sagen: »Wann haust du endlich ab, du Zicke? Ich dachte, ihr hättet euch getrennt?«

Die Liebe zwischen meinem Ex und mir hat sich verändert, weil es nicht anders ging. Aber sie ist immer noch da, wenn auch in anderer Form. Und ich weiß, dass er, wenn ich ihn brauche, für mich da ist, selbst wenn wir uns fast ein Jahr lang nicht gesehen haben.

Sein Kater? Sein Kater würde mir nicht helfen, und wenn ich in Flammen aufginge. Er würde sich vermutlich seinen Thunfisch schmecken lassen und zusehen, wie ich verbrutzle.

Warum werden Ärzte eher zu starken Trinkern als Leute, die keine Ärzte sind?

Es gehört zu den weitverbreiteten Mythen, dass ein hoher IQ oder ein hohes Bildungsniveau vor Sucht schützt. Tatsächlich zeigen unglaublich viele Studien, dass das Gegenteil der Fall ist. Die Daten belegen eindeutig, dass Ärzte mit dreimal höherer Wahrscheinlichkeit eine Leberzirrhose entwickeln als normale Patienten.

Auch Anwälte sind anfällig für Alkoholsucht: Vermutlich, weil diese beiden Berufe ein ähnliches Stressniveau haben, häufig Traumata mit sich bringen (vor allem, wenn es um Kriminalfälle geht), eine ähnliche Kultur vorweisen und unzählige Überstunden verlangen.

Je mehr wir verdienen, desto wahrscheinlicher ist, dass wir viel trinken. Ein Bericht des National Health Service zeigt: »Der Anteil Erwachsener, die zu viel trinken und gesundheitliche Schäden davontragen, liegt bei den Haushalten mit höherem Einkommen sowohl für Männer als auch für Frauen über dem Durchschnitt. Bei Männern betrifft dies 35 Prozent, bei Frauen 19 Prozent.«

Aber warum verfallen Mediziner so häufig der Sucht? Ich bat einige Ärzte, uns doch Einblick in dieses wenig bekannte Thema zu geben.

»Medizinstudenten trinken am meisten«

Harry, Allgemeinmediziner im Krankenhaus, erzählt:

»Im Medizinstudium gilt Trinken einfach als cool. An meiner Uni tranken die Medizinstudenten am meisten. Ich bekam Schwierigkeiten mit Alkohol nicht etwa, weil mich die Fälle so belasteten, sondern weil ich so lange arbeiten musste. Ich trank nach jeder Nachtschicht, einfach weil ich nicht schlafen konnte. Ärzte in der Notaufnahme beenden ihren Dienst bei vier von fünf Schichten erst um acht Uhr morgens. Und sie haben nur eines von vier Wochenenden frei. Da ist man ganz schön isoliert. Freunde und Familie sind in der Arbeit, wenn du aufwachst. Und wenn du heimkommst, schlafen sie. Daher bilden die Mediziner auch einen richtigen Clan.

Außerdem dachte ich, ich sei viel zu klug, um in die Trinkerfalle zu tappen. Ich kenne die Alarmzeichen. So schlimm wird es bei mir nicht, dachte ich. Als es dann doch so schlimm wurde, als ich in der Arbeit immer öfter verkatert war, dachte ich: Das darf niemand merken. Die Fakten zu kennen, schützt niemanden.

Ärzte sind eigensinnig. Wir sind es, die für die Schwächsten da sind. Wir haben Angst, selbst um Hilfe zu bitten, weil das auf unsere Karriere Einfluss hat. Daher denken wir, dass wir schon allein damit fertigwerden. Ich habe Monate gebraucht, um mit meinem Arzt über mein Trinken zu reden.

Mein Krankenhaus weiß mittlerweile Bescheid. Ich finde dort viel Unterstützung. Meine Vorgesetzten haben sich großartig verhalten. Wenn du ehrlich sein und sagen kannst: ›So ist es passiert‹, lässt man dich nicht hängen.«

»Ärzte trinken, um die traumatischen Erfahrungen ihres Berufsstands zu vergessen«

Mia, Ärztin auf der Intensivstation, berichtet:

»Nach dem Studium geht die ›Work-hard-play-hard‹-Kultur weiter. Ärzte machen Partys mit älteren Ärzten. Arzneimittelvertreter zahlen die Rechnungen an der Bar. Mit der Zeit wird das Saufen nicht mehr so gerne gesehen. (Was mit 23 noch lustig ist, ist mit 30 ein Witz!) Daher trinken die meisten dann heimlich.

Wir trinken, um die Traumata unseres Alltags zu vergessen. Zum Beispiel, wenn eine Geburt schlecht verlaufen ist. Man sagt nicht: ›Das war ein schrecklicher Herzstillstand. Jetzt fahre ich heim und trinke Kamillentee und mache Yoga.‹ Die Trauer bleibt. Daher geht man oft als Gruppe weg, um damit fertigzuwerden. Man geht in die Nacht hinein mit diesem Trauma. Man fragt sein Team: ›Hätte ich etwas anders machen sollen?‹

Es ist schon erschreckend, wie viele Ärzte Suchtpatienten sind. Anästhesisten haben den Ruf, süchtig nach Narkosemitteln zu sein, weil sie da leichter rankommen. Aber Alkohol gilt als sozial akzeptabler, und Fahren im Zustand der Trunkenheit führt nicht immer dazu, dass man aus der Ärztekammer ausgeschlossen wird.

Die hohen Zahlen für Leberzirrhose bei Ärzten verweisen auf chronisches Trinken. Als Arzt hat man ein zerrissenes Leben. Man wechselt alle sechs bis zwölf Monate den Job. Dementsprechend häufig zieht man um und verliert sein soziales Netz. Im neuen Krankenhaus findest du neue Freunde, aber das sind keine echten Freunde. Es sind Trinkkumpane. Die nicht medizinischen Freunde hat man längst verloren, und Mama ist auch nicht da, um dir zu sagen, dass du scheiße aussiehst. Du schläfst schlecht. Du suchst etwas, mit dem du schnell die Trauer loswirst. Und dann ist da diese falsche Selbstsicherheit, dass *du* bestimmt keine Zirrhose bekommst, weil du solche Leute ja ständig behandelst.

Ich habe schon wild Party gemacht, aber glücklicherweise vor drei Jahren den Weg in die trockene Welt eingeschlagen. Nachtschichten finde ich noch immer mühsam. Der Alkohol schweißt das Team zusammen. Sie sind Außenseiter, wenn Sie da nicht mitmachen. Die Leute fragen mich dann: ›Musst du fahren?‹ Oder: ›Warum trinkst du nichts?‹ Sie sind dann ganz erstaunt, dass ich trotzdem auf der Intensiv Dienst tue. Ich sage dann: ›Ich muss mich nicht betrinken. Ich bin hier zur

Nachtschicht.‹ Niemand sagt jemals: ›Ich kann nicht glauben, dass du Vegetarierin bist. Warum kommst du dann zum gemeinsamen Essen?‹

Heute habe ich andere Wege, um mit Stress umzugehen. Ich habe einen hübschen kleinen Garten. Ich setze ein paar Pflanzen in extrem ordentliche Reihen. Der ganze Rest ist Chaos. Und genau das könnte man auch über die Intensivstation sagen.«

»Ich hatte Patienten, die an Leberversagen starben, und betrank mich trotzdem jedes Wochenende«

Mark, ein junger Arzt, erzählt:

»Es geht schon an der Uni los. Ich habe am Imperial College in London studiert. Bei den gemeinsamen Sportevents der Studenten wurde so viel getrunken, dass darüber mal die **Daily Mail** berichtete. Während meiner Zeit dort musste ich mehrmals Freunde mit einer Alkoholvergiftung in die Notaufnahme bringen. Aber man erwartet das von uns: Unter der Woche wird fleißig gelernt, am Wochenende geht dann die Post ab.

Wenn man dann als junger Arzt mit Abschluss aufs Krankenhaus losgelassen wird, ist man auf den chronischen Stress in diesem Job nicht vorbereitet. Das wiederum führt dazu führt, dass man die Trinkkultur weiterlebt, die die Menschen gewöhnlich ablegen, wenn sie älter werden. Wir machen abfällige Bemerkungen über die Leute, die mit Alkoholvergiftung ins Krankenhaus kommen oder weil sie betrunken Auto gefahren sind, aber am Ende der Schicht heißt es dann: ›Jetzt brauche ich was zu trinken.‹

Ich hatte neulich Dienst in der Notaufnahme. Ich musste bei einem Mann, der während des Rasenmähens einen Herzstillstand hatte, die Atemwege frei halten. Wir konnten ihn nicht retten. Ich sah zu, wie seine

Frau angesichts seines toten Körpers zusammenbrach. Dann drehte ich mich um und ging zu meinem nächsten Patienten. Ich habe keinen Gedanken daran verschwendet, dass die meisten Menschen diese Erfahrung als traumatisch bezeichnen würden. Das ist unser Alltag.

Ich habe mal in der gastroenterologischen Abteilung im Krankenhaus gearbeitet. Dort lagen Leute, die an Leberversagen zugrunde gingen. Und doch habe ich mich jedes Wochenende vollaufen lassen. Wir und unsere Patienten – in unseren Augen ist das eine andere Welt.

Als ich letztes Jahr trocken wurde, hat mich der Großteil meiner Medizinerfreunde unterstützt. Einige aber konnten sich gar nicht genug darüber aufregen. Sie rollten mit den Augen und sagten: ›Trinkst du immer noch nichts?‹ Ein Freund, der meiner Ansicht nach seine Alkoholprobleme auf mich projizierte, meinte sogar: ›Wie willst du denn daten? Wie soll das werden, wenn du ausgehst?‹ Er fragte mich – und ich zitiere wörtlich: ›Wie willst du Kontakte knüpfen ohne Alkohol?‹

Ärzte sehen die Extremfälle: Menschen, die jahrelang Leberprobleme haben und trotzdem weitertrinken. Die Gelbsucht bekommen und einen Wasserbauch, weil die Leber langsam versagt. Es ist natürlich leicht, bei einem solchen Anblick zu sagen: ›Was hat das mit mir zu tun?‹ Es heißt ja immer, man solle sich fragen, ob man schon am Morgen trinkt. Und weil wir das gewöhnlich nicht tun, glauben wir, unser Trinken könne so schlimm nicht sein.«

»Hier überlappen sich Arroganz, Einsamkeit, Selbstzerstörung und Anspruchsdenken«

Bill ist Allgemeinmediziner und sagt:

»Ärzte feiern selten Partys, aber wenn sie es tun, trinken sie sehr viel. An der Uni habe ich bei den unzähligen Trinkspielen nicht mitgemacht.

Mein Trinken eskalierte, als ich den Doktor machte und anfing zu arbeiten. Einerseits wollte ich feiern, weil ich das Gefühl hatte, meine Jugend eingebüßt zu haben. Andererseits lief ich vor der Familie und der Verantwortung weg.

Einsamkeit ist ein Schlüsselmoment. Junge Ärzte stellen schnell fest, dass der Job ihr Sozialleben auffrisst. Wir kommen nicht zum Geburtstag von Freunden, nicht zur Hochzeit, nicht zum Weihnachtsfest mit der Familie. Aber das Ganze geht noch tiefer. Ärzte sind selten so, wie sie wirklich sind. Man bringt uns ja bei, eine Art ›unbeteiligtes Mitgefühl‹ zu zeigen. Die Krankenbett-Empathie eben. Wir lernen, wie wir mit Leuten umgehen sollen. Wie wir das Arztgesicht aufsetzen können, das verbirgt, wer wir wirklich sind.

Ich wollte mehr Sport treiben, den Abend ohne Alkohol genießen können und meinem Mann nicht ständig als seelisches Wrack begegnen. Also habe ich aufgehört. Manche Leute finden, es wird einsam um sie, wenn sie trocken werden. Aber in Nordirland gibt es mittlerweile doch viele Null-Alkohol-Menschen. Ich treffe mich mit Menschen über die Website von ›One Year No Beer‹.

Was mich am meisten erstaunt hat, ist, wie viel Selbstbewusstsein ich auf einmal habe. Was ich ohne Alkohol alles tun kann. Ich war ein selbstbewusster Teenager, aber kein selbstsicherer Erwachsener. Weil ich mich ständig hinter dem Alkohol versteckt habe. Ich habe ihn benutzt, um mich von Level 5 des ›Mich-unter-Menschen-Wohlfühlens‹ auf Level 8 zu katapultieren. Heute gehe ich durchaus mal als Dragqueen aus. Wo ich früher pro Abend einen halben Liter Wodka gekippt habe, um mich zu entspannen, kann ich nun sorglos das Leben genießen, so wie damals als Teenager. Und ich fand das Trockenwerden gar nicht mal so mühsam.

Ärzte sollten es besser wissen und nicht so viel trinken. Aber wir sagen uns ja immer, dass wir uns das verdient haben. Schließlich retten wir Leben! Das ist Arroganz, dazu kommen Einsamkeit, Selbstzerstörung und Anspruchsdenken.«

Unerwartete Trigger machen keinen Spaß

Es gibt Trigger, auf die man gefasst sein kann. Wir wissen, dass es uns in den Fingern juckt, wenn wir auf einem Konzert die Leute mit dem Bierbecher in der Hand sehen. Dass uns bei der Geburtstagsparty der Prosecco bitzelt. Und dass wir zu grinsenden Salzsäulen erstarren, wenn unsere Kumpels Tequilas kippen.

Kapiert. Ich war ja vorgewarnt. Danke sehr, meine Herren und Damen von der Offensichtlich-Brigade.

Leider gibt es auch viele völlig unerwartete Trigger, die sich wie Ninjas im Dunkeln hinter uns schleichen und uns unvermittelt auf die Schulter klopfen.

Anfangs gleichen diese unerwarteten Trigger einer Masseninvasion. Ich kenne Menschen, die Kochen als Herausforderung empfanden (»Normalerweise trinkst du mich jetzt. Ich weiß doch, dass du mich willst«, sagt der Wein), dass sie im ersten Monat sich alles liefern ließen beziehungsweise von Tiefkühlkost lebten.

Ich habe von anderen Leuten gehört, die eine Weile nicht mehr geflogen sind, weil sie auf jedem Flug den Bordservice und das kostenlose Alkoholangebot genutzt hatten, um schon um elf Uhr vormittags zu trinken. Sie nahmen stattdessen nun den Zug.

Für andere war eine Reise aufs Festland (vor allem nach Frankreich) so sehr mit Wein assoziiert, dass sie Reisen so lange aufschoben, bis sie sich sicher waren, dass sie auch ohne Wein an einem wackligen Bistrotisch sitzen und Menschen beobachten konnten.

Wer käme schon darauf, dass Kochen, Flugreisen und Frankreich ein Verlangen nach Alkohol auslösen können?

Ich hatte meine schwierigste Triggerzeit, als ich auf meinen ersten trockenen Jahrestag zuging. Genauer gesagt: am Tag Nummer 364. Fragen Sie mich nicht, warum. Irgendetwas in mir geriet da ins Wanken. Sagte sich, dass ich vor diesen 364 Tagen so viel Scheiße gebaut hatte, dass ich diesen Tag sicher auch ruinieren würde. Also konnte ich doch genauso gut wieder mit dem Trinken anfangen.

Es war diese »Wer glaubst du eigentlich, wer du bist?«-Stimme. Die »Das schaffst du nie im Leben«-Stimme. Die sich immer öfter und öfter meldete, als das besagte Datum näher rückte. Und dann: Halleluja! Dem Himmel sei Dank! Singt »Hosanna in der Höhe!«. Denn danach hielt sie das Maul.

Aber es gab weitere unerwartete Trigger, die auf lange Sicht sogar stärker wurden. Also hier, ohne Chichi, meine vier Toptrigger: Sommer, Aufschieberitis, prämenstruelles Syndrom (PMS) und Krankheiten.

Der Sommer quälte mich besonders im fünften und sechsten Jahr. Die Aufschieberitis war immer schon eine meiner Spezialitäten, auch wenn sie im siebten Jahr noch einen Gang zulegte. Und das prämenstruelle Syndrom beziehungsweise Krankheiten im Allgemeinen sind Dinge, mit denen ich selbst heute noch Probleme habe.

1. Der Sommer

Hier komme ich durch eine Veränderung ins Stolpern, auf die wir keinen Einfluss haben: die Jahreszeiten.

Für manche Menschen ist die problematische Zeit die zwischen Herbst und Winter. Sie verbinden die fallenden Temperaturen mit einem heißen Glühwein vor einem offenen Kamin. Oder mit einem Grog, um den sie ihre klammen Finger schließen. Oder mit dem Schaffell, in das sich ihre Zehen bohren, während der Rotwein durch die Kehle rinnt.

Für mich war die schwierige Zeit immer die Ankunft des Sommers. Wenn der Himmel aufhörte, grau zu sein wie ein Fischbauch und sich stattdessen eisvogelblau färbte. Wenn die Sonne aufhörte, sich zart hinter den Wolken abzuzeichnen, sondern zum veritablen Feuerball anschwoll. Dann überfiel mich das Verlangen.

Und da bin ich keineswegs die Einzige. Der aufkommende Sonnenschein lockt uns in den Biergarten, wo wir Rosé ordern und ihn hinunterkippen. Die Hitzewelle von 2017 ließ in Großbritannien die Ausgaben für Alkohol um 158 Millionen Pfund ansteigen.

Warum? Weil unsere Marketingleute schlau sind. Daher neigen wir dazu, zu bestimmten Zeiten bestimmte Drinks zu uns zu nehmen. Wärmenden Whisky im Winter. Aperol Spritz im Sommer. Baileys, wenn es kalt ist. Gekühlten Cider, wenn es heiß wird. Würde die NASA Marketingkampagnen entwerfen, wäre die Verkaufsmaschinerie rund um den Alkohol das Resultat.

Man sagt uns – durch die Blume oder auch ganz explizit –, dass wir nur dann einen traumhaften Sommer haben werden, wenn wir uns betrinken. Malibu-Rum wird vermarktet mit »Weil es Sommer ist!«. Martini lässt ein rot gewandetes Model durch die Straßen Roms tänzeln. Orchard Thieves Cider veranstaltet Partys auf dem Dachgarten. Bud Light setzt auf Rummel am Strand mit Lampions, Pferden und Kreistanz mit Tiermasken um ein offenes Feuer. (Zu *der* Party wäre ich auch gerne eingeladen.)

Sommer – das heißt: Pimm's mit Gurke, Minze und Erdbeeren. Aber das ist doch nur bedingte Konditionierung. Wir sind pawlowsche Hunde, die beim Schellen der Glocke anfangen zu sabbern. Oder wie der kleine Albert, der glücklich und zufrieden mit seiner weißen Ratte spielte, bis er lernte, sie zu fürchten. Wir sind darauf konditioniert, im Sommer Alkohol haben zu wollen.

Doch natürlich streut uns das Marketing hier Sand in die Augen. Denn unser sommerliches Zechen sieht gewöhnlich anders aus. Oder habe ich schon mal eine Weißweinschorle getrunken, um mich dann im Cabrio in einen Badeort an der Küste zu begeben, wo ich lustige Sonnenbrillen ausprobiere und auf einem alten Holzkarussell fahre? Nein.

Sind meiner ersten Weißweinschorle schon einmal fünf weitere gefolgt, sodass ich meinen Freund anrufen und ins Telefon lallen musste: »Hol mich ab!«, nachdem ich an der Wimbledon-Station fast aufs Gleis gestürzt wäre? Ja. Das ist eine wahre Geschichte aus meinem wirklichen Leben.

Denn meine Sonnenschein-Trinksessions gingen immer früher los und wurden immer chaotischer. »Picknick auf dem Rasen!« oder »Cocktail im Park«: Solche SMS trudeln im Sommer ab ein Uhr mittags ein. Im Sommer sind die Gelegenheiten, schon mittags zu trinken, buchstäblich Legion.

Und bevor die Sonne unterging, hatte ich alles eingebüßt: Barschaft, Würde, Minimalstandards für romantische Partner und die Fähigkeit, mehr als drei zusammenhängende Silben herauszubringen. Den Sonntag verbrachte ich dann im Federbett und tat mir selbst leid. Von der Angst vor den SMS »über letzte Nacht« mal ganz abgesehen.

Meine trockenen Sommerwochenenden sehen so aus: Yoga um neun, lange Spaziergänge am Fluss, Ausstellungen, Comedyshows und ein gutes Gefühl den lieben langen Tag und Abend – und nicht nur für ein paar Stunden.

Für mich ist es wichtig, den Sommer-Sonne-Marketingschmu aus meinem Leben herauszuhalten. Ich habe aus Sehnsucht nach solchen wunderbaren Nächten im Cabrio unglaublich oft getrunken. Und die beste Definition für Realitätsverzerrung ist: wenn man stets das Gleiche tut und jedes Mal andere Resultate erwartet. Stimmt's? Stimmt.

Eine Happy Hour oder zwei sind es nicht wert, dass ich mir das ganze Wochenende versaue. Der Biergarten ist genauso kühl und lichtgetupft, wenn ich Holunderlimonade im Glas habe.

2. Aufschieberitis

Während meiner Trinkertage gingen Wein und die Aufschieberei Hand in Hand.

Ich war ja meist verkatert, daher verschob ich, was ich nur konnte. Ich habe ganze Freitage an meinem Schreibtisch so getan, als würde ich arbeiten. Stattdessen habe ich per E-Mail geplänkelt oder meine ehemaligen Schulfreunde auf Facebook gestalkt. Wusch: Blitzartig ließ ich das E-Mail-Programm oder eine Word-Datei aufpoppen, wenn mein Boss vorüberkam. Und kaum schlug es 17:30 Uhr, startete ich durch wie eine Rakete, raus aus dem Gebäude. Bye-bye, ihr Trottel!

Am Montagmorgen um sechs gab ich dann an der Bürotür den Überstunden-Code ein, weil ich das ganze Wochenende rumgestresst habe, *weil ich so viel zu tun habe*. Aber natürlich habe ich lieber getrunken, als *tatsächlich zu arbeiten*.

Anschließend hackte ich auf meine Tastatur ein wie der Drummer von der *Sesamstraße*, bis meine Kollegen kamen, was hieß, dass ich mich einigermaßen normal verhalten musste. »Ich? Hintendran? Nein, kein bisschen.«

Als ich trocken wurde, lernte ich, dass ich zwischen dem »Voll-Speed-in-den-Job« und dem »Voll-Speed-ins-Nichtstun« einen Mittelweg finden musste. Meine Tage bestanden entweder aus reiner Aufschieberei oder aus Überstunden ohne Ende. Es musste doch etwas geben zwischen dem ständig alkoholisierten Frank Gallagher aus der Fernsehserie *Shameless* und Sheryl Sandberg.

Und genau das habe ich gefunden. In der Hauptsache, weil ich mir einen Co-Working-Platz angemietet habe.

Dann wurde in meinem siebten Jahr plötzlich der Lockdown verhängt und mein Co-Working-Platz war mit einem Mal weg. Und das Schlimmste: Ich musste mir künftig einen Arbeitsraum teilen mit meinem Aufschieberitis-Buddy Nummer eins: dem Fernseher. Manchmal weiche ich auch auf Putzen oder Sport aus, aber der Fernseher ist mein *Staatsfeind Nummer eins,* wenn es darum geht, etwas zu erledigen.

»Schalt mich ein«, flüsterte er mir zu. »Es ist schließlich Mittagspause«, fuhr er fort. »Nur kurz«, schmeichelte er.

Ich klebte ein Post-it dran, auf dem stand: NEIN! Also: Nein danke zu kabellosen Kopfhörern. Ich fesselte mich buchstäblich an meinen Laptop, so wie man einen Hund an die Leine nimmt. »Sitz!«

Glücklicherweise lernt man beim Entzug auch, dass es nicht immer eine gute Idee ist, alles zu tun, was unser Gehirn uns da einflüstert, wie zum Beispiel hintereinander drei Folgen von *Criminal Minds* anzuschauen. So wie Eltern ihr Kleinkind daran hindern, Kieselsteine zu schlucken oder diese lustigen Stacheln beim Igel anzufassen.

3. *Prämenstruelles Syndrom (PMS)*

Hätten Sie mich in meiner Trinkerzeit gefragt, ob ich PMS habe, hätte ich eiskalt Nein gesagt. Da ich zwischen 2008 und 2013 an vier von fünf Wochentagen einen Kater hatte, dessen Symptome dem PMS aufs Haar gleichen, hatte ich keine Ahnung, dass ich tatsächlich unter dem prämenstruellen Syndrom litt. Ich war ohnehin ständig gereizt, ob ich nun Lust auf Sex hatte oder auf eine deftige Auseinandersetzung. So war ich den ganzen Monat über.

Falls Sie das nicht wissen: Genau so fühlt sich PMS an. Ihre Emotionen kochen einfach über und flippern im Innersten hierhin und dorthin. Ping – Angst. Ping – Wut. Ping – Geilheit. Ping – Traurigkeit. Wogegen prallt der Flipperball als Nächstes? Das weiß keiner. In einer Sekunde will man getröstet werden, in der anderen geht man in die Luft. Dann wird das Licht abgedunkelt, Musik erklingt, du bist von der Arbeit eh völlig fertig – ähm, wie wäre es denn mit einem Fick?

Es war mir also wirklich völlig neu, als ich in meinen trockenen Zeiten herausfand, dass ich tatsächlich einmal im Monat drei Tage lang unter PMS litt. Und das kommt gar nicht mal selten vor. »Wie bitte? Ich habe PMS? Wer hätte das gedacht?« Diese Erkenntnis aus der Nüchtern-Sphäre ist mir online unzählige Male begegnet.

Jetzt in diesem Moment hat mich das PMS in den Klauen. Ich bin stocksauer auf den Raucher, der gerade vor mir herging und mir seinen Zigarettenrauch aufnötigte. Auf den komischen Vogel, der mir zu dicht auf den Pelz rückte, während er mir von oben herab etwas erklärte, was ich ohnehin wusste. Auf die App, mit der ich meine Freizeit plane. Auf mich, weil ich später ins Büro gekommen bin als geplant.

Heute bin ich sogar sauer auf meine Haare. Die wirklich fürchterlich aussehen.

Jeden Monat vergesse ich, dass das passieren wird. Eine Art monatliche PMS-Amnesie. Und dann brauche ich eine Weile, bis es klick macht. Deshalb bin ich heute so gut angepasst wie Jack Nicholson in *Shining*. Deshalb muss ich meine buddhistische Meditation der Liebenden Güte machen, als hinge mein Leben davon ab!

Natürlich ist das alles in klinischen Studien bewiesen. »Ärger und Reizbarkeit gehören zu den schwerwiegendsten und anhaltendsten Symptomen von PMS, die Frauen befallen«, heißt es in einer Studie von 2019.

Bei dieser Untersuchung befragte man 720 Frauen und fand heraus, dass »der durchschnittliche Wert für ständige Reizbarkeit beziehungsweise entsprechende Stimmungsschwankungen bei Frauen mit PMS deutlich erhöht war gegenüber Frauen, die nicht kurz vor der Menstruation standen«. Und weiter: »Man geht davon aus, dass die hormonellen Veränderungen während des Menstruationszyklus (Auf und Ab des Östrogen- und Progesteronspiegels) die Stimmung der Frauen beeinflussen und negative Emotionen wie Wut und Reizbarkeit auslösen.«

In einer Studie aus dem Jahr 2017 heißt es, dass Frauen »eher zum Alkoholkonsum neigen, wenn der Östrogenspiegel hoch ist«. Was kurz vor der Regelblutung der Fall ist.

»Ist der Östrogenspiegel hoch, wirkt Alkohol viel befriedigender als sonst«, meint der Autor der Untersuchung. Und das erhöht die Wahrscheinlichkeit, dass »man zu viel trinkt«. Bei mir war es so, dass der Alkoholkonsum seinen Höhepunkt erreichte, wenn auch der Östrogenspiegel am höchsten war. Wohl weil ich mein PMS betäuben wollte. Mir ist das nur nicht aufgefallen, weil ich betrunken war.

Jetzt, wo ich nüchtern bin, ist mir zwar klar, dass meine Reizbarkeit biologische Gründe hat, selbst wenn sie psychologisch gesehen unsinnig ist. Aber das ändert nichts daran, wie intensiv diese Gefühle sind. Ich weiß, dass ich den Raucher, den Popanz, die App, mich oder meine Haare *nicht wirklich hasse*. Aber mein Körper fühlt sich einfach so an. Sie können sich nicht aus dem PMS herausdenken.

Ich habe keinen Zauberspruch dagegen, keine silberne Kugel, die den Mondzyklus ins Herz trifft und ihn killt. Die britische Polizei geht ja davon aus, dass Menschen rund um die Vollmondtage besonders antisozial sind. Aber alles, was man dagegen tun kann, ist, es sich bewusst zu machen. Das Gleiche gilt fürs PMS. Machen Sie sich klar, was Sie erwartet – und wappnen Sie sich. Tun Sie nichts. Sagen Sie nichts. Reagieren Sie nicht darauf.

Und dann kommt die Blutung und der rote Schleier hebt sich. Vielleicht zupfen sogar Engel über meinem Kopf die Harfe. Was für ein Glückstag! Das ist so, als würde die böse Fee plötzlich zu Mutter Teresa. Dem Teufel fallen die Hörner ab. Es waren nur die Hormone. Das ist wissenschaftlich bewiesen. Auch wenn PMS sich manchmal anfühlt wie ein spiritueller Bypass, vergeht es irgendwann wieder. Ähnlich wie der Mond eben zu- und dann wieder abnimmt.

Und so wurde mir auch bewusst, welche Vorteile der Menstruationszyklus mit sich bringt. Der Energieschub, den wir in Woche zwei verspüren, die gute Laune (wenn die Blutung aufhört). Weil dann nämlich Östrogen und Testosteron ansteigen und wir schneller, klüger und heller geworden sind. Und wir Schmerzen weniger stark empfinden. Wie ein neugeborener Vampir, aber ohne die problematischen Ernährungsgewohnheiten.

4. Krankheiten

Während ich an diesem Buch arbeite, sitze ich daheim in Quarantäne. Ich habe einige seltene COVID-19-Symptome, und draußen schwappt gerade die zweite Welle über Großbritannien hinweg.

Vermutlich ist es nur eine Erkältung. Aber ich hätte morgen mit meiner Familie nach Cornwall fahren sollen. Aber nachdem ich hintereinander zwei Grippetabletten eingeworfen habe (die normalerweise super wirken), ist mir klar geworden, dass ich wohl besser nicht in die Ferien fahre.

Als verantwortungsbewusste Bürgerin weiß ich, was ich zu tun habe: Ich muss die Abfahrt verschieben, bis ich sicher sein kann, dass ich meine gefährdeten Lieben nicht ins Grab bringe. Und ich muss mich in meiner Wohnung vergraben, bis ich einen negativen Test in Händen halte. Auftritt: einsame COVID-Tristesse.

Ich habe mich also verantwortungsvoll und mündig verhalten. Ich bin kein Superspreader. Ich weiß, dass ich krank bin, weil mir sogar das Aufstehen schwerfällt. Und doch habe ich Angst und fühle mich schuldig. Wie eine Betrügerin, die ihre Familie im Stich gelassen hat.

Warum? Ganz einfach. Weil in meinem Gehirn immer noch diese Verbindung besteht: krank sein = Kater. Und so habe ich die gleichen Schuldgefühle, als wäre ich besoffen gewesen. Das läuft ab wie folgt: »Ich bin krank – sage ab – bin ein schlechter Mensch – schuldig.«

Eigentlich kein Wunder. Während meiner 21 Jahre als Trinkerin hatte ich ungefähr 3000 Mal einen Kater. Wirklich krank war ich vielleicht 42 Mal. Das heißt, ich war 71 Mal so häufig verkatert als legitim krank. Kein Wunder, dass diese Verbindung so in mein Gehirn eingebrannt ist.

Da ist zum einen die körperliche Seite: Ich habe Halskratzen, was mich daran erinnert, wie ich wegen Zigarettenrauch, Trockeneis und Überbrüllen der Musik aus diversen Lautsprechern kaum ein Wort herausgebracht habe.

Mein Körper braucht viel Schlaf. Genau wie beim Kater. Ich wache irgendwann nach neun auf – und statt mich zu freuen, dass mein Körper sich regeneriert, fühle ich mich verklebt und schäme mich zutiefst. Denn mein Körper und mein Geist bringen diesen Zustand noch immer mit zu viel trinken in Verbindung.

Schließlich braucht man mal Ruhe. Es ist jetzt absolut legitim, ja lebenswichtig, dass ich mich hinlege und Kinderfilme gucke wie *Everest – Ein Yeti will hoch hinaus*. Oder ein Buch lese, nebenher einen dampfenden Teller Ramen-Nudeln esse und mich danach wieder hinlege. Trotzdem werde ich das Gefühl nicht los, dass ich etwas falsch mache.

Meine vernunftbegabten Anteile wissen, dass es keinen Grund gibt, mich angespannt oder schuldig zu fühlen. Trotzdem spricht dieses Erlebnis irgendwie mein Reptiliengehirn an, das mir sagt: »Hast du dich mal wieder in Soho volllaufen lassen? Und dir dabei die Wein-Erkältung geholt? Du dämliche Alkoholikerin! Ich kann einfach nicht glauben, dass du deine Familie *schon wieder* im Stich lässt. Du wirst in der Hölle braten. Grüß Attila, den Hunnen, von mir. Vermutlich wirst du mit ihm eine Koje teilen, Cath.«

Diese Gedanken sind absolut sinnbefreit, aber sie sind da.

Mein motorisches Gedächtnis glaubt nicht an meine Krankheit, obwohl sie eindeutig wahr ist. Der Apotheker sagt mir: »Sie müssen jetzt sofort in die Notaufnahme.« Aber als ich meinen Lieben eine SMS schicke und das Mittagessen für Sonntag absage – und dabei die absolute Wahrheit sage und nichts als die Wahrheit –, habe ich das Gefühl, ich würde lügen. Das Eintippen der Nachricht erinnert mich an das, was ich verinnerlicht habe: »Wenn ich absage, dann lüge ich.« Und dieses Gefühl stellt sich ganz automatisch ein, selbst wenn ich bei Gott nicht lüge.

Der Hausarzt bestätigt mir, dass ich in Thailand einen Virus aufgeschnappt habe, der mir Bauchgrimmen verursacht. Deshalb schaue ich aus, als wäre ich im fünften Monat schwanger. Deswegen ist mir dauernd übel. Aber als ich mich im Büro krankmelde, komme ich mir vor wie eine Scharlatanin.

Wenn ich krank bin, fühle ich mich verloren, selbst jetzt noch. Als wäre ich zurück im Herzen der Finsternis. Daher muss meine innere Elterninstanz Überstunden machen. Ich schreibe mir kleine Nachrichten, dass alles in Ordnung ist, dass ich kein schlechter Mensch bin, sondern nur ein kranker.

»Geht das jetzt wieder los?«, flüstert eine winzige Stimme tief in mir drin. Und ich muss die Person, der diese Stimme gehört, auf meinen Schoß nehmen, ihr das Haar zurückstreichen, sie drücken und küssen und sagen: »Nein, Liebes. Es geht nicht wieder los. Du musst dich nur ausruhen. Und wieder gesund werden.«

Frauen über ihre unerwarteten Trigger

Rollenspiele, BDSM und Sexpartys habe ich immer nur betrunken gemacht oder mitgemacht. Auch heute, wenn ich nüchtern kreativen oder nicht einfach Blümchensex habe, fühlt sich das … irgendwie falsch an. Es ändert sich nichts. Man findet es immer noch toll, aber nach der anfänglichen Peinlichkeit habe ich Lust auf einen Kurzen.

Ava

Wenn ich etwas verloren oder verlegt habe – das erinnert mich immer daran, wie das war, wenn ich betrunken war. Damals habe ich die Hälfte meiner Besitztümer über ganz London verteilt.

Kate

Ich wurde getriggert, wenn ich einen unglaublich produktiven Tag hatte. Das gab mir ein Gefühl von »Ich habe so viel geschafft, ich habe mir den Wein verdient!«. Tatsächlich ist das Nichttrinken der Grund, warum ich so viel auf die Reihe bekomme.

Violet

Bei mir war das paradoxerweise die Normalität. Wir wissen ja, dass große Veränderungen wie ein Umzug oder ein neuer Job schwierig sein können. Deshalb lassen wir uns Mechanismen zur Selbstfürsorge einfallen. Was mich umwarf, waren eher alltägliche Dinge wie der Sonntagsspaziergang, der immer im Pub endete. Das waren meine dünnhäutigen Momente, auf die ich achten musste. Weniger die großen Dinge.

Hazel

Ich stehe auf Mode. Zu Hause habe ich gerne getrunken, wenn ich neue Sachen kombiniert und meinen Schrank neu eingeräumt habe. Wenn ich Outfits für den Beruf oder die Freizeit durchprobierte. Als ich mit dem Trinken Schluss machte, hatte ich das Gefühl, dass einfach etwas fehlte, während ich den Schrank durchging. Also ließ ich die Styling-Sessions eine Weile sein. Aber natürlich wollte ich nicht dauerhaft darauf verzichten. Heute style ich mich nüchtern. Und es ist nicht der Wein, der mich dabei kreativ werden lässt.

Portia

Wenn ich im Fernsehen irgendwelche fiktionalen Charaktere sehe, die Alkohol trinken. Spaß bei einer Party? Natürlich mit Wein. Trost nach schlechten Nachrichten? Wein. Wenn ich das auf dem Bildschirm miterlebe, regt sich in meinem Gehirn etwas und sagt mir, ich solle mir ein Glas einschenken. Als wäre ich mit den Leuten aus dem Fernsehen zusammen. Höchst merkwürdig!

Taylor

Telefonate mit der Familie, vor allem mit meiner Mutter. Ich bin eigentlich weitgehend frei vom Verlangen nach Alkohol, seit ich trocken bin. Aber damit habe ich immer noch Schwierigkeiten! Jetzt gieße ich mir Sprudelwasser ein, während ich telefoniere, um das Verlangen abzuschwächen.

Jameela

Ich hörte mit dem Trinken auf, weil ich das Gefühl hatte, dass es meiner Ehe nicht guttut. Als ich damit Schluss machte, merkte ich, dass mein Trigger eben war, dass meine Ehe nicht gut lief. Ich dachte: zuerst die Henne, dann das Ei. In Wirklichkeit war es zuerst das Ei, dann die Henne.

Dee

Sturzbetrunkene versus sternhagelnüchterne Wut

Sturzbetrunkene Wut

Dezember 2010

Wenn ich auf jemanden sauer bin, fühle ich mich berechtigt, das dieser Person auch zu sagen. Sie zu bestrafen. Allein dass ich mich ärgere, zeigt mir, dass ich im Recht bin und mein Gegenüber im Unrecht. Ich spüre das. Mein Ärger ist berechtigt, also muss ich um mich schlagen, um diese Ungerechtigkeit zu Asche zu verbrennen.

Wenn eine Freundin mich bittet, doch nicht zu ihrer Geburtstagsfeier zu kommen, weil ich mit drei der anderen Geladenen einen wüsten Streit hatte, schicke ich ihr eine E-Mail und schimpfe, ihr Verhalten sei eine »Unverschämtheit« und: »Wie kannst du es wagen, diese Leute mir vorzuziehen?«

Wenn ein Fremder »unhöflich« zu mir ist, überlege ich nicht lange, ob ich ihn vielleicht falsch verstanden habe oder die Person womöglich einen schlechten Tag gehabt hat. Ich nehme alles extrem persönlich. Ich funkle mein Gegenüber an, meine Augen brennen Löcher in dessen Kopf. Ich stelle mir vor, wie ich mit Daumen und Zeigefinger den Kopf zu Brei zermansche, wenn der Mensch mich aus der Ferne genervt hat.

Meine Wut ist ein feuerspuckender Drache, den ich füttere, streichle und versorge, bevor ich ihn in die Welt hinausschicke, damit er Rache und Verderben verbreitet. Ich betrachte meine Wut

nicht als meine Angelegenheit, als Reflex oder als zutiefst menschliche, aber häufig unlogische Emotion.
Damit liege ich falsch.

Sternhagelnüchterne Wut

Februar 2019

Ich schicke meinen Ärger nicht mehr mit giftigen E-Mails, bösartigen SMS oder handgeschriebenen Briefen (das ist doch total Neunziger!) in die Welt hinaus. Ich habe begriffen, dass meine Wut meine Sache ist. Und nicht unbedingt ein akkurates Messgerät. Und schon gar kein Prügel, mit dem ich anderen eins überbraten darf.

In den ersten Jahren der Trockenheit bekam ich schon ein schlechtes Gewissen, wenn ich auch nur einen Anflug von Ärger verspürte. »Wut ist ein Luxus, den wir uns nicht leisten können«, hörte ich oft in der trockenen Welt. Als wäre Ärger etwas wie Kaviar, Kaschmir und Fabergé-Eier.

Heute denke ich, dass Ärger ein Grundnahrungsmittel ist, das wir uns leisten *müssen*. Die Existenz von Wut zu leugnen, ist gefährlich. Verlagern wir nämlich unseren Ärger nach innen, kann er implodieren wie ein Stern, der zum schwarzen Loch wird.

Und so arbeitete ich intensiv daran, mir die gesamte Bandbreite der Emotionen zu erlauben. Ich darf den Regenbogen spüren, wie Sie ja auch. Aber ebenso die dunkelvioletten Wolken der Wut. Ich vergebe mir diese Wut. Ich stehe sie durch. Und ich gehe hindurch. Ins Butterblumengelb der Sonne.

Die gesündesten trockenen Trinker sind jene, die sich die Wut erlauben, sie verarbeiten können, ohne sie anderen zuzumuten. Sie fahren hinaus in den Wald und schreien sich die Seele aus dem Leib, nur um sich dann vom Grün der Bäume beruhigen zu lassen. Sie lassen die Wut raus, wenn sie sich in einer sicheren Umgebung befinden (Therapie, AA-Treffen, der Wintergarten der Tante). Sie tun nicht so, als wären sie niemals wütend.

Das Hauptmerkmal eines guten Menschen ist nicht, dass er nie in Wut gerät. Es geht vielmehr darum, wie man mit der Wut umgeht. Ob wir sie auf andere loslassen und unsere Liebsten abkanzeln und so unser ganzes Privatleben bis auf die Grundmauern abfackeln. Oder ob wir sie benennen, an die Leine nehmen, sie abrichten, sie trainieren und privat beruhigen können. Wut ist nicht per se schlecht. Sie ist einfach nur existent.

Es hat mir wirklich geholfen, in dem Buch *First, We Make the Beast Beautiful* der US-amerikanischen Autorin Sarah Wilson zu lesen, dass der Dalai Lama seine Wut auf dem Laufband abtrainiert. Die Vorstellung, dass Seine Heiligkeit auf dem Laufband schwitzt, vielleicht auch noch in rot-goldenen Roben, während die Lava des Ärgers durch seine Adern pulsiert, fand ich köstlich. Mir war das ein echter Trost. Er fachte das schwelende Feuer an, bis es loderte, indem er Cortisol in Endorphin verwandelte.

Ich denke oft an den Dalai Lama auf seinem Laufband.

Neue Berühmtheiten in der trockenen Welt

Nichts macht die Menschen gleicher als eine Sucht. Es ist uninteressant, ob Sie einen Swimmingpool oder einen Chauffeur haben, das macht Sie gegen Sucht nicht immun. Der Sucht ist es egal, ob Sie einen Oscar haben oder zum Sexiest Rapper alive gewählt wurden. Alle Klunker und alles Geld der Welt können Ihnen das Trockensein nicht erkaufen.

Wenn Sie entdecken, dass ein Star, den Sie nie getroffen haben, ebenfalls alkoholfrei lebt, spannt sich ein unsichtbares Sternenband von Ihrer kleinen, bescheidenen Kammer in Manchester zu seinem riesigen, exklusiven Luxusloft in Manhattan. *Elton John ist auch trocken? ELTON, mein Kumpel!*

Plötzlich hat man das Gefühl, diesen Menschen zu kennen. Auch wenn das nicht stimmt. Aber nun wissen Sie, wie diese Person sich fühlt. Denn es gibt da diese ultimativ verbindende Erfahrung, in den Abgrund geblickt zu haben, der zurückstarrte, um dann zu sagen: »Weißt du, was? Nein, danke!«

Ich sehe mir gerne Filme an und genieße das Wissen, dass Robert Downey jr., Jada Pinkett Smith, Tom Hardy oder Kerry Washington ebenso wie ich trocken geworden sind. Gerade in den Anfangstagen meiner Abstinenz hielt mich die Tatsache, dass sie es geschafft hatten, oft bei der Stange.

Ich genoss auch das Wissen, dass diese Menschen Trinker gespielt hatten, dabei aber trocken geblieben waren. Colin Farrell spielt in der Fernsehserie *True Detective* einen versoffenen Polizisten, ist im wirklichen Leben aber seit Jahren trocken. Christina Ricci trinkt in Nachtklubs Diet Coke, aber in ihrer Rolle als Zelda Fitzgerald ist sie fast nie ohne Martini zu sehen. Gillian Jacobs, der Star von *Love*, trägt im Film Sweatshirts mit dem Aufdruck: »Alcohol you later«[14], hat im realen Leben aber noch nie einen Tropfen getrunken.

Manche finden Listen trocken gewordener Stars banal. Ich sage: »Leute, das ist doch nur ein bisschen Spaß. Steck deine Nase in ein Buch von Kafka und lass uns zufrieden.«

Seid ihr bereit für ein bisschen sternhagelnüchterne Sternguckerei? Also los:

KATE MOSS

Sie war immer der Schneeleopard unter den Berühmtheiten. Ihr Motto war: »Nicht klagen, nicht erklären.« Kate hat über ihr Trockenwerden nie geredet. Leute, die sie kannten, aber schon.

Ihre Schwester Lotti erzählte 2018 der *Daily Mail:* »Kate trinkt nicht mehr. Sie ist total clean.«

Ihr guter Freund, DJ Fat Tony (selbst trocken), bestätigte das im Juni 2020: »Kate ist jetzt seit über zwei Jahren clean. Ich und meine trockenen Freunde haben mehr Spaß miteinander als damals, als wir getrunken und uns Drogen reingezogen haben.«

THUNDERCAT

Sein Durchbruch kam mit dem Album *Drunk*. In den Songs ging es häufig um Sucht, zum Beispiel beim Titelsong »Drunk«: »Ich spüle all den Schmerz hinunter,/bis ich total taub bin.« Oder in »Drink Dat«: »Ich kippe Kurze, ohne aufzupassen oder ans Morgen zu denken./Denn wir gehen ganz schön weit, noch ein Drink könnte ein Problem werden./Ich kann nicht ... Ich kann meine Augen nicht öffnen, Girl.« Und doch ist Thundercat auf der Bühne immer trocken wie die Wüste.

---

[14] Von »I call you later« – bezeichnet Anrufe beim Ex im Zustand der Trunkenheit.

»Es hat einige Zeit gedauert, bis ich mich geändert habe. Bis ich mich angeguckt und alles anders gemacht habe. Ich habe aufgehört zu trinken«, gestand er dem Magazin *Vulture*. »Ich habe sofort ziemlich viel abgenommen. Für meine Freunde war das erschreckend, weil sie dachten, ich nähme Drogen oder so. Ich hatte anfangs ganz schön Angst, mit dem Entzug und seinen Emotionen. Das war richtig hart. Irgendwie schien mir alles immer zu schnell zu gehen, aber dann habe ich mich daran gewöhnt. Ich habe darin meinen Rhythmus gefunden.«

JESSICA SIMPSON

Die amerikanische Sängerin hat seit 2017 keinen Drink mehr angerührt. »Den Alkohol aufzugeben, war leicht«, schrieb sie in ihren Memoiren *Open Book*. »Ich war stinksauer auf die Flasche. Weil sie mich immer so selbstgefällig und taub gemacht hat.« Auf Sirius XM fügte sie hinzu: »Ich dachte, der Alkohol mache mich selbstsicher und mutiger. Genau das Gegenteil war der Fall.«

STEPHEN KING

»Das verkaterte Auge«, formulierte er einmal in einem seiner Romane, »hat die merkwürdige Fähigkeit, in jeder Landschaft das Hässlichste zu finden.« King kann die brutalsten Tiefpunkte deshalb so gut zu Papier bringen, weil er seit den Achtzigerjahren trocken ist. Sein eigener Tiefpunkt aber war nicht annähernd so theatralisch wie die seiner Figuren. »Ich kann dazu gar nichts Dramatisches beitragen«, erzählte er dem *Guardian*. »In einem Roman braucht man natürlich etwas, das wirklich schlimm ist. Und dabei noch krass ausgeleuchtet. Bei mir war es so, dass ich zum Fußballspiel meines kleinen Jungen ging. Ich hatte eine Dose Bier in einer braunen Papiertüte verborgen. Da kam der Trainer zu mir herüber und sagte: ›Wenn das ein alkoholisches Getränk ist, müssen Sie den Platz verlassen.‹«

MEG MATHEWS

»Ich war Anfang 40, als ich merkte, dass ich keine Lust mehr auf Partys hatte. Ich wollte meine Situation verbessern«, sagte Meg Mathews der *Sun*, als sie berichtete, wie sie 2016 zu trinken aufgehört hatte. »Man kann schließlich nicht ewig so leben, jede Nacht durchmachen, sich nicht richtig ernähren und hemmungslos trinken ... Ich habe keinen Alkohol im Haus, und ich denke auch gar nicht mehr daran. Ich kann einfach nicht nur ein oder zwei Gläser Wein trinken ... ›ein paar Drinks‹ – diesen Ausdruck gibt es in meinem Wortschatz nicht. Also kann ich das auch vergessen. Bei mir ist es immer alles oder nichts. Und daher habe ich mich für das Nichts entschieden. Ich will nicht mehr aufwachen und total fertig sein. Ich möchte morgens mit einem Gefühl der Klarheit erwachen.«

KENDRICK LAMAR

Lamar tritt heute für ein Leben ohne Alkohol ein. Über sein früheres Trinken schrieb er in dem Song »Swimming Pools«: »Manche Menschen mögen, wie sich das anfühlt. Manche Menschen ertränken ihre Sorgen. Manche Menschen wollen zu den Berühmtheiten gehören. Das war mein Problem.«

LILY ALLEN

Lily feierte im Juli 2020 ihren ersten trockenen Jahrestag. Gegenüber dem *GQ* sagte sie: »Ich habe jeden Tag eine Flasche Grey-Goose-Wodka getrunken. Es war echt übel.«

Einer der Punkte, die sie vom Trockenwerden überzeugten, war, wie sie auf Orlando Blooms Schoß lag, weil sie mit dem Kopf ständig gegen die Wand gehauen hatte. Was zu einer Intervention von Chris Martin führte (der ebenfalls trocken ist).

»Ich war unglaublich betrunken und schlug ständig mit dem Kopf gegen die Wand, bis ich bewusstlos war«, erklärte sie in *E! News*. »Dann brachten Chris Martin und Gwyneth, die eine enge Freundin meiner Mutter ist, mich nach Hause. Er [Chris] hinterließ ein Post-it an meinem Kühlschrank: ›Ruf mich morgen an.‹ Und genau das habe ich dann gemacht.«

ANTHONY HOPKINS

Im *Interview*-Magazin äußerte Anthony Hopkins, dass er mittlerweile schon über 45 Jahre trocken ist. »Ich schaue mir das an und denke: Das war ein echter Segen, auch wenn es hart war. Ich habe einige wirklich schlimme Dinge getan. Aber in gewisser Weise hatte alles seinen Grund. Es ist seltsam, zurückzublicken und zu denken: Gott, all das habe ich tatsächlich gemacht? Aber dann meldet sich diese innere Stimme und sagt mir: ›Das ist vorbei. Schluss. Geh weiter.‹«

LEONA LEWIS

Sie hat jahrelang nichts mehr getrunken, ist der Meinung, der Alkohol schmecke »wie Haarspray«, und amüsiert sich auch ohne glänzend. In einem Interview mit *Fabulous* sprach sie über Amy Winehouse, die mit 27 Jahren tragischerweise an einer Alkoholvergiftung gestorben ist: »Es wäre mir vermutlich leichtgefallen, so zu werden wie Amy, wenn ich nicht zu trinken aufgehört hätte.«

JOHN MAYER

Er stieg aus nach der Party zu Drakes 30. Geburtstag und sechs Tagen Kater. »So gigantisch war dieser Kater«, erzählte er, »dass ich aus dem Fenster guckte und mir sagte: ›Okay, John, welchen Prozentsatz deines Potenzials würdest du gerne leben? Denn wenn du jetzt meinst:

60 Prozent, und die restlichen 40 Prozent willst du Spaß haben, dann ist das in Ordnung. Aber wie viel willst du umsetzen von dem, was du haben kannst? Es gibt hier keine falsche Antwort. Also, wie hoch ist der Anteil?‹ Und ich sagte mir: ›100 Prozent‹.«

John wünscht sich, dass die sozialen Medien das Leben ohne Alkohol besser unterstützen würden. »Man hat es schwer, Alkohol irgendwie kritisch zu sehen, weil man ständig zum Trinken animiert wird. Jeden Freitag und Samstag wirst du in den sozialen Medien von irgendjemandem zum Trinken eingeladen. Was, wenn ich Samstag und Sonntag jeden Morgen mit klarem Kopf aufwache und das poste? ›Kein Hangover!‹ Man vergisst regelrecht, dass auch das eine Möglichkeit ist.« Hört, hört!

PEARL LOWE

»Ich bin jetzt fast 15 Jahre trocken«, berichtete sie in der Talkshow *Loose Women*. »Wenn ich mir ältere Fotos angucke, fragte ich mich immer: ›Lieber Gott, wer ist das denn?‹ Ich schaue mir die Bilder an und denke: Sie tut mir leid. Tatsächlich hatte ich echt Probleme, deshalb fand ich Partys immer so super. Dabei hatte ich kleine Kinder, versuchte, meinen Mann glücklich zu machen, selbst glücklich zu sein, auszugehen und eine Karriere auf die Beine zu stellen – ich war damals in einer Band. Aber all das war zu schwierig für mich. Irgendetwas musste weichen. Letztlich habe ich mein Handy weggeworfen und bin aufs Land gezogen.«

50 CENT

Der Rapper trinkt nicht »in da club«, auch wenn es so aussieht. Er hat viel investiert, um eine Champagnermarke auf den Markt zu bringen, also tut er so, als würde er »die Flasche mit dem Blub« in einem einzigen Zug leeren..

»Erst schenke ich allen Leuten, die mit mir im VIP-Bereich sitzen, Champagner ein. Wenn die Flasche leer ist, gebe ich sie einem meiner Kumpels und lasse sie mit Ginger Ale auffüllen«, gestand er in seinen Memoiren *Hustle Harder, Hustle Smarter. Wie du erfolgreich wirst und es auch bleibst.*
»Und an diese Flasche halte ich mich für den Rest des Abends. Hin und wieder nehme ich einen Schluck, damit die Stimmung gut bleibt, aber ich trinke nichts außer Canada Dry.«

LENA DUNHAM

»Trocken zu leben, ist nicht leicht«, berichtete Lena Dunham dem Magazin *Variety.* »Andererseits ist es der erste Schritt, um sich mit all jenen Dingen auseinanderzusetzen, deretwegen man sich überhaupt erst verstecken wollte.«

Lena erzählte in der *Jonathan Ross Show*, sie fände das Nüchtern-Daten in Großbritannien wirklich schwierig: »Trocken daten ist im Vereinigten Königreich keine leichte Übung. Als ich noch trank, habe ich leicht Jungs aufgerissen. Ich habe ziemlich viel getrunken, bin mit ihnen nach Hause gefahren, habe mich dort übergeben, und dann mussten sie mich ja übernachten lassen. Aber in Wales, als ich eine höfliche Frau voller Würde und Anmut war? Echt eine Herausforderung.«

Bei einem Wohltätigkeitsessen für eine Entzugsklinik nur für Frauen sagte Lena: »Ich zu sein tat manchmal so weh, dass ich es kaum ertragen konnte. Aber ich zu sein ist auch eine Superkraft, und das gilt für euch alle. Ich würde jederzeit trockene Frauen unterstützen, denn eine Frau, die eine Sucht hinter sich gelassen hat, kann verdammt noch mal alles schaffen.«

DAVID SEDARIS

Der superwitzige Essayist ist jetzt trocken. »Ich wollte schon lange aufhören. Ich hatte Angst davor. Angst, nicht mehr schreiben zu können.

Denn ich habe mit dem Trinken angefangen, als ich mit dem Schreiben begonnen habe. Daher dachte ich immer, ich müsse trinken, wenn ich schreiben will ... Ich weiß nicht, warum ich davon so überzeugt war. Es ist, als würde ich behaupten, nicht singen zu können, wenn ich kein blaues Hemd trage.«

JAMEELA JAMIL

Jameela hat noch nie Alkohol getrunken und ist entsetzt, wie die Gesellschaft darauf reagiert. »Wenn ich das irgendwo erwähne, gucken die Leute mich an, als hätte ich gerade gesagt, dass ich am liebsten Menschenfleisch esse. Die Leute finden das verdächtig und fragen mich immer aus, wieso. Ich habe schon als junge Frau entschieden, dass ich mir nicht vorgaukeln wollte, mir ginge es gut, wenn dem nicht so war. Ich wollte meine Verwundbarkeit nicht verlieren, wenn ich Angst hatte oder schüchtern war. Und ich wollte einen klaren Kopf behalten, vor allem als junge Frau. Ein Kater schien mir unerträglich. Ich mochte nicht, was er mit deinem Aussehen macht, aber auch mit deinem Bankkonto. Die Argumente gegen den Alkohol schienen mir besser zu sein.«

BRAD PITT

Das ist ja nun nicht direkt neu, aber er sagte neulich etwas, das ich hundertprozentig unterschreiben würde: nämlich wie wichtig es sei, sich auf den nächsten Schritt zu konzentrieren. Also habe ich eine Ausnahme gemacht. Auch du bist hier willkommen, Brad!

Und das waren seine Worte:

»Wir legen immer so viel Wert auf die Fehler«, meinte er in der Zeitschrift *Interview* über das Suchttrinken. »Aber was einen wirklich ausmacht, ist das, was du nach diesem Fehler tust. Wir machen alle Fehler. Aber was ist der nächste Schritt? Unsere Kultur schert sich wenig darum, was der Mensch als Nächstes tut. Dabei ist das so viel anregender und interessanter.«

Mein Applaus ist dir sicher, Brad. Was als Nächstes kommt, das ist es, was uns ausmacht.

Brennende Frage: Einmal ein Süchtiger, immer ein Süchtiger?

Dr. Marc Lewis: »Menschen lösen sich doch immer wieder von ihrer Sucht. Die Statistik spricht hier eine klare Sprache. Mehr als die Hälfte derjenigen mit Substanzgebrauchsproblemen hört auf – und von denen wiederum schafft es über die Hälfte ohne jede Behandlung.

Für viele Betroffene ist das Narrativ ›Einmal süchtig, immer süchtig‹ ein schweres Kreuz, das sie zu tragen haben. Es verstärkt den Pessimismus und überlagert das Gefühl, ein zur Veränderung fähiger Mensch zu sein. Dann glaubt man, in diesem Muster für alle Zeit festzustecken.«

Dr. Judith Grisel: »Wenn es um das Trinken oder um Drogen geht, gilt für mich als entwöhnte Süchtige: Würde ich das ausprobieren wollen, könnte ich genauso gut herausfinden wollen, ob ich fliegen kann. Dazu müsste ich von einem Dach springen. Meiner Ansicht nach sind die Chancen, heil zu landen, dabei schlecht! Es gibt zumindest keine belastbaren Belege dafür, dass man maßvoll trinken oder Drogen konsumieren kann, wenn man einmal süchtig war.«

Dr. David Nutt: »Nun, die Anfälligkeit für eine Sucht – ob sie nun genetisch angelegt oder erworben ist – verschwindet nicht. Wer der Sucht einmal erlegen ist, bleibt dafür auch empfänglicher. Das Gehirn lernt die Sucht, wie es das Radfahren lernt. Es wird sich also an die Sucht erinnern.

Es gibt da dieses merkwürdige biologische Phänomen: Es kann vier oder fünf Jahre dauern, bis jemand eine Sucht erlernt hat. Aber selbst wenn derjenige dann jahrelang abstinent war und dann ein einziges Mal schwach wird, ist er innerhalb weniger Wochen wieder auf dem gleichen Level wie vorher. Die Anfälligkeit für eine Sucht ist immer da, auch wenn das Verlangen vergangen ist.«

Dr. Julia Lewis: »Menschen sind chaotische Bündel aus komplexen Kohlenstoffatomen, wir wissen also nichts mit absoluter Sicherheit. Aber Studien zeigen, dass man nach vier oder fünf Jahren Abstinenz als ›stabil‹ clean gilt. Das heißt aber nicht, dass jemand jetzt wieder losziehen und trinken oder Drogen einwerfen können. Aber das Gehirn ist nicht mehr länger Sklave der früheren Sucht. Es ist ja unglaublich lernfähig. Anpassungsfähig. Der Teil, der früher aufleuchtete und zum Trinken animierte, kann für neue Zwecke in Dienst genommen werden und zu etwas anregen, was gut ist.«

Anmerkungen zu »Ich bin nun mal süchtig«

Vor Kurzem besuchte ich einen Freund an seinem sechsten trockenen Jahrestag. Er stopfte sich saure Drops in den Mund, als würde er sie aus einem Krug in ein Glas schütten. »Ich kann nicht aufhören, Cath. Ich bin nun mal süchtig.« Ich lachte, aber diese Aussage störte mich irgendwie. Eine Woche später trank ich mit einem anderen trockenen Freund Tee, und der erzählte mir, er könne nicht aufhören, Pornos zu gucken, weil er »nun mal süchtig« sei.

Der Spruch »Ich bin süchtig« ist wie ein Mühlstein, den wir ewig um unseren Hals tragen. Es macht mich traurig, wenn ich all diese tapferen Kriegerinnen und Krieger höre, die seit fünf, zehn oder fünfzehn Jahren trocken sind und mir sagen: »Ich kann nicht aufhören mit dem Rauchen/Zu-viel-Essen/Kaffeetrinken, denn *ich bin einfach süchtig.*« Egal, ob das nun resigniert oder witzig rüberkommt, ich zucke dabei jedes Mal zusammen.

Wenn Sie eine Sucht überwunden haben, sind Sie eben nicht *einfach süchtig.* Ich würde Sie vielmehr auf meine Schultern setzen und mit Ihnen eine Ehrenrunde drehen. Sie hatten den Mumm, einen gründlichen Blick auf sich selbst zu werfen, alles bloßzulegen – das Hässliche und das Schöne –, und dann im Licht der Bewusstheit zu entscheiden, was Sie behalten und was Sie (hoffentlich) loswerden wollen. Nicht viele Menschen auf dieser Erde haben die Weisheit und den Mut, das zu tun.

Sie sind also nicht EINFACH süchtig. Sie sind ein Mensch, der dieses Schlachtfeld durchquert und gesiegt hat. Ja, Sie können gerne »für den Moment« dranhängen, wenn Sie sich damit sicherer fühlen. Aber egal, ob Sie es nun »für den Moment« oder »für immer und ewig« geschafft haben, trocken zu sein, Sie haben es geschafft! Niemand kann Ihnen diese Zeit nehmen, sei es nun ein Jahr oder seien es 50 Jahre. Sie haben das Duell mit der Sucht gewonnen. Wenn ich je wieder gegen die Sucht ankämpfen müsste, möchte ich Menschen wie Sie an meiner Seite haben, keine zum Leben erweckte Puppe.

Ja, wenn Menschen eine alles verschlingende Primärsucht wie tägliches Trinken ablegen, neigen sie dazu, eine Sekundärsucht zu entwickeln, um dieses gewaltige schwarze Loch zu füllen. Das ist richtig. Aber das heißt nicht, dass sie für den Rest ihrer Tage mit allen möglichen Süchten zu kämpfen haben. Dafür gibt es keinerlei Belege. Jeder Bericht darüber ist rein anekdotisch, das heißt: fallspezifisch.

Wer eine primäre Sucht besiegt hat, hat die Werkzeuge, die Waffen und den Biss,[15] um andere Süchte zu besiegen. Tatsächlich sind Sie *besser* ausgerüstet als jeder andere, um auch eine zweite, dritte oder vierte Sucht zu überwinden. Nur weil Sie früher mal eine bestimmte Sucht hatten, bedeutet das nicht, dass Sie zu einer besonderen Gruppe Menschen gehören, die ständig neue Süchte entwickelt.

Und was jene angeht, die nur mal so hereinschnuppern wollen, um zu sehen, wie es sich in der trockenen Welt so lebt: Auch Sie sind sehr mutig. Die meisten Leute nämlich stecken lieber den Kopf in den Sand und werfen ihr Leben lang keinen offenen Blick auf sich selbst und das, was sie da in der Hand haben. Denn der Prozess, sich aus der Alkoholsucht zu lösen, ob nun für den Moment oder für immer, setzt lange vor dem letzten Drink ein. Allein durch die Lektüre dieses Buchs sind Sie schon auf dem Weg dorthin.

---

[15] Ein Biss wie ein Hai – allerdings ist das rein bildlich gesprochen. Bitte tragen Sie keine Haizähne, denn auch ein Hai würde sich nicht mit Ohrringen aus Menschenzähnen schmücken.

Sucht ist eine universelle Erfahrung

Im Laufe Ihres Lebens einmal eine Sucht nach etwas zu entwickeln, ist eine durch und durch menschliche Erfahrung. Mir fällt wirklich niemand ein, der tatsächlich *keine* Süchte hätte. Wie geht es Ihnen damit, wenn Sie ehrlich darüber nachdenken?

Da ist mein Freund, der sich kein Wi-Fi zulegt, weil er sonst bis vier Uhr morgens Netflix guckt. Und die Freundin, die von der Diät-Cola wegkommen möchte. Sie hat offiziell verkündet, dass sie damit aufgehört hat, aber im Büro schleicht sie sich heimlich auf die Toilette, um sie zu trinken. Und der Kollege, der nichts lieber tut, als sich die neuesten Schlagzeilen downzuloaden und die schlimmsten Nachrichten an sein Umfeld weiterzugeben. Oder meine Freundin, die nicht mal eine Stunde mit mir zu Mittag essen kann, ohne ständig ihre SMS zu kontrollieren und zu beantworten.

Ohnehin sind Handys der neue Angstgegner aller Süchtigen. Erst kürzlich war ich übers Wochenende in einem Spa, und von den Leuten, die um den Swimmingpool herumlagen, starrten mindestens drei Viertel gebannt auf ihr Smartphone. Und im Whirlpool? War es immer noch die Hälfte, weil alle Selfies machten. Sie filmten sich bei der Ice Bucket Challenge, beim Eisbärentauchen, beim Sprung in den Pool. Und dann schauten sie sich die Videos an, statt die Erfahrung wirklich zu genießen. Wenn diese Leute ihr Smartphone mit in die Sauna nehmen dürften, würden sie auch das tun.

Natürlich gelten sie nicht offiziell als »Süchtige«. Aber sie haben nun mal Süchte. Süchte, die die Gesellschaft nicht als solche erkennt. Die auch sie nicht erkennen, weil sie sich nicht so deutlich äußern und keine öffentliche Demütigung nach sich ziehen, wie dies der Fall ist, wenn Sie lallen, wanken und Sachen zerdeppern.

Teilweise werden diese Süchte durch die Gesellschaft bestärkt – wie Smartphone, Arbeit, soziale Medien, Nachrichten, Shopping et cetera. (Und damit ist die Aufzählung noch keineswegs erschöpft.) Der dunkelste Ort, an den solche Süchte führen, ist vermutlich wirklich die Toilettenkabine, wo eine Person Diät-Cola in sich reinschüttet. Aber das heißt nicht, dass es keine Sucht ist.

Warum unsere Geschichten selbsterfüllende Prophezeiungen sind

Unsere gelebte Erfahrung gleicht sich gewöhnlich dem an, was wir glauben. Das ist wie der klassische Bestätigungsfehler, nur viel gravierender. Wir sehen nicht nur, was wir erwarten. Wir leben es. Vielleicht entwickeln Sie ja wirklich eine Sucht nach der anderen – Zucker, Sport, Kaffee –, wo Sie jetzt mit dem Trinken aufgehört haben.

Aber gleicht sich Ihre Erfahrung wirklich Ihren Überzeugungen an? Oder haben Sie Ihre Geschichte mit Ihren Erwartungen geprägt? Oder haben Sie sie in ein Förmchen gepresst und gesagt: »Verdammt, was weißt du schon?! Das hier sieht jedenfalls aus wie ein Hase!« Natürlich. Sie haben die Knetmasse in diese Form gedrückt. Daher müssen wir uns gründlich überlegen, in welche Geschichten wir unser Nüchternsein gießen.

Wenn Sie sich als hoffnungslos ergebenen Menschen sehen, als jemand, der den Rest seiner Tage der Geliebten nachtrauert, wird sich Ihr Trockensein genauso anfühlen. Die Geschichten, die Sie glauben und sich immer wieder erzählen, sind unglaublich machtvoll. Wie ein Kleiderbügel, an dem Ihr ganzes restliches Leben hängt.

Achtung, Klippe!

»Es braucht nur einen Tag, einen einzigen Ausrutscher, und alles geht wieder von vorne los«, sagte mir kürzlich ein Freund, der schon länger trocken ist. Ich hatte Tränen in den Augen und verspürte einen starken Drang, ihn in die Arme zu nehmen, was im pandemischen Britannien ja verboten war. »Wenn du fünf Jahre geschafft hast«, sagte ich sanft, »hast du gute Chancen, dass du für immer trocken bleibst.« Aber er starrte mich nur an, schüttelte den Kopf und blieb weiter an der Klippe stehen.

Diese »Abgrund-Mentalität« ist psychologisch ein zweischneidiges Schwert. Viele trockene Suchttrinker glauben, wenn wir diese Klippe nicht ständig im Auge behalten, könnten wir jederzeit stolpern und fallen. Einfach so. »Achtung, Klippe!« – mahnt uns diese Mentalität.

Natürlich gibt es diese Klippe. Es wäre dumm, zu behaupten, dem wäre nicht so. Aber sie ständig anzustarren, ist so, als würde ein Herzchirurg sich ständig überlegen, dass er in jeder Sekunde seiner Arbeit einen Menschen töten kann. Oder ein Seiltänzer permanent nach unten schaut, statt den Blick geradeaus zu richten.

Sie müssen die Klippe nicht täglich, nicht stündlich im Auge behalten, um holterdiepolter in einen Abgrund aus Bier zu stürzen. Wir können uns auch woanders herumtreiben und nur die GPS-Koordinaten der Klippe im Hinterkopf behalten. Sodass der Alarm angeht, wenn wir ihr nahe kommen, und wir bewusst beschließen können, uns fernzuhalten. Oder nicht?

Als ich an jenem Tag mit dem »Klippenmann« zusammen war, wurde mir eines klar. Wo ich lebe (weit weg vom Abgrund), macht ihn nervös. Wo er lebt (am Abgrund), macht mich nervös. Keiner von uns liegt damit falsch beziehungsweise richtig. Wir *leben* einfach dort nur. Aber ich weiß, wo ich mich wohler fühle.

Wie es ist, der einzige Mensch im Raum zu sein

Die trockene Welt ist – wie viele Räume – alarmierend weiß. Das müssen wir ändern. Sucht ist meines Wissens in der BIPoC-Community (Black, Indigenous and People of Color) keineswegs weniger verbreitet. Warum aber zeigt sich das nicht in der sichtbaren Sphäre der Trockenheit? Warum wird die Diversität all jener Menschen, die mit Sucht kämpfen oder sie besiegt haben, nicht deutlich?

Ich bin schon seit geraumer Zeit Fan von Laura Cathcart Robbins, einer US-amerikanischen Autorin. Sie betreibt den Podcast «The Only One in the Room». Der Name sagt alles. Da ich als Weiße noch nie die einzige weiße Person in einem Raum war (nicht einmal bei einem AA-Meeting auf den Philippinen), habe ich Laura gebeten, für uns einen kurzen Essay zu schreiben.

Sie zeigt uns wichtige Einsichten auf, die wir alle verinnerlichen sollten. Denn auch bei Treffen, bei denen über Rassismus diskutiert wird, werden die Menschen der BIPoC-Community ausgeschlossen. Ich habe noch nie gehört, dass häusliche Gewalt, Kindheitstraumata, Scheidung und so weiter »andere Probleme« seien. Warum sollte dies also auf Rassismus zutreffen? Alles, was Trinken triggert, ist meiner Ansicht nach ein Insiderthema.

Also: Over zu Laura.

Warum sitzen alle schwarzen Menschen bei AA-Meetings beieinander?

von Laura Cathcart Robbins

Es hat zehn Jahre gedauert.

Zehn Jahre, bei denen ich jeden Montagabend bei diesen Frauentreffen saß. Zehn Jahre, in denen ich andere schwarze Frauen bat, mich dort zu treffen, und darum betete, dass all diese wohlmeinenden weißen Frauen sich zu benehmen wissen. Nicht laut über die Haare meiner Freundinnen schwärmen (»Wie kriegst du die nur so glatt?«) oder sie mit Mikroaggressionen nerven. (»Welche Art Mischling bist du?« Oder: »Wow! Du kannst dich wirklich gut ausdrücken!«)

Es hat zehn Jahre gebraucht, bis diese kleine Gruppe schwarzer Frauen zusammenkam, die sich bei diesem reinweißen Treffen sicher genug fühlten, um über ihre Erfahrungen zu reden. Jedes Mal, wenn eine schwarze Frau neu zu uns stößt, ist es, als käme sie direkt aus der Underground Railroad [die während des amerikanischen Bürgerkriegs Sklaven in die Nordstaaten schleuste, A. d. Ü.] und unsere kleine Gruppe »anderer« sei da, um sie zu begrüßen. Wir sind eine braune Oase in einem Meer weißer Gesichter.

Es ist in Ordnung, Schwester, wir sehen dich. Komm, setz dich zu uns.

Für mich fing das an, als ich ein Kind war. Damals flog ich von Cambridge, Massachusetts, wo meine Mutter wohnte, nach Fort Myers in Florida, um meinen Vater zu besuchen. Es gab damals noch keine Handys. Meine Eltern hatten also keine Möglichkeit, Kontakt mit mir aufzunehmen, als ich am Ankunftsgate ankam. Das hieß, sie mussten sich auf die weißen Flugbegleiter verlassen, denn ihnen war ich anvertraut worden. (Ich kann mich nicht erinnern, je einen schwarzen Flugbegleiter gesehen zu haben, bis ich 13 Jahre alt war.)

Ich kann mir nur ausmalen, wie schlimm es für zwei Afroamerikaner, die noch die Zeit der Jim-Crow-Gesetze erlebt haben, gewesen sein musste, ihr einziges Kind in ein Flugzeug zu setzen, in dem nur weiße Menschen saßen. Sieben kurze Jahre nachdem US-Präsident Lyndon B. Johnson 1964 den Civil Rights Act, der schwarzen Afroamerikanern erstmals ihre Bürgerrechte zugestand, unterzeichnet und in Kraft gesetzt hatte. Immer wenn ich ins Flugzeug stieg, sah mein Vater mir fest in die Augen und gab mir folgenden Rat mit auf den Weg:

»Vergiss nicht: Wenn du dich verlaufen solltest oder sonst wie Ärger bekommst, halte Ausschau nach einer Schwester.«

Keine Nonne. Wir waren ohnehin keine religiöse Familie. Nein, mein Vater meinte, wenn ich mich nicht sicher fühlte, sollte ich mich einer Frau anvertrauen, die mir vermutlich helfen würde. Und so fing ich schon mit sechs Jahren an, jeden Raum, den ich irgendwie betrat, nach einer Verbündeten abzusuchen – einer schwarzen Frau.

2008, als 43-Jährige, habe ich ein reinweißes Therapiezentrum in Arizona verlassen und mich einer fast reinweißen AA-Gruppe in Los Angeles angeschlossen.

Es war schwierig.

Ich steckte mitten in einer Scheidung und hatte zwei kleine Jungs. Ich war trotzig und fühlte mich gedemütigt und beschämt. Ich hasste es, zugeben zu müssen, dass ich Alkoholikerin war. Und als ich erstmals zum Meeting der Los-Angeles-Gruppe kam, blieb ich in der Tür stehen und scannte ganz automatisch den Raum. Ich sah mich nach einer Schwester um, aber ich war dort die Einzige, deren Haut dunkler war als eine Papiertüte.

Je länger ich dort stand, desto mehr Aufmerksamkeit schien ich auf mich zu ziehen. Ich spürte, wie mein Gesicht rot anlief, als all die weißen Gesichter sich mir zuwandten, mich anlächelten und mich inspizierten wie ein Spielzeug-Gimmick in den Cornflakes – als wäre ich ein Preis oder so. Ich setzte mich, hielt aber den Kopf gesenkt. Ich fühlte mich immer noch im Rampenlicht. Da war niemand, an den ich mich wenden konnte. Niemand, der mir anerkennend zunickte, niemand, der mir den Stachel aus dem Fleisch nahm, die Einzige im Raum zu sein.

Nach ein paar Monaten hörte ich auf, mich auf die Unterschiede zu konzentrieren. Ich fand auch Gemeinsamkeiten. Die Frau auf dem Platz neben mir war ebenfalls frisch geschieden. Die Blonde, die immer auf dem Podium saß, war eine Pillen-Userin wie ich. Und die Frau mit der altmodischen Brille berichtete darüber, wie sehr sie sich schämte, als Mutter getrunken zu haben. Der Knackpunkt war ja: Ich wollte trocken sein. Mehr als alles andere. Und ich verstand tief in mir drin, dass diese Treffen mir das Leben retteten. Aber während die Monate vergingen, merkte ich, dass ich noch etwas brauchte – Nähe. Ich war überrascht, wie groß mein Bedürfnis war, von anderen schwarzen Menschen auf Entzug wahrgenommen zu werden.

Schneller Vorlauf um elf Jahre. Nun ist zu meinem Kampf eine neue Schicht hinzugekommen. Die Polizei ermordet schwarze Männer und Frauen reihenweise. Immer wenn sie einer schwarzen Person das Leben nehmen, gehe ich zu einem Treffen. Aber wenn ich und andere das Problem »Rassismus« in der AA-Gruppe ansprechen, riskieren wir, ermahnt zu werden, weil Rassismus offensichtlich ein »anderes Problem« ist.

Über die Jahre hat dies zu einer Reaktion geführt, die an eine posttraumatische Belastungsstörung erinnert. Immer dann, wenn die Themen »Ethnie« und »Sucht« sich überschneiden. Lange Zeit fühlten wir, die anderen schwarzen Frauen und ich, uns in unserer Heimatgruppe nicht sicher genug, um dies anzusprechen. Das Resultat war, dass wir aufhörten, zu den Meetings zu gehen, und uns stattdessen für BIPoC- oder PoC-Treffen entschieden.

Den Sommer über meldeten sich mehrere (weiße) Frauen meiner Heimatgruppe und ließen mich wissen, dass unsere Abwesenheit zutiefst bedauert wurde. Ich wusste diese Mühe zu schätzen, aber es dauerte Wochen, bevor ich darauf etwas erwidern konnte. Ich habe inzwischen aber das Gefühl, dass sich etwas verändert hat. Vielleicht schaue ich wieder mal bei meiner alten Gruppe vorbei – sie hat mir vor zwölf Jahren das Leben gerettet.

Denn was passiert, wenn die nächste schwarze Frau sich bei deren Treffen oder Zoom-Veranstaltungen meldet und feststellt, dass sie die einzige ist? Wird sie gehen, weil sie sich allein fühlt? Oder ist sie verzweifelt genug, um zu bleiben? Wenn es unser höchstes Ziel ist, nüchtern zu bleiben und die Botschaft weiterzutragen: Wie soll ich das bewerkstelligen, wenn ich nicht da bin?

Eine meiner liebsten Frauen, auch eine Schwester, meldete sich vor fünf Jahren bei ebendieser Gruppe. Und sie sagte mir, sie sei nur deshalb geblieben, weil eine andere schwarze Frau anwesend war. Nächsten Montagabend werde ich wohl zum ersten Mal seit sieben Monaten wieder zu meiner Ursprungsgruppe gehen.

Und wenn eine weitere Schwester hereinschaut, hoffe ich, dass sie bei uns bleibt.

Laura Cathcart Robbins ist Journalistin und schreibt über kulturelle Themen. Sie hat den populären Podcast »The Only One in the Room« gegründet und lebt in Studio City in Kalifornien. Ihre jüngsten Artikel in der *Huffington Post* und in *The Temper* über Rassismus, Trockenwerden und Scheidung haben ihr weltweit Anerkennung eingetragen. Mehr über sie finden Sie auf: www.theonlyonepod.com. Oder auf ihrem Instagram-Account: @lauracathcartrobbins.

Lektüretipps fürs trockene Leben

Wie wir bereits gesehen haben, können uns Worte tief berühren. Sie ermöglichen es uns, den Standpunkt eines anderen Menschen umfassend und existenziell zu verstehen. Sie können im Gehirn ein Erdbeben auslösen. Und Sie an das erinnern, was Sie selbst erlebt, mittlerweile aber vergessen haben. »Warum sitze ich jetzt nicht mit den anderen in der Bar? Ich habe immer so gern getrunken!« Nein, das stimmt nicht. Deshalb haben Sie ja aufgehört, erinnern Sie sich?

Wenn ich spüre, wie meine Gedanken dem Alkohol ein rosa Mäntelchen umhängen oder das Vergessen mich mit dem Finger lockt: »Komm näher, meine Hübsche«, greife ich zu einem Buch.

Das Trinken zu romantisieren, ist, als würden Sie von einer Mücke gestochen. Es juckt. Sie müssen sich darum kümmern. Wenn Sie jetzt kratzen und über all das nachdenken, *was Sie am Trinken vermissen* (echt jetzt?), wenn Sie all die Gründe vergessen, warum Sie das Trinken aufgegeben haben, wird sich das Gift mit Sicherheit weiter in Ihrem Körper verbreiten. An dieser Stelle wird es verrückt, mies und gefährlich.

Den Juckreiz bewusst wahrzunehmen und sich einfach hinzusetzen und zu warten, bis er vergeht, ist nur für die Fortgeschrittenen eine Möglichkeit. Für die Sorte Mensch, die in der Nähe eines tropfenden Wasserhahns eine halbe Stunde meditieren kann. Für Normalsterbliche (*winkt* – wie mich) habe ich einen anderen Vorschlag: Greifen Sie tief hinein in die Schatzkiste des Wissens.

Als ich mal Urlaub in Mexiko machte, war ich unglaublich beliebt, denn ich hatte einen »Klicker«: Das ist ein Instrument, mit dem man (wer hätte das gedacht!) »klick« machen konnte. Bei einem Insektenstich versetzte es einem einen winzigen Elektroschock. Man konnte den Miniblitz sogar sehen, was sehr befriedigend war. Tatsächlich konnte der Stromschlag das Jucken nicht abstellen, aber man hatte einfach das Gefühl, als ob dies der Fall wäre. Und so verschaffte der Klicker einem Erleichterung, während die winzige Wunde, die die Stechmücke hinterlassen hatte, heilte.

Mehr über Sucht, Suchterfahrungen und deren neurowissenschaftliche Grundlagen zu lernen, ist das kognitive Gegenstück zum Klicker. Es verschafft Erleichterung. Ein »Aah, das fühlt sich doch gleich besser an«. Mit Büchern und Artikeln legen wir neue neuronale Pfade im Gehirn an, die das »Trinken gut, Nüchternsein schlecht«-Narrativ überlagern. Ein Narrativ, das täglich 100-fach bestätigt wird.

Mehr muss man dazu, glaube ich, gar nicht sagen. Und deswegen möchte ich Ihnen jetzt einige Bücher vorstellen, die mir in den letzten Jahren geholfen haben.

Quit Like a Woman von Holly Whitaker

Wie Kamala Harris (mit einer gehobenen Braue, das schlaue Biest) Joe Biden dafür lobte, dass er »die Kühnheit« besaß, eine Frau als Vizepräsidentin zu wählen, so applaudiere ich Holly für die »Kühnheit«, dieses Buch zu schreiben.

Sie hat sich dadurch der Kritik ausgesetzt, die massenhaft auf sie niederging. Aber sie hat es trotzdem getan. Denn: Scheiß drauf! Und dazu ist echt Mumm nötig.

Holly war lange Zeit eine meiner Lieblingsschriftstellerinnen. Ihre Sätze haben eine schwindelerregende Struktur und enden meist mit einem Witz, den niemand kommen sieht.

Manchmal selbstgerecht und unerschütterlich, dann wieder zärtlich und verwundbar, legt sie die Axt an die Entzugsmaschine in den USA, auf die Gefahr hin, sie in die Luft zu sprengen: Entzug, die AA, das Krankheitsmodell und so weiter. Sie nimmt die Kettensäge zur Hand und atomisiert den Status quo all unserer erworbenen Weisheiten. Um sie dann Stück für Stück wieder zusammenzusetzen.

Sie hat sehr gründlich recherchiert, vor allem, wo es um den Zusammenhang zwischen den Tabakkonzernen von damals und den Alkoholproduzenten von heute geht. Wussten Sie zum Beispiel, dass die Tabakkonzerne »Mäßigung empfahlen«, weil diese »absolut machbar und die Norm« ist? Ebenden Spruch, den man heute immer wieder aus dem Mund der Alkoholproduzenten hört? Oh ja. Ich wusste das auch nicht, bis ich bei Holly Zitate von Ärzten aus den Zwanzigerjahren fand.

Und ihr Buch enthält einen hilfreichen und gründlich recherchierten Abschnitt über unsere wackelige Willenskraft, unsere Gewohnheiten und den Kampf gegen das Verlangen.

Manchmal gehen ihre Argumente schon sehr ins Radikale. Ich bin völlig einverstanden, wenn Holly schreibt, Alkohol für Frauen sei als feministische Großtat verkauft worden (Johnny Walker gab sogar einen Jane-Walker-Whisky heraus, um die Frauenrechte zu feiern!). Doch das Motiv dafür ist vermutlich weniger die Sorge um die Gleichberechtigung der Frau (»eine Substanz, die man Ihnen aufdrängt, damit Sie nicht in Ihre Kraft finden«) als die Gier nach Profiten.

Aber das ist in Ordnung. Ich muss nicht in allen Punkten mit Holly einer Meinung sein, um *Quit Like a Woman* zu schätzen, vor allem mit den vielen persönlichen Geschichten, die sie mit rasiermesserscharfem Humor erzählt. Für sie war das Trockenwerden eine Minirevolution.

Am besten für: Frauen, logischerweise. Siehe Titel.

Nicht für: begeisterte Mitglieder der Anonymen Alkoholiker, wenn diese nicht gelassen auf andere Standpunkte reagieren können.

Drink? *von David Nutt*

Dieses Buch hat mich zur gespaltenen Persönlichkeit werden lassen. An manchen Stellen rief ich: »Ja, David, genau!« Und dann wieder: »Nein, David, das stimmt nicht!«

Warum? Weil Prof. Nutt immer zwei Hüte auf einmal trägt. Da ist zum einen sein »Arbeitshut«. Er war jahrelang Chefberater der Regierung in Drogenfragen und wies auf die massiven Gefahren des Alkohols hin. Der zweite Hut ist ein eher persönlicher, denn Nutt ist Inhaber einer Weinbar und trinkt selbst gern einen Tropfen. Offensichtlich hat er mit dem Maßhalten keine Probleme und hält es auch für die ideale Lösung. Dabei vergisst er, dass der Großteil seiner Leser vielleicht schon trocken ist oder zumindest darauf hinarbeitet.

Diese beiden Persönlichkeiten führen zu einem ständigen Zickzackkurs. Zum Beispiel:

Zick: »Die Alkoholindustrie weiß, dass Alkohol eine giftige Substanz ist. Würde er heute entdeckt, würde er für Lebensmittelzwecke nicht erlaubt. Würde man die Standards der Lebensmittelindustrie anlegen, hieße das, dass wir nicht mehr als ein Glas Wein pro Jahr trinken dürften.« (David lässt das Mikro fallen.)

Zack: »Alkohol macht sozialer und sorgt für gute Laune, was für die meisten Menschen unverzichtbar ist.« (Dabei sind soziale Kontakte, menschliche Wärme und Humor auch ohne Alkohol zu haben.)

Die »Zicks« sind allerdings die ganzen »Zacks« dann doch wert, denn was Daten und Forschungsergebnisse angeht, ist dieses Buch eine Goldgrube. Dazu gibt es noch eine Reihe interessanter Fakten: So gilt es in Japan beispielsweise als äußerst unhöflich, eine Bar vor seinem Boss zu verlassen. Daher die vielen »Tiny Hotels« in den Geschäftsbezirken, in die die armen Angestellten sich um drei Uhr morgens flüchten dürfen.

Aber gerade weil Prof. Nutt persönlich pro Alkohol ist (wenn auch in Maßen), klingt seine Stimme umso verlässlicher, wenn er sich gegen die geheimen Bande zwischen Regierung und Alkoholproduzenten wendet. Er saß schließlich in der ersten Reihe, als man die vom Alkohol verursachten Schäden unter den Teppich zu kehren versuchte. Daher ist gerade dieses Kapitel in *Drink?* höchst faszinierend.

Am besten für: alle, denen man die Augen öffnen muss. Es enthält manchmal erschreckende Daten über Alkohol und seine Nutzer.

Nicht für: all jene, die für das Gerede vom Maßhalten anfällig sind.

We Are the Luckiest *von Laura McKowen*

Laura schreibt mit einer Detailversessenheit, die an Romane gemahnt. Ihr Stil ruft scheinbar mühelos Gerüche, Klänge und Emotionen auf. Sie erinnert mich an die US-amerikanische Autorin Lisa Taddeo (die *Drei Frauen* geschrieben hat). Ich habe beim Lesen

Lauras Verzweiflung und Euphorie so stark empfunden, als wären sie meine eigenen. Diese Gabe besitzen nur wenige Schriftsteller. Laura gehört dazu.

Mutig leuchtet sie ihr Leben aus, in dem sie betrunken gefahren ist, betrunken auf ihre Kinder aufgepasst und betrunken ihren Partner betrogen hat. Ein großzügiger Willkommensgruß an alle, die irgendwann einmal dasselbe gemacht haben. (Das heißt: ganz schön viele.)

Sie schreibt wunderbar über die Veränderungen, die viele von uns auf sich nehmen, um sich die Liebe »zu verdienen«. Wie wir uns winden, um Kritik zu vermeiden, als wäre sie tödlich. Und wie man aus den Dutzenden Versionen seiner selbst (als Trinker) in die *eine, ungebrochene Version* des Nüchternseins zurückfindet.

Am besten für: einen Tag im Bett. Ein tolles Buch für Eltern, die immer noch Schuldgefühle haben, weil sie in der Gegenwart ihrer Kinder getrunken haben.

Nicht für: Es handelt sich um eine Autobiografie. Die Außenwelt findet kaum Eingang. Wenn Sie also nach Daten, Statistiken, Experten oder kulturellen Einschätzungen suchen, sind Sie anderswo besser aufgehoben.

Berauscht vom Leben. Die Freiheit, nicht zu trinken *von Amanda Eyre Ward und Jardine Libaire*

Dieses tolle Buch akzeptiert, dass Ex-Trinker trotzdem Genussmenschen sind, die ihren Kick brauchen. Nur eben keinen im Margarita-Glas mit Salzrand.

Es gibt hier kluge Einsichten über das Trockensein und eine ganze Reihe von Ideen darüber, was Sie mit Ihrem neuen, nüchternen Leben anfangen können. Über den Adrenalinschub beim Sprung ins eiskalte Wasser. Über das Gefühl, dass während eines heißen Bads »ein goldener Kamm« ihre Emotionen glatt striegelt. Oder etwas fürs innere Kind, zum Beispiel eine Fahrt im Riesenrad oder ein Ausflug auf Rollerskates. Wie wäre es mit ein paar Minuten auf der Schaukel, Kleines?

Der gute Stil, in den Sie sich fallen lassen können wie in ein heißes Bad, hat mich elektrisiert. Das Buch zeigte mir, wie grenzenlos viele Möglichkeiten ich habe, um in der trockenen Welt Spaß zu haben.

Am besten für: alle Vergnügungssüchtigen, die auf dem trockenen Pfad bleiben und am besten gleich die ganze Landschaft rundherum erkunden wollen. Oder für Menschen, die nach langen Jahren der Trockenheit ein wenig zappelig werden, weil sie sich danach sehnen, ihren Horizont zu erweitern.

Nicht für: Leser, die einen Ratgeber zum Trockenwerden suchen. Ich würde mal schätzen, dass sich nur die Hälfte von *Berauscht vom Leben* ums Trockenwerden dreht.

Wenn Sie diese Bücher ansehen, werden Sie vor allem eines merken: Die positiven Aussagen dazu stammen fast durchweg von »Wettbewerbern«.

Nein, das liegt nicht daran, dass die trocken gewordenen Autoren Teil einer geheimen Schwestern- oder Brüderschaft sind. Die meisten kennen sich noch nicht mal persönlich. Wir haben verschiedene Verlage, Agenten und absolut nichts davon, wenn wir die Arbeit der anderen loben. Wir machen das, weil es das Richtige ist.

Wir wissen, dass die nüchterne Welt unglaublich viel Raum bietet. Und dieser dehnt sich immer weiter und weiter aus. Das wird auch in den nächsten Jahren so bleiben. Wir wissen, dass unser Buch den einen Menschen nicht anspricht, während es für den anderen zur Leiter wird, die ihn aus seinem Erdloch herausholt, zur Brosamenspur, die den Weg aus dem Wald heraus zeigt.

Eines ist klar: Trocken zu werden ist eine Arbeit, die jeder für sich selbst tun muss. Ein Buch kann Sie nicht trockenlegen. Wann immer mir ein Leser schreibt, meine Worte hätten ihm den Weg zum Nüchternsein geebnet, antworte ich: »Ein Buch kann das nicht zuwege bringen. Das haben SIE schon ganz alleine hinbekommen. Sie sollten sich dafür auch die Lorbeeren anstecken, mein Freund.«

Aber Bücher sind wie Landkarten. Sie zeigen, wie jemand anderer sich aus diesem gottverlassenen Wald befreit hat. Bücher sind Wegweiser, die den Verlorenen zu Hilfe kommen, damit sie sich wieder zurechtfinden. Daher loben wir häufig die Arbeit von anderen Schriftstellern. Wir sehen uns nicht als »Wettbewerber«. Sondern als »Mitarbeiter«.

Denn: Wir brauchen noch sehr viele Karten.

Sturzbetrunken versus sternhagelnüchtern waldbaden

Sturzbetrunken waldbaden

Oktober 2012

Ich beginne, mich in der Mittagspause immer öfter mal in der freien Natur zu ergehen, um mir was Gutes zu tun. Bäume anzugucken. Frische Luft zu schnappen.

Zumindest rede ich mir das ein. In Wirklichkeit trinke ich im Park. Zur Mittagszeit.

Früher waren es Pubs, aber in Pubs stehen meist mehr Leute herum, als mir lieb ist. Außerdem verträgt mein Bankkonto den Sauvignon blanc für bis zu sechs Pfund pro Glas nicht mehr. Daneben füttere ich meinen Kater mit Fleischbällchen-Wraps oder Käsecroissants. Also schlicht mit allem, was immer eben braun und billig ist.

Essen ist jetzt Notwendigkeit und kein Vergnügen mehr. Ich bin jetzt 32. Meine Freunde wollen immer öfter mit mir zum Abendessen statt einfach nur auf ein paar Drinks. Diese Abendessensmanie ist so nervig!

Zum Beispiel letzte Nacht. »15 Pfund für eine Sauerteigpizza. Das ist doch wohl ein Witz!«, schimpfe ich und lege die Speisekarte aus der Hand. Stattdessen ordere ich für 15 Pfund eine Flasche von dem schrecklichen Hauswein.

Ich saß trotzig da und weigerte mich zu essen. Stattdessen gab ich mein Geld für etwas aus, das mir wichtiger war – Alkohol. Später würde ich mir eine Pizza am Kiosk kaufen, für drei Pfund. Und ich fühlte mich dabei noch als Siegerin. Ich hatte nämlich die Sauerteigpizza-Mafia ausgetrickst!

Heute habe ich das gleiche Gefühl. Ich trickse die Natur aus. Ich sage mir, dass das Trinken im Park »quasi das Gleiche« sei wie das Trinken im Pub, nur sehr viel billiger. Und meine Kollegen, die auch in den Park gehen? Von denen unterscheide ich mich kein bisschen.

Ich kaufe eine kleine Flasche Roséwein und fülle seinen Inhalt in eine bunte Plastikflasche um, wie man sie für den Sport verwendet. An dem Ding nuckelt man zum Beispiel, um den Flüssigkeitsbedarf beim Laufen zu decken. Aus irgendeinem Grund sieht der rosarote Alkohol harmlos aus. Vielleicht rollte deshalb die Pink-Gin-Kampagne so erfolgreich übers Land?

Da ich letzte Nacht eineinhalb Flaschen Wein getrunken habe, verabschieden sich die letzten Reste davon gerade aus meinem Körper. Mein Nervensystem beschert mir üble Laune. Die immer mieser wird, je länger ich nüchtern bin. Und ich bin nüchtern. Die grässliche Stimmung zeichnet sich im Hangover immer deutlicher ab, wie ein Geisterschloss, das sich aus dem Nebel erhebt.

Mittlerweile kann ich nicht mehr warten, bis mein Arbeitstag vorüber ist und ich nach Hause gehe. Das Gefühl der Niedergeschlagenheit ist zu stark. Das ertrage ich nicht. Glücklicherweise geht mir das Umfüllen von Wein gut von der Hand. Ich bin ein Genie darin, ihn in alle möglichen Gefäße zu dekantieren. Ein Augenblick, und schon ist es passiert.

Und so sitze ich hier, in meinem adretten Oliver-Bonas-Outfit (Kolibris auf dem Seidentop, was für mich Beweis genug ist, dass ich im Leben auf der Siegerstraße bin), lese das *Stylist*-Magazin und futtere mein braunes Mittagessen, während ich den pinkfarbenen Drink kippe, der so unschuldig aussieht.

Nach dem Essen poste ich ein Foto von meinem nach Farben geordneten Bücherregal, denn man kann ja schließlich keine Niete sein, wenn man nach Farben geordnete Bücherregale hat.

Zwei Teeniemädels kommen näher. Offensichtlich haben sie Ferien. Sie tragen Trainingsklamotten. Eine hält eine halb leere Wodkaflasche in der Hand. Sie sprechen mich respektvoll an, als wäre ich ihre Lehrerin.

Ich starre angestrengt auf mein Smartphone und warte auf Likes.

Teenie: »Wir haben uns gefragt, Miss ...«

Ich: »Hmmm?«

Teenie: »Wollen Sie was?«

Sie hält mir schüchtern die halb leere Wodkaflasche hin.

Ich: »Davon? Wieso sollte ich das wollen?«

Teenie: »Nun, wir haben gesehen, dass Sie sich einen sprithaltigen Mittagsdrink genehmigen. Und wir mögen den Rest nicht mehr. Also?«

Ich bin gleichzeitig empört und beschämt. So eine Frechheit! Warum beobachten die mich überhaupt? Und dann wieder: wie peinlich! Sogar Teenager durchschauen meine Scharade.

Ich: »Nein danke. Ich trinke nie Wodka.«

(Ich trinke Wodka, aber nur, wenn ich nichts anderes habe. Ich mag ihn nicht besonders, aber das ist mir eigentlich egal. Die miese Stimmung macht mich einfach fertig.)

Die Fliehkraft meines Leugnens zieht meine Wahrnehmung der Wirklichkeit immer weiter weg vom Mittelpunkt der Wahrheit. Der Wahrheit, wie die Menschen mich sehen. Ich bilde mir ein, sie sehen eine elegante Dame in einem Kolibri-Top, die nach Farben geordnete Bücherregale zu Hause hat. (Habe ich tatsächlich! Folgt mir auf Instagram, Mädchen!) In Wirklichkeit aber sehen die Leute etwas ganz anderes.

Ich habe mir eingeredet, mein Dekantieren, mein Trinken sei unsichtbar. Dies ist der Tag, an dem ich merke, dass dem nicht so ist. Und ich fühle mich ganz schrecklich nackt.

Sternhagelnüchtern waldbaden

September 2016

Es gibt da also die Glens Red Squirrel Group. Weil rote Eichhörnchen immer seltener werden, da ihnen die grauen Artgenossen das Terrain streitig machen. Und es stellt sich heraus, dass ein entfernter Cousin von mir Generalsekretär bei dem Verein ist! Ist das nicht ein Zufall? Stellen Sie sich vor, Sie seien Generalsekretär des Vereins zum Schutz roter Eichhörnchen! Das hört sich doch absolut nach Wald an! Ich würde zu gerne die Sitzungsprotokolle lesen.

Mein Freund blickt genervt gen Himmel.

Und dann male ich mir aus, wie der Eichhörnchenkrieg verlaufen könnte. Wir rüsten die roten Eichhörnchen mit winzigen Gewehren aus, damit sie sich vor den grauen schützen können.

»Wie wäre es mit Miniaturpanzern?«, meint mein Freund.

»Ja!«, stimme ich zu. »Und sie kriegen kleine Stahlhelme. Und Handgranaten, die aussehen wie Eicheln!«

Ich bin wieder mal im Glenariff Forest Park. Mittlerweile bin ich drei Jahre trocken und entwickle mich zum Eichhörnchen-Fan wie mein Vater. Wer hätte gedacht, dass das Trockensein die Liebe zu Kleintieren steigert? Ich bin ganz hingerissen von der Wildnis hier, die eines der letzten Gebiete in Großbritannien ist, in denen die Tierlein mit den Elfenohren ungestört leben können.

»Wie weit ist es zum Restaurant?«, will mein Freund wissen.

»Ich weiß nicht genau, wo wir sind«, antworte ich.

»Hast du nicht gesagt, dass du dich super orientieren kannst?«

»Immer wenn ich das sage, habe ich mich verlaufen.«

Er seufzt missbilligend, während er mit mir den Park durchstreift. Auch mir vergeht jetzt langsam der Spaß. Ein bisschen ist es so, als würde man mit einer anderen Person den absoluten Lieblingsfilm gucken und merken, dass er oder sie keine Freude daran hat. Und sich dann selbst nicht mehr freuen.

Endlich finden wir das Restaurant. Er beeilt sich, nach drinnen zu gehen und ein Bier und etwas zu essen zu bestellen. Ich bleibe noch ein bisschen draußen. »Bestell mir Pommes und Cola«, sage ich. »Ich bin gleich bei dir.«

Ich gehe auf dem Weg zurück, den wir gekommen sind. Bis zu einer Lichtung, die einen unglaublichen Zauber ausstrahlt. Ich bin sicher: Wenn ich ein rotes Eichhörnchen zu sehen kriege, dann hier. Ich lehne mich an einen Baum und lasse den Blick durch seine Krone wandern. Ich halte mich völlig still. Die Begeisterung für die Natur steigt eher, wenn ich alleine bin.

Da, ein roter Blitz! Echt? Nein, es ist die rote Unterschwanzdecke eines Buntspechts. Sein Trommeln wirkt fast, als käme es von einem Menschen mit Pressluftbohrer. Ich bleibe noch ein paar Minuten und genieße es, wie klein und wunderbar unbedeutend ich mich fühle unter diesen gewaltigen Tannen und Fichten.

Ich sehe kein rotes Eichhörnchen. Aber das ist auch nicht von Belang. Mir reicht das Wissen, dass sie da sind, Nüsse horten, an Rinde nagen, über Äste turnen und ihre lustigen Elfenohren spitzen, während sie ihre Eichelgranaten polieren.

Die roten sind scheu, diskret und in der Minderheit. Wie die Null-Alkoholiker unter uns. Auch sie sind da draußen. Auch wenn man sie nur selten zu sehen bekommt.

IV

Das achte Jahr

Der Fisch am Haken

(FORTSETZUNG)

Endlich merkte der Fisch etwas, was ihn von Grund auf verwandelte. Denn obwohl der Haken nie ganz aus seinem Gesichtsfeld verschwinden würde, hatte er doch nur so viel Macht, wie der Fisch ihm gab. Und der Fisch hatte es satt, in ewiger Angst davor zu leben, dass der Haken ihm wieder näher käme. Er zuckte nicht mehr zusammen, wenn er ihn sah. Und er fühlte sich von seinem Tänzeln nicht mehr länger verführt.

Der Fisch hielt inne, drehte sich um und starrte den Haken an. Einmal mehr erkannte er, dass das Bunte nur ein farbiger Überzug war und die Federn aus Kunstfasern bestanden. Dahinter schimmerte das Metall, adrett kaschiert vom Tänzerinnenglitter. Und der Fisch konnte das Metall sehen.

Der Haken war nicht der Freund, den der Fisch in ihm gesehen hatte. Tatsächlich war er das nie. Er war – und das seit jeher – eine aufgeputzte, verführerische, hässliche Falle. Der Fisch sah ihn als das, was er war. Nicht als das, was er zu sein vorgab.

Und so war der Fisch endlich wirklich frei vom Haken. Denn der Haken mochte zwar immer am Rande seines Gesichtsfelds herumhüpfen. Aber er konnte dem Fisch nur dann die Freiheit nehmen, wenn der Fisch auf den Haken zuschwamm.

Und ganz ehrlich: Der Fisch hatte wirklich mehr gesunden Menschenverstand.

Und so lebte er glücklich bis ans Ende seiner Tage.

Das achte Jahr: Zwei Wahrheiten, die nebeneinander existieren

Ob Sie nun glauben, dass Sie etwas können
oder dass Sie es nicht können:
Sie liegen in jedem Fall richtig.

Henry Ford

Mittlerweile bin ich nun im achten Jahr trocken. Herzlich willkommen im »bis ans Ende ihrer Tage«. In denen mir klar wurde, dass zwei an sich widersprüchliche Wahrheiten durchaus nebeneinander existieren können:

1. Ich bin jetzt nicht süchtig.
2. Wenn ich wieder anfinge zu trinken, würde ich meiner Ansicht nach wieder süchtig werden.

Ich bin glücklich vom Haken, trage aber immer noch das Potenzial in mir, mich am Haken zu verfangen. Ich verkörpere Freiheit und Wachsamkeit. Das geht gut zusammen. Und Sie? Sind Sie auch schon lange Zeit trocken? Was verkörpern Sie?

Es besteht ein gewaltiger Unterschied zwischen sicherer Wachsamkeit und ewiger Angst. Ich weiß, dass der Haken immer noch da ist. Aber ich kann mich entscheiden, ob ich darauf zuschwimme oder nicht. Ob ich anbeiße. Heute glaube ich nicht mehr, dass äußere Faktoren mich zum Anbeißen bringen könnten. Ich habe Untreue überstanden, Trauer, Jobverlust, Trolle,[16] schlimme Trennungen und

---

[16] Ein frauenfeindlicher Kommentar eines Mannes auf einen meiner Artikel übers Glücklichsein als Single lautete: »Sie hat eine Zukunft als Katzenoma vor sich!« Nun, das würde ich zu gerne auf ein T-Shirt drucken lassen.

einiges mehr, wovon ich Ihnen nicht erzählt habe. Und ich habe trotz alldem nicht angebissen. Ich bin mir mittlerweile der Möglichkeit sicher, dass mir das nicht mehr passiert. Nie. Wieder. Und das fühlt sich gut an. Ich bin mir so sicher, wie man als Mensch nur sein kann, dass mir das nicht mehr passiert. Nie. Wieder. Und das fühlt sich gut an. Und sollte es falsch sein, möchte ich ausnahmsweise mal nicht recht haben.

Ich feierte kürzlich mit der Familie einen entscheidenden Geburtstag im Leben eines männlichen Angehörigen. Man hielt Reden, wie freundlich und toll dieser Mensch war. Unglaublich nett. Ich saß da, eine klassische Introvertierte, die eine Rede halten sollte. Ich kniff. Und sagte ihm das dann direkt, am nächsten Tag.

Spulen wir zurück zu meinem 31. Geburtstag. Ich hatte ungefähr 22 Einheiten Alkohol intus. Von ein Uhr bis drei Uhr morgens weinte ich mir die Augen aus dem Kopf, a) weil ich (offen gesagt) Angst hatte, für immer Single zu bleiben; b) weil ich (verschwiegen) Angst hatte vor dem Trinken.

Was aber tat mein männlicher Angehöriger an seinem 21. Geburtstag? Er ging los und kaufte mir ein Buch mit dem Titel *Es wird alles gut*. Diese zauberhafte und mitfühlende Geste war, als hätte man mir mitten im Dunkeln eine Taschenlampe in die Hand gedrückt. Selbst neun Jahre später berührt mich das noch.

Bücher über das Trockenwerden wie das meine (welches mein drittes ist) versuchen genau das Gleiche. Ihnen Licht in dunklen Zeiten zu spenden. Auf das Risiko hin, Rihanna zu zitieren: Ich möchte Ihnen zeigen, dass Sie geliebt werden und dass es einen Weg aus dieser hoffnungslos erscheinenden Situation gibt. Ich möchte Ihnen sagen, dass »alles gut wird«, wenn Sie nur einen Schritt tun können. Und dann den nächsten.

Wenn Sie immer noch in diesem dunklen Raum der Scham stecken, ob nun nüchtern oder nicht, stellen Sie sich vor, dass ich bei Ihnen bin. Und eine Fackel habe. Ich kenne die GPS-Koordinaten dieses Raums, ich kenne jeden Zentimeter davon. Unsere Räume mögen unterschiedliche Dinge beinhalten, unterschiedliche Erinnerungen und Handlungen. Aber ich weiß, wie es sich anfühlt, dort zu leben.

Ich weiß, wie es ist, durch den Supermarkt zu schlendern und plötzlich von einer beschämenden Erinnerung aus dem banalen Alltag herausgerissen zu werden wie ein Stofftier, das von einer riesigen Klaue gegriffen wird. Von einer Scham, die wehtut.

Diese Klaue wird sich Schritt für Schritt einziehen, mit jeder guten Handlung, die Sie Jahr und Tag zwischen sich und die Scham schieben. Aber sie kann Sie immer noch packen, an einem sternhagelnüchternen Tag, und Sie zurückschieben in diesen kalten Raum. Ich weiß.

Und ich hoffe, Sie spüren dieses Wissen, die Kameradschaft, wo auch immer Sie in diesem Prozess jetzt stehen mögen. Ich bin da. Und ich halte eine Fackel. Ich wünschte nur, ich könnte Ihnen die Hand halten.

Ich kann Ihre Hand nicht halten. Aber! Wenn Sie sich Menschen suchen, die dazu in der Lage sind, können Sie deren Hand nehmen und umgekehrt. Denn wir sind viele. Sie müssen nur losgehen und diese Kameraden finden, ob in AA-Treffen oder in den sozialen Medien oder nach der Yogastunde. Damit entzünden Sie Ihre Fackel.

Ich werde vermutlich keine Bücher mehr übers Trockenwerden schreiben, denn dabei würde ich mich zwangsläufig wiederholen. Diese Aufgabe überlasse ich den künftigen Fackelträgern. Ich habe ein wunderschönes Leben zu führen, auch wenn es, oberflächlich betrachtet, recht simpel und bescheiden wirkt. Es ist uns möglich, über unsere Sucht hinauszugehen. Und unsere neue, wilde und kostbare Freiheit zu genießen.

Meine Nüchternheit ist heute fast genauso alt wie meine Nichte. Da ist sie nun, läuft herum, redet, will Zöpfchen geflochten bekommen und ein Einhorn tragen. Die lebendige Verkörperung des langen Zeitraums seit meinem letzten Drink. Wie schön sie herangewachsen ist. Aber wie sie ist mein Trockensein nicht unveränderlich und zu Ende.

Auch ich bin nicht ein für alle Mal »geheilt«. Aber ich bin auch nicht gebrochen. Letztlich stehen wir doch alle irgendwo dazwischen. Ich sage immer noch, ich sei beim Trockenwerden, weil Trockenwerden für mich heißt: Ich entdecke, wer ich wirklich war, bevor alles schiefging. Ein bisschen so, wie man nach einem Computerabsturz die Datei wieder rekonstruiert. Ich bin immer noch im Werden und bewege mich auf mein bestmögliches Selbst zu. Wie wir alle.

Das heißt nun nicht, dass ich ein Gilmore Girl werde: süß und niedlich. Ich rede vielmehr von einem Menschen, der liebevoll und gütig ist, sich aber auch für sich selbst einsetzt. Am liebsten würde ich das nicht als »Trockenwerden« bezeichnen, sondern als »Selbsterforschung«. »Nein, danke. Ich erforsche mich gerade selbst«, würde ich zu den verwirrten Kellnern mit ihren Tabletts voller alkoholgefüllter Gläser sagen.

Meine Haltung zur Trockenheit und zum Trockenwerden verändert sich ständig. Ich habe nicht alle Antworten parat. Niemand hat das. Und – was noch wichtiger ist – diese können sich jederzeit ändern. Wenn wir unsere Überzeugungen festtackern, ist das so, als würden wir einen Schmetterling aufspießen. Überzeugungen, die unveränderlich sind, sind tot. Nicht fähig zu atmen, sich zu bewegen und zu wachsen.

Sie haben buchstäblich nicht den Hauch einer Ahnung, wie sehr es mir geholfen hat, diese Bücher zu schreiben und sie in den Händen meiner Leser zu wissen. Für mich hat das Licht auf viele Dinge geworfen, die ich sonst nicht gesehen hätte. Es war eine Ehre, Sie an meiner Seite zu wissen, während ich einige der dunkelsten Erfahrungen meiner Vergangenheit ausgepackt, umverpackt und auf die andere Seite mitgenommen habe. Danke, dass Sie bei mir waren.

Und jetzt: Los geht's, Tiger. Ich glaube an Sie.

In aller Liebe,

Catherine

Nachwort

Acht Jahre vor dem Trockenwerden

September 2005

Ich bin immer noch besoffen. Ich weiß es.

Meine Freundinnen Kate und Suzy kommen um 17 Uhr vorbei, um meine neue Wohnung in Shoreditch zu begutachten. Ich will irgendwas mit Käse, Pasta und Chorizo machen, denn ich habe die Uni gerade erst hinter mir und glaube fest, dass dies ein richtiges Abendessen für meine Gäste ist.

Dummerweise ist es jetzt 14 Uhr und mein Kopf dröhnt. Ich muss mich unbedingt ausnüchtern, das genervte Gefühl abschütteln und meine Gastgebermiene aufsetzen.

Also gehe ich laufen. Ich habe gehört, das soll gut sein. Ich habe es schon ein paarmal versucht. Manchmal hilft es. Als ich losziehe, komme ich an einem Kerl vorbei.

»Cath. Hey, Cath.«

Ich habe keine Ahnung, wer das ist.

Ich starre den Typen an.

»Entschuldigung, kennen ...«

»Du hast echt keine Ahnung, wer ich bin, oder?«

»Nein, kennen wir uns?«

»Letzten Freitag. Wir waren die Letzten im Pub. Erinnerst du dich wirklich nicht?«

Nein, tue ich nicht. Aber dafür laufe ich knallrot an vor Scham.

Er zieht eine Grimasse. Ich weiß nicht, was ich zu dem Kerl sagen soll, an den ich mich nicht erinnere, also wende ich mich ab.

Ich werde schneller und versuche, vor dem Horror wegzulaufen, dass mein Körper immer wieder Dinge tut, die ich später nicht mehr weiß.

Mitten im Laufen muss ich stehen bleiben, weil ich kotzen muss, ohne dass was rauskommt. Ich lasse mich ins Gras fallen, die Beine gekreuzt, und wische mir den Mund ab. In meinem Kopf öffnet sich ein Fenster, als hätte ich bei der Peepshow Geld eingeworfen. Ich sehe den Kerl von vorhin in einer Absteige, der sich über mich beugt. Offensichtlich Morgendämmerung. Dann geht das Licht wieder aus.

Das war's. Mehr fällt mir nicht ein. Der Rest ist gelöscht. Und ich vermute, es sollte so bleiben.

Ich lege mich ins Gras, Tränen steigen mir in die Augen. Ich versuche, sie zurückzublinzeln. Der Boden unter mir fühlt sich steinig und eiskalt an. Unversöhnlich.

Ich komme nach Hause, dusche, esse Toast und fühle mich etwas menschlicher. Während ich auf meine Freundinnen warte, trinke ich wieder. Als sie da sind, hat der Alkohol mich wieder munter gemacht. Natürlich erzähle ich nichts von dem Kerl aus meiner Erinnerungs-Peepshow. Das sind Geheimnisse, die ich fein säuberlich wegpacke, denn es wäre verräterisch, würde ich sie offenlegen.

Irgendwann fällt die Maske und ich vergesse, glücklich auszusehen. Suzy erhascht einen Blick in mein wirkliches Selbst. »Geht es dir gut?«, fragt sie netterweise, als Kate auf der Toilette ist. »Absolut!«, antworte ich ein bisschen zu sehr wie aus der Pistole geschossen. Einmal mehr verschließe ich mich.

»Geht es dir gut?« Das ist die Frage, die ich am meisten fürchte. Natürlich geht es mir gut! Ich fühle mich wie eine dieser Puppen, auf die alle einprügeln. »Geht es dir gut?« ist der Stock, der mein zerbrechliches Gesicht jederzeit freilegen könnte. Und drinnen sind keine Süßigkeiten wie bei den Piñata-Figuren. Nur Reue, Kippen, Alk und die Telefonnummern unzähliger Männer.

Mir geht es nicht gut. Ich kann nicht mal für mich selbst sorgen.

Ich fühle mich verunsichert. Gekidnappt.

Mein Körper tut Dinge, an die ich mich nicht erinnern kann.

Acht Jahre nach dem Trockenwerden

Oktober 2020

Ich laufe und denke mir: Das ist es. Genau danach habe ich im Alkohol gesucht, ohne es zu finden.

Das Verschwinden der Angst, das Sich-allem-Überlassen, die Nähe zur Musik, das pure Vergnügen, die Freiheit des »Mich hält niemand auf«. Das habe ich auf jeder einzelnen Tanzfläche gesucht. Ich bewege mich zu Molokos »The Time Is Now« und fühle mich gleichzeitig eins mit meiner Umgebung, aber auch auf köstliche Weise getrennt.

Ich sause auf den turbokapitalistischen Palace Pier in Brighton zu mit den in Gold gekleideten Tarotkarten-Legerinnen im Wohnwagen, der zuckerwattesüßen Luft und der verrückten Maus-Achterbahn. (Und man müsste wirklich verrückt sein, da einzusteigen, denn das Ding ist eine kaputte Rostlaube, die Sie jederzeit ins azurblaue Meer schleudern kann.[17])

Unter dem viktorianischen Unterbau des Piers mache ich meine Kniebeugen. Kids in ihren Hoodies rauchen Spice im Versuch, ihren Körper zu verlassen. Das sind meine Leute. Ich verstehe sie.

---

[17] Meine Herren und Damen Anwälte: nur ruhig Blut. Ich bin sicher, die Wilde Maus wird regelmäßig gewartet und ist so sicher, wie eine Achterbahn nur sein kann.

Ich begreife das. Auch ich habe versucht, mich in die Leere des Vergessens zu katapultieren. An einer eher ruhigen Stelle der Strandpromenade singe ich mit zu Simple Minds' *Alive And Kicking*, während ich mich daran erinnere, wie ich versucht habe, mich langsam umzubringen, damit aber glücklicherweise gescheitert bin.

Ich bin gegen den Wind gelaufen. Jetzt laufe ich zurück und habe den Wind im Rücken. Der Schwung, den mir das verleiht, erinnert mich daran, dass es umso leichter wird, je länger wir trocken sind. Wenn wir zu Anfang unsere Achillesferse und unsere bleiernen Beine ignorieren können und uns stattdessen darauf konzentrieren, dass es uns noch nie so gut gegangen ist, unser Leben lang, bis heute.

Ich fühle mich unbesiegbar und leichtfüßig. Wie ein Fidschipfeil sause ich um die Nachtschattengewächse herum, die aus den Bars an der Promenade hervorquellen. Auch sie sind mein Volk. Ich ziehe meine Laufmütze vor ihnen. Und ich sehe den Möwen zu, die wie Kampfflieger auf alles herniederstoßen, was nur entfernt nach Pommes aussieht. Ich höre, wie die Segel der festgezurrten Boote klirren wie die Teller fürs Abendessen in einem Internat für kleine Rabauken.

Ich sehe die glänzenden Augen und weichen Beine der Kids, die vor dem Shooshh knutschen, und höre *Hedonism* von Skunk Anansie. Ich schaue ihnen zu und sehe mein 19-jähriges Selbst.

Beim nächtlichen Ausgehen brachte ich mich oft selbst als Opfer auf dem Altar des Glücks dar. Hoffte, lebendig wieder nach Hause zu kommen. Ich widerstehe dem Verlangen, die Teenies zu kidnappen und sie zum Schwimmen im Meer anzuhalten.

Ich will das Trockensein nicht predigen. Wir müssen es für uns selbst entdecken. Andere Menschen zu missionieren, wäre Unsinn, denn jeder muss seinen eigenen Weg gehen. Wie den sprichwörtlichen dickköpfigen Esel können Menschen uns zwar zum

Nüchternsein anhalten, uns aber nicht dazu bewegen. Wir müssen das selbst übernehmen.

Ich sprinte an den coolsten Bars vorbei und fühle mich frei. Ich habe nicht mehr das Gefühl, etwas zu verpassen, wenn ich nicht in diese oder jene Bar gehe, diesen oder jenen Drink nicht nehme oder was mir sonst noch zu suchen einfällt.

Manchmal haben wir es ja auch gefunden. Es mit den Fingerspitzen berührt. Es einen Augenblick lang genossen, und dann – *ein Fingerschnippen* – ist es fort. Wohin? Was wir suchen, steht niemals still. Wie eine tänzelnde Elfe, die uns immer weiter in die Nacht hineinlockt. Und wir immer hinterher, statt nach Hause zu gehen.

Heute treibt der Sport meinen Endorphinspiegel in die Höhe, aber auch liebe Menschen und Lachen. Nicht der Chenin blanc. Und ich sehe auf der Promenade andere Menschen, die diesen Zustand ebenfalls kennen. Ich fühle mich eins mit den Skatern, die haarscharf aneinander vorbeirasen und sich bei ihren Tricks gegenseitig filmen. Mit den Basketballern mit ihrer Boombox, aus der französischer Rap klingt. Und mit den Spielern des Volleyballteams, die von Kopf bis Fuß voller Sand sind, deren Muskeln brennen und die müde und glücklich dreinblicken.

Ich laufe an der Lagune entlang und sehe den Wakeboardern bei ihren Kunststücken zu. Das Wasser funkelt gelassen, still wie ein Spiegel, wie ein leerer Tanzsaal. Weiter geht es zum FKK-Strand, wo ich mich meist köstlich amüsiere. Zum Beispiel über das Graffiti: »Costa del Arschy«. Gleich neben einem anderen: »Ich kann Paella nicht ausstehen.« So ungeheuer mittelschichtig!

Ich lege mich auf den Kiesstrand und strecke Arme und Beine von mir wie ein Engel. Mein Gesichtsfeld ist das grenzenlose Blau des Himmels. Tränen steigen mir in die Augen, aber nicht, weil ich traurig bin. Es sind Tränen der Erleichterung, und sie fließen bei mir jetzt häufig. Vor allem, wenn ich beim Laufen meine Emotionen gelockert habe. Diese Tränen sind ein Segen.

Früher musste ich diese Seligkeit vortäuschen. Mich hineinschwindeln. Ich habe sie in Tausenden leeren Flaschen gesucht. Jetzt überfällt sie mich mitunter in den alltäglichsten Momenten. Selbst wenn ich allein bin, fühle ich mich nie einsam. Ich lebe allein (bald kommt mein Welpe ins Haus). Ich fühle mich geliebt.

Es gibt immer noch Zeiten, in denen es mich peinlich berührt, dass ich nicht mit Champagner anstoßen kann. Wenn der Korken leise »Plopp« macht, weiß ich nicht, wohin mit den Händen, während die anderen im Chor ein Lied singen, von dem ich ausgeschlossen bin. Wie eine verstimmte Gitarre.

Doch dieses Gefühl dauert höchstens drei Sekunden lang – und der Rest des Tages ist wunderschön. Als ich anfing, trocken zu werden, war das nicht so. Zur Hölle, nein. Jetzt aber hat sich das Verhältnis von Unbehagen zu Wohlfühlen unfassbar verschoben. Möglicherweise muss man sich zuerst absolut beschissen fühlen, um dann in Wohlgefühl zu versinken? Vielleicht muss man üben, sich nicht ständig aus der eigenen Haut zu verabschieden, um sich am Ende darin wohlzufühlen? Ich denke schon.

Aber man kann wirklich nicht alles haben. Wie bei allem im Leben, das große Veränderungen und große Opfer fordert – Beförderung, ein Baby, ein Hauskauf, eine Auswanderung –, ist es ein Tauschhandel. Sie geben etwas, um etwas zu bekommen.

Sie können nicht beides sein: der kumpelhafte Chef und die respektierte Vorgesetzte. Sie können nicht die Freiheit des Mieters genießen, wenn Sie die Sicherheit eines Eigenheims vorziehen. Und Sie können nicht den Nebel des Alkohols und die Klarheit des Nüchternseins zugleich haben. Die Herausforderung liegt darin, sich eine Existenz zu schaffen, die es nicht nötig hat, unter Dunstschleiern oder Nebel versteckt zu werden. In der Sie gestochen scharf leben können.

Ich finde, das, was man mit dem Trockensein bekommt, ist so viel wertvoller als das, was man aufgibt. Sie lassen Ihre Freunde in der Bar zurück, weil Sie keine Lust haben, mit Mineralwasser bis ein Uhr nachts aufzubleiben. Und am nächsten Tag sind Sie nicht Teil des munteren Geplauders. Tatsächlich waren alle noch nackt baden und nennen sich jetzt die »Nachtschwimmer«! Aber Sie haben auf dem Nachhauseweg eine Sternschnuppe gesehen.

Sie geben und Sie bekommen. Und wie bei so vielen Dingen hängt Ihr Lohn von Ihrem Einsatz ab. Je mehr Sie sich bemühen, auch die trockene Welt zum Blühen zu bringen, desto grüner wird sie werden.

Was ich vorher hatte, war ein Gefängnis. Eng und ständig enger werdend. Abhängig von einer Substanz, die mich Schritt für Schritt ruinierte. Was ich jetzt habe, ist unendlich groß und weit. Grenzenlos und immer weiterwachsend.

Ich halte die Tränen nicht mehr zurück. Ich lasse sie fließen. Ein lederbrauner, älterer Nudist schaut besorgt zu mir herüber. Kein Grund. Er winkt mir, seine Eier schaukeln. Ich winke zurück. Er legt sich beruhigt in den Sand.

Ich schließe die Augen. Der lodernde Sonnenball ist selbst durch die geschlossenen Lider sichtbar. Ich spüre seine Wärme.

Das ist es. Das habe ich ewig gesucht.

Ich fühle mich sicher. Geliebt. Zugehörig. Endlich.

Bin ich sicher.

Danksagung

Ein kolossales Dankeschön an die mehr als 50 Leser, die zu diesem Buch beigetragen haben, indem sie ihm ihre Zeit, Intelligenz, ihren Witz und ihre Wahrheitsliebe widmeten.

Quellen

Einführung

Rückfall nach drei Jahren Abstinenz: Michael L. Dennis, Mark A. Foss und Christy K. Scott: »An Eight-Year Perspective on the Relationship Between the Duration of Abstinence and Other Aspects of Recovery«, veröffentlicht online auf: ResearchGate, Dezember 2007.

NHS-Daten von 2020: »Statistics on Alcohol, England, Part 4: Drinking Behaviours Among Adults«, veröffentlicht auf: NHS Digital am 5. Februar 2020.

Ein Drittel der Millennials planen alkoholfreies Weihnachten: Richard Jenkins: »Third of millennials will host a teetotal Christmas this year«, veröffentlicht online in: *The Independent*, 9. Dezember 2020.

Verkauf von alkoholfreiem oder -armem Bier plus 30 Prozent seit 2016: »›Nolo beer‹ sales rocket thanks to young teetotallers«, veröffentlicht online auf: BBC, 12. März 2020.

Lockdown-Trinkstatistik: Lucy Holmes: »Drinking During Lockdown: Headline Findings«, veröffentlicht von: Alcohol Change UK, April 2020.

Verbot eines Glases, in das eine ganze Flasche Prosecco passt: Emma Reed: »Prosecco is a Drink, not a Personality«, veröffentlicht online auf: *Metro*, 9. Dezember 2020.

Werberat rügt Scottish Gin Society: »Watchdog bans gin ads after complaints upheld«, veröffentlicht online in: *Glasgow Evening Times*, 5. September 2018.

Die Zahl der Alkoholtoten steigt weltweit an: »Alcohol Use and Burden for 195 Countries and Territories, 1990–2016: A Systematic Analysis for the Global Burden of Disease Study 2016«, veröffentlicht online in: *The Lancet*, Bd. 392, Ausgabe 10152, S. 1015–1035, 22. September 2018.

Das fünfte Jahr

70 Prozent betrogen ihre Partner, weil sie »betrunken waren und nicht klar denken konnten«: Dylan Selterman, Justin R. Garcia und Irene Tsapelas:

»Motivations for Extradyadic Infidelity Revisited«, veröffentlicht online in: *The Journal of Sex Research*, S. 273–286, 15. Dezember 2017.

Studie von 2016 an über 800 Universitätsstudenten zeigt, dass problematisches Trinken häufig für Untreue verantwortlich ist: Steven M. Graham, Sesen Negash, Nathaniel M. Lambert und Frank D. Fincham: »Problem Drinking and Extradyadic Sex in Young Adult Relationships«, in: *Journal of Social and Clinical Psychology* (2016), Bd. 35, Nr. 2, S. 152–170.

23 Prozent der Briten begingen als Jugendliche Ladendiebstähle: zitiert nach »Quarter of Brits Have Shoplifted«, veröffentlicht online von: YouGov, 16. März 2020.

Zitat aus einer Studie von 2014: Hugh Garavan, K. L. Brennan, Robert Hester und Robert Whelan: »The Neurobiology of Successful Abstinence«, veröffentlicht online von: PubMed (PMCID: PMC3706547), 1. August 2014.

Kater als Hauptgrund für Krankmeldungen: Anthony Bruce: »Three ways to find a remedy for costly ›sickies‹«, auf: *PWC UK Blog*, 2. Juli 2014.

Morgen-danach-Rechner: www.morning-after.org.uk.

Gin und Spin

Beispiele für Alkoholwerbung im Zusammenhang mit Sportkleidung und Sport:

Gin and Yin: https://www.moreyoga.co.uk/whats-on/gin-yin.

Spin and Gin: https://www.digmefitness.com/events/details/spin-n-gin.

Tough Mudder: »World's Best Mud Run and Obstacle Course«, siehe: https://www.toughmudder.co.uk/articles/brewdog-is-your-2019-tough-mudder-uk-finisher-drink.

Und: »Will there be Alcohol«, https://www.toughmudderaushelp.zendesk.com/hc/en-us/articles/115003078791-will-there-be-alcohol.

Pinot Pilates: https://www.pinotpilates.com.au.

Wein und Yoga: https://www.yogaboutiqueuk.com/wine-yoga.

Zitat von Ronnie O'Sullivan: »Rehab was the moment my career truly started«, veröffentlicht online auf: *Eurosport UK*, 23. April 2020.

Andy Fordham trank beim Dartspielen so viel, dass er noch drei Tage später beim Röhrchenblasen durchgefallen wäre: Artikel von Mike Walters, veröffentlicht online im: *Mirror/Sport*, 8. Januar 2016.

Studie von 2019 über Weintrinken und Rauchen: Stephen Matthews: »Risk of Getting Cancer From Drinking Just One Bottle of Wine is the Same as Smoking up to 10 Cigarettes a Week«, veröffentlicht auf: *MailOnline*, 28. März 2018.

BMA und National Institute for Health and Care Excellence (NICE) fordern Verbot von Sport-Sponsoring durch Spirituosenproduzenten: Ben Cooper: »Alcohol sponsorship – Last orders for sports sponsorship«, veröffentlicht online in: *Reuters Events*, 17. Dezember 2009.

Frankreich und Norwegen verbieten Sponsoring von Sportereignissen durch Spirituosenhersteller, Italien beschränkt es massiv: Timothy Chambers: »Unhealthy Sponsorship of Sport«, in: *British Medical Journal*, 4. Dezember 2019.

Russland nimmt Verbot von Alkoholwerbung während der Fußballweltmeisterschaft 2018 zurück: Artikel von Mark Lammey, veröffentlicht online in: *The Moscow Times*, 5. Juli 2014.

Im schottischen Frauenfußball gibt es künftig keine Alkoholwerbung mehr: Artikel, der online veröffentlicht wurde auf: BBC Sport, 1. Oktober 2018.

Ägyptischer Spieler lehnt von Budweiser gesponserten Preis ab: Artikel über den Torwart Mohamed El Shenawy, veröffentlicht online auf: *Reuters/Sport*, 16. Juni 2018.

Trinken und Schulden

Metaanalyse, die zeigt, dass Menschen mit Schulden mit einer um das 2,68-Fache erhöhten Wahrscheinlichkeit eine Alkoholgebrauchsstörung entwickeln: Thomas Richardson, Peter Elliot und Ronald Roberts: »The Relationship Between Personal Unsecured Debt and Mental and Physical Health: A Systematic Review«, veröffentlicht online von: PubMed (PMID 24121465), 10. September 2013.

Im Bett mit Big Alcohol

Steuern auf Alkohol bescherten der britischen Regierung in den letzten fünf Jahren Einnahmen zwischen 10,5 und 12,1 Milliarden Pfund: »UK Alcohol Duty Statistics«, veröffentlicht online von: GOV.UK, 29. Mai 2020.

Die Gesundheitsbehörde in England geht davon aus, dass die Kosten für alkoholbedingte Schäden sich pro Jahr mindestens auf 21 Milliarden

Pfund belaufen: Robyn Burton, Clive Henn, Don Lavoie, Rosanna O'Connor, Clare Perkins, Kate Sweeney, Felix Greaves, Brian Ferguson, Caryl Beynon, Annalisa Belloni, Virginia Musto, John Marsden, Nick Sheron, Alanna Wolff und ihre Teams bei der Gesundheitsbehörde: »The Public Health Burden of Alcohol and the Effectiveness and Cost-Effectiveness of Alcohol Control Policies«, veröffentlicht online von: GOV.UK, *Public Health*, Gateway Nr. 2016490, Dezember 2016.

Frankreich streicht den »trockenen Januar«: »Dry January? France says ›Non‹ as winemakers cry foul«, veröffentlicht online von: France 24, 21. November 2019.

New York Times legt Skandal offen: Die Regierung kungelt aus finanziellen Gründen mit Big Alcohol: Artikel von Roni Caryn Rabin, veröffentlicht online in: *The New York Times*, 17. März 2018.

Eine 100 Millionen US-Dollar teure Studie wird nach Untersuchung abgebrochen: Lucy A. Taylor: »Twenty Things I Wish I'd Known When I started My PhD«, veröffentlicht online in: *Nature*, 6. November 2020.

Website-Zitate von Drinkaware sowie deren Kampagnendetails: Screenshots von der Drinkaware-Website, 29. Oktober 2020, 6. November 2020 und 11. Dezember 2020.

Bericht von 2013 mit dem Titel: »Be Aware of Drinkaware«: Jim McCambridge, Kypros Kypri, Peter Miller, Ben Hawkins und Gerard Hastings, veröffentlicht online von: PubMed (PMCID PMC3992826), 28. Oktober 2013.

Statement der Portman-Gruppe und die Frage der »Risiken«: »Putting the relative risks of alcohol consumption into context«, veröffentlicht online von: Portman Group, 16. April 2019.

Todesfälle im Zusammenhang mit Alkohol in Großbritannien 2017: 21 Tote pro Tag: »Alcohol-Specific Deaths in the UK Registered in 2017«, veröffentlicht online vom: Office for National Statistics, Großbritannien, 4. Dezember 2019.

Die Royal Society for Public Health nennt den blinden Fleck in der Optik der Öffentlichkeit rund um die Risiken des Trinkens »awareness vacuum«: Katie Silver: »Calls for mandatory health information on alcohol labels«, veröffentlicht auf: BBC News online, 27. Januar 2018.

Brief von 25 Führungspersönlichkeiten aus dem Gesundheitswesen: »AHA response to the news that alcohol producers will no longer be advised to display the drinking guidelines labels«, veröffentlicht online von: Alcohol Health Alliance, 11. Oktober 2017.

Empfehlung der WHO vom April 2020: zitiert nach »Alcohol does not protect against COVID-19; access should be restricted during lockdown«, veröffentlicht online von: WHO/Europe, 14. April 2020.

Auswirkungen des Verbots von Alkoholverkauf in Südafrika und einigen mexikanischen Bundesstaaten: zitiert nach einer Folge im Business Daily, textlich bearbeitet von Bryan Lufkin, veröffentlicht online von: BBC Global.

Anstieg des Verkaufs von Alkohol im März 2020 um 67 Prozent: zitiert nach einem Artikel von Jonathan Eley, veröffentlicht online in: *Financial Times*, 31. März 2020.

Die US-amerikanische Seuchenschutzbehörde empfiehlt, an Thanksgiving und ganz allgemein auf Alkohol zu verzichten: Marlene Lenthang: »CDC holiday guidelines tell Americans not to sing, listen to loud music or drink alcohol to prevent the spread of COVID-19«, veröffentlicht auf: MailOnline, 18. November 2020.

Abgeordnete trinken mehr als der Durchschnittsbürger: Rahul Rao, Ioannis Bakolis, Jayati Das-Munshi, Daniel Poulter, Nicole Votruba und Graham Thornicroft: »Alcohol Consumption of UK members of Parliament: Cross-sectional survey«, veröffentlicht online auf: *BMJ Open*, 1. März 2020.

Zitat von Dr. Dan Poulter im Guardian: Toby Helm: »Last orders! Report calls time on boozy Westminster culture«, veröffentlicht online in: *The Guardian*, 7. März 2020.

Die problematische Sprache rund um das Problem

Jon Hamm teilt mit, dass er sich vor der letzten *Mad-Men*-Staffel wegen Alkoholsucht behandeln ließ: Artikel im *Guardian*, online veröffentlicht am 25. März 2015.

Mehr »Strafmaßnahmen« für »Süchtige« als für »Menschen mit Substanzgebrauchsstörung«: John F. Kelly und Cassandra M. Westerhoff: »Does It Matter How We Refer to Individuals with Substance-Related Conditions? A Randomized Study of Two Commonly Used Terms«, veröffentlicht online von: PubMed (PMID 20005692), 14. Dezember 2009.

Zitat aus einem Interview mit dem buddhistischen Lehrer Noah Levine: Joan Duncan Oliver: »The Suffering of Addiction«, veröffentlicht online in: *Tricycle*, 26. September 2014.

Studie von 2018 über die Wirksamkeit des AA-Programms und diverser Alternativen: Sarah E. Zemore, Camillia Lui, Amy Mericle, Jordana Hemberg und Lee Ann Kaskutas: »A Longitudinal Study of the Comparative Efficacy of Women for Sobriety, LifeRing, SMART Recovery, and 12-Step Groups for those with AUD«, veröffentlicht online im: *Journal of Substance Abuse Treatment*, 17. Februar 2018.

Essay für *The Grapevine*: Bill Wilson: »Who is a Member of AA?«, in: *The Grapevine*, 1946.

National Institutes of Health über die Begriffe »Süchtiger« beziehungsweise »Alkoholiker«: »Words Matter – Terms to Use and Avoid When Talking About Addiction«, veröffentlicht online von: National Institutes of Health, 28. Januar 2021.

Sechs Artikel über das Stigma der Begriffe »Alkoholiker« und »Süchtiger«. Etwa die Hälfte davon geht davon aus, dass das Stigma Menschen davon abhält, sich um Hilfe zu bemühen.

1. James C. Dean und Gregory A. Poremba: »The Alcoholic Stigma and the Disease Concept«, veröffentlicht online von: American Psychological Association, 3. Juli 2009.
2. »Changing the Language of Addiction«, Memorandum vom Office of National Drug Policy Control an die betroffenen Minister während der Obama-Regierung, 9. Januar 2017.
3. William L. White: »The Rhetoric of Recovery Advocacy: An Essay on the Power of Language«, in: *Let's Go Make Some History: Chronicles of the New Addiction Recovery Advocacy Movement*, Johnson Institute und Faces and Voices of Recovery, 2006, S. 37–76.
4. John F. Kelly, Richard Saitz und Sarah Wakeman: »Language, Substance Use Disorders, and Policy: The Need to Reach Consensus on an ›Addictionary‹«, veröffentlicht online in: *Alcoholism Treatment Quarterly*, 8. Januar 2016.
5. Georg Schomerus, Michael Lucht, Anita Holzinger, Herbert Matschinger, Mauro G. Carta und Matthias C. Angermeyer: »The Stigma of Alcohol Dependence Compared with Other Mental Disorders: A Review of Population Studies«, veröffentlicht online in: *Alcohol and Alcoholism*, Bd. 46, Nr. 2, März/April 2011, S. 105–112.
6. Steve Matthews, Robyn Dwyer und Anke Snoek: »Stigma and Self-Stigma in Addiction«, veröffentlicht online in: *Journal of Bioethical Inquiry*, 3. Mai 2017.

Beispiel eines wissenschaftlichen Suchttagebuchs und der Wandlung seines personenbezogenen Vokabulars: Lauren M. Broyles, Ingrid A.

Binswanger, Jennifer A. Jenkins, Deborah S. Finnell, Babalola Faseru, Alan Cavaiola, Marianne Pugatch und Adam J. Gordon: »Confronting Inadvertent Stigma and Pejorative Language in Addiction Scholarship: A Recognition and Response«, veröffentlicht online von: PubMed, (PMCID PMC6042508), 12. Juli 2018.

Das sechste Jahr

Schwere Kindheit heißt, ein siebenmal höheres Risiko, später eine Alkoholsucht zu entwickeln: James A. Reavis, Jan Looman, Kristina A. Franco und Briana Rojas: »Adverse Childhood Experiences and Adult Criminality: How Long Must We Live before We Possess Our Own Lives?«, in: *The Permanente Journal*, 2013, S. 44–48.

Über die ACE-Studie von CDC und Kaiser Permanente: »Relationship of Childhood Abuse and Household Dysfunction to Many of the Leading Causes of Death in Adults«, veröffentlicht online von: Centers for Disease Control and Prevention (CDC), USA, April 2020.

Studie von 2018 über Kindheitstraumata und Einfühlungsvermögen: David M. Greenberg, Simon Baron-Cohen, Nora Rosenberg, Peter Fonagy und Peter J. Rentfrow: »Elevated Empathy in Adults Following Childhood Trauma«, veröffentlicht in: *PLoS ONE*, 3. Oktober 2018.

Kinder: Trinken vor Erreichen der Volljährigkeit führt zu höherem Suchtpotenzial.

Wer vor dem Erreichen des 15. Lebensjahrs zu trinken anfängt, entwickelt mit vierfach höherer Wahrscheinlichkeit später eine Sucht: Pressemeldung vom National Institute on Alcohol Abuse and Alcoholism (NIAAA), veröffentlicht online am 14. Januar 1998.

29 Prozent der 18- bis 24-Jährigen trinken nicht: »Nearly 30 % of young people in England do not drink, study finds«, veröffentlicht online in: *The Guardian*, 10. Oktober 2018.

Die National Union of Students entdeckt, dass ein Fünftel der Studienanfänger noch nie getrunken hat, doch 70 Prozent fühlen sich dazu gedrängt: Artikel von Zahra Iqbal, veröffentlicht online in: *The Gryphon*, 10. Oktober 2018.

Alkohol ist verantwortlich für einen von vier Todesfällen bei jungen Leuten zwischen 16 und 24: »Fact sheet on alcohol consumption, alcohol-attributable harm and alcohol responses in European Union Member States, Norway and Switzerland«, veröffentlicht von der Weltgesundheitsorganisation (WHO), 14. November 2018.

Warum sagt man schwangeren Frauen immer noch, dass »ein Glas doch nicht schaden« kann?

Vier von zehn Frauen in Großbritannien trinken auch während der Schwangerschaft: Kat Lay: »Britons among the world's worst for drinking during pregnancy«, veröffentlicht online in: *The Times*, 20. Januar 2017.

Artikel im *British Medical Journal* (BMJ): »Evidence for Potential Harms of Light Drinking in Pregnancy ›Surprisingly‹ Limited«, veröffentlicht online in: *BMJ Open* und im *Guardian*, 11. September 2017.

Verlangen versus unangenehme Gefühle

Zitat von der »Humans of New York«-Website: »I wish I'd partied a little less«, siehe: www.humansofnewyork.com/post/78679045171/i-wish-id-partied-a-little-less-people-always.

Verbindung zwischen Darm und Gehirn: Artikel in: *Harvard Health Publishing*, März 2012.

Die schrecklichen Zwillinge: Alkohol und Kokain

Studie von 2015 enthüllt, dass Alkoholkonsum das Verlangen nach Koks verstärkt: Katherine R. Marks, Erika Pike, William W. Stoops und Craig R. Rush: »Alcohol Administration Increases Cocaine Craving But Not Cocaine Cue Attentional Bias«, veröffentlicht online von: PubMed (PMCID PMC4562057), 1. September 2016.

Weitgehend unbekannter Vorteil des Nüchternseins: Fruchtbarkeit

Dänische Fruchtbarkeitsstudie an 6120 Frauen: Ellen M. Mikkelsen, Anders H. Riis, Lauren A. Wise, Elizabeth E. Hatch, Kenneth J. Rothman, Heidi T. Cueto und Henrik Toft Sørensen: »Alcohol Consumption and Fecundability: Prospective Danish Cohort Study«, veröffentlicht online von: PubMed (PMCID PMC5007353), 31. August 2016.

Dänische Studie an 430 Paaren: Tina Kold Jensen, Niels Henrik I. Hjollund, Tine Brink Henriksen, Thomas Scheike, Henrik Kolstad, Aleksander Giwercman, Erik Ernst, Jens Peter Bonde, Niels E. Skakkebæk und Jørn Olsen: »Does Moderate Alcohol Consumption Affect Fertility? Follow

Up Study Among Couples Planning First Pregnancy«, veröffentlicht online von: PubMed (PMCID PMC28642), 22. August 1998.

Harvard-Studie über Fruchtbarkeitseffekte während IVF-Behandlung: Brooke V. Rossi, Katharine F. Berry, Mark D. Hornstein, Daniel W. Cramer, Shelley Ehrlich und Stacey A. Missmer: »Effect of Alcohol Consumption on In Vitro Fertilization«, Artikel abrufbar auf: Harvard University Digital Access to Scholarship, Januar 2011.

Tony Rutherford im *Guardian*: Ian Sample: »Alcohol hinders having a baby through IVF, couples warned«, veröffentlicht online in: *The Guardian*, 20. Oktober 2009.

Angstlöser

20 Prozent der Menschen mit sozialen Ängsten werden alkoholabhängig: zitiert nach »Social Anxiety Disorder and Alcohol Abuse«, online veröffentlicht von der Anxiety and Depression Association of America.

Das siebte Jahr

Studie von 2008 über Ausgaben für andere: Elizabeth W. Dunn, Lara B. Aknin und Michael I. Norton, »Spending Money on Others Promotes Happiness«, veröffentlicht online in: *Science*, Bd. 319, Ausgabe 5870, 21. März 2008, S. 1687–1688.

Altruismus aktiviert das Striatum: Megan M. Filkowski, R. Nick Cochran und Brian W. Haas: »Altruistic Behavior: Mapping Responses in the Brain«, veröffentlicht online von: PubMed (PMCID PMC5456281), 4. November 2016.

Die Kranichfrau: https://www.theparisreview.org/blog/2019/07/16/the-crane-wife. CJ Hauser, veröffentlicht online, 16. Juli 2019.

Eric-Clapton-Zitat: aus einem Interview vom 9. Oktober 2007, »What I've Learned«, veröffentlicht online in: *Esquire*, 6. Oktober 2014.

Warum Ärzte mehr trinken als andere Menschen

Ärzte und Anwälte haben eine höhere Wahrscheinlichkeit, eine Sucht zu entwickeln: Tracy McVeigh: »Alarm at growing addiction problems among professionals«, veröffentlicht online in: *The Guardian*, 13. November 2011.

Höheres Einkommen, höherer Alkoholkonsum: »Statistics on Alcohol, England, Part 4: Drinking Behaviours Among Adults«, veröffentlicht von: NHS Digital, 5. Februar 2020.

Unvorhergesehene Trigger

Hitzewelle von 2017 – 158 Millionen Pfund mehr für Alkohol: Sarah Butler: »Sport and sunshine fuel surge in UK supermarket alcohol sales«, veröffentlicht online in: *The Guardian*, 25. Juli 2017.

Klinische Studie von 2019 über PMS und Gereiztheit: Havva Yesildere Saglam und Fatma Basar: »The Relationship Between Premenstrual Syndrome and Anger«, veröffentlicht online von: PubMed (PMCID PMC6500841), 2019.

Studie von 2017 über PMS and Verlangen nach Alkohol: The University of Illinois in Chicago: »Higher Estrogen Levels Linked to Increased Alcohol Sensitivity in Brain's ›Reward Center‹«, veröffentlicht online in: *ScienceDaily*, 7. November 2017.

Beispiel dafür, dass die britische Polizei den Vollmond mit höheren Arrestzahlen in Verbindung bringt: Fred Attewill: »Police link full moon to aggression«, veröffentlicht online in: *The Guardian*, 5. Juni 2007.